民主進墓

永續執政與印度專制之路

Debasish Roy Chowdhury , John Keane

德巴西什·羅伊·喬杜里、約翰·基恩　　李爾雅———譯

目錄

社會緊急狀態

第五章／暈浪 132

第六章／一堵敗筆 152

走向專制

第十三章／炮製人民 …… 326

譯者序

工作期間爭持再多，成書時總是對編輯和其他同事感恩戴德，這次當然不例外。不厭其煩地說，書是合作的成果，絕對不是我一個人做得來的，連翻譯也是。編輯關煜星雖然經常自稱不識字、讀寫障礙云云，但終究也是個喜愛語文的人，而且鬼主意特別多。我剛譯好的初稿，有時自己都沒多看就交給他自由發揮。他給的修改意見再奇形怪狀，我都認真考慮，多番增刪，務求得出一個我倆都喜歡的版本。最後很多時就是把他的大刀闊斧和我的謹小慎微「溝埋做瀨尿牛丸」——再合謀夾帶些粵文和港式用語進去，那是我們的共同興趣。有時我們很沉迷修辭，還想從中「作梗」，研究片言隻語一花就是一頓飯的時間，希望寫出最貼切、最巧妙、最能令讀者有共鳴的文字，不要因為書的內容是他國政治而感覺疏離了。

有些人堅持書一定要讀原著，免得過都不要讀譯本，甚至看不起譯本，也看不起讀譯本的人，我覺得這種態度不理想。讀書不讀外文版本有很多理由，有些人外文不特別好，看起書來有點吃力，意思不能全懂，未免是另一種「失真」，不如把語文的麻煩外判。有些人外文夠好，但論閱讀效率，總是從小看慣學慣的文字佔優，在時間精力等各種限制下有所取捨，也不是壞事。我們的任務就是照顧想看中文書的讀者，並把我們認為重要的內容和價值變成中文，盡力傳揚出去。

希望讀者如果喜歡這個理念，也會多多支持，跟我們一起傳播知識。

李爾雅

推薦序

瀕臨死亡的印度民主

何明修

二〇二四年四月十九日開始，印度舉行為期六週的國會大選。在這個全世界人口最多的民主國家，總計有九億七千萬位合格選民參與。印度法律規定投票所需要設置離選民兩公里範圍之內，因此選務人員需要將投票機帶到喜馬拉雅山麓與內陸沙漠，他們所動用的交通工具包括直升機、驢子、駱駝等，以克服次大陸的空間尺度。投票期間之所以如此漫長，原因在於因應國內不同族群的需求，包括耆那教（Jainism）的節慶、佛祖誕辰、升學考試、農作物的採收。同時，也由於暴力事件頻傳，投票所也需要荷槍實彈的士兵駐守。

自從一九四七年脫離英國殖民統治之後，印度長期奉行民主體制，第一次全國大選是在一九五一年舉行。與鄰近的巴斯斯坦、斯里蘭卡、緬甸不同，印度不曾出現過軍事政變或是軍人統治。然而，隨著人民黨（Bharatiya Janata Party）總理莫廸（Narendra Modi）在二〇一四年取得執政之後，這個古老的亞洲民主國家已經逐漸走上威權民粹主義的陰影。就如同美國的川普、土耳其的艾爾段（Recep Tayyip Erdo an）、匈牙利的奧班（Viktor Orbán）的強人一樣，他們以民主的選舉取得權力，但是其作為卻是逐漸侵蝕了民主所依賴的法治、寬容、人權保障等基本原則。

莫迪所代表的是一種印度教民族主義（Hindu nationalism），宣揚印度人的光榮與成就感，國內的穆斯林與錫克教徒受到更深排斥、歧視、甚至是暴力攻擊。就如同其他披著民主大衣的獨裁者一樣，莫迪將司法體制武器化，專門用來整肅反對勢力。國民大會黨是最大的反對黨，但是在二〇二四年選舉期間，其黨務基金被凍結，而其領袖拉烏·甘地（Rahul Gandhi）的國會議員席次也曾一度因某件官司而被剝奪。在莫迪統治下，主流媒體不敢登刊得罪政府的新聞報導，勇於揭發真相的記者經常受到暴力威脅，倡議普世價值的非政府組織之活動空間也受到擠壓。在新自由主義的政策下，莫迪透過一系列的私有化讓大財團獲得甜美的合約；對於廣大的窮人，政府則祭出許多福利與補貼，誘使他們願意配合人民黨的基層黨工之投票指示。莫迪出身於低種姓家庭，他的父親是一位在火車站月台賣拉茶的小販，他的背景與引導印度獨立，並且在日後長期壟斷政治甘地家族形成明顯對立。沒有子女的莫迪痛恨甘地家族長期領導的國民大會黨，他發起個人崇拜，莫迪在喜馬拉雅高山沉思靜坐的地點現在已經成為著名的觀光客打卡景點。

觀察者普遍預測莫迪領導的人民黨將在二〇二四年選舉中勝出，儘管其最大對手的拉烏·甘地矢言發起一場重振印度人道德的革命。為了選舉造勢，拉烏·甘地發起一場橫跨全國的朝聖之旅（yatra），直接訴諸基層選民，就如同他的曾祖父聖雄甘地，曾在一九三〇年為了抗議英國人所開徵的鹽稅，所發起的一場近四百公里的徒步之旅。

為何印度民主淪落這般田地？隨著全世界的民主體制日益受到各種來自內外的挑戰，各種民主倒退（democratic backsliding）的情事已經成為常態。就國內因素而言，加劇的經濟不平等、治安與移民問題經常成為民粹主義政治人物得以滋生的病床。中國與俄羅斯的威權主義擴張、假訊息傳播、恐怖主義事件、冠狀病毒、氣候變遷之挑戰也讓民主國家陷入無法因應的困境。除了這些新興的挑戰以外，印度有其古老文明的包袱，包括複雜而多元的人口組成與宗教對立、長期殖民統治留下的歷史傷痕、廣泛的空間尺度，長期維繫一人一票的民主體制自然顯得格外艱辛。

相對於此，《民主進墓》一書則是提供了一份長期的診斷報告，印度的危機並不是始自於莫迪的掌權；事實上，威權民粹主義的轉向是導自於沉痾難起的印度政治與社會，莫迪的崛起是源自於無能的印度民主，而其結果也非常最終可能送斷了印度的民主。

根據作者的分析，獨立後的印度從來沒有認真賦與全國人民應有平等地位，種姓制度所遺留下來的社會不平等與歧視長期延續。直到今日，賤民階層的達利人（Dalit）與部落居民（Adivasi）之後代仍飽受不平等的對待，即使在公立學校，他們仍是處於被受壓迫的處境。這本書多次提到了印度憲法之父的安貝德卡（B. R. Ambedkar），這位來自於賤民階級，卻取得倫敦政經學院博士的才子在生前不斷倡議族群平等之重要性。只不過，安貝德卡的呼籲並沒有獲得應有重視，族群歧視向來是印度民主無法根除的原罪。

其次，獲得了政治獨立的印度，向來沒有積極投入於應有的基礎投資，其結果即是印度人獲得長期供應不足的醫療照顧、公立教育、交通建設，甚至是連法官人數都不足於因應日益滋生的法律判決。如果政府都無暇處理這些公民應有的權利，放任人民承受環境污染、土地掠奪、近似奴工體制的勞動條件也不令人意外。印度民主體制的無能充分張顯於其新冠肺炎的因應，在二〇二〇年春天，印度政府緊急頒佈了封城令，結果即是許多城鄉移工頓時喪失了經濟收入，他們只能徒步長程返鄉，不少人在其艱困的旅途中不幸慘死於鐵軌或高速公路。

印度人所付出的代價是如此慘痛，這是他們與在名義上所享有的民主體制幾乎是不成比例。難道追求民主、掙脫殖民統治不就是為了落實尊重每個公民的自主意願，且協助其自我實現嗎？只不過，無能民主的結果導致了強大的反作用力，最終有可能吞噬了民主的憲政體制。

從古希臘的雅典城邦以來，民主總是面臨了各種挑戰。讓人民真正當家做主看似一個再簡單不過的道理，但是在實行上卻面臨了層層的阻礙。人民是否具有充份的知識與能力，能夠在充份審議與思辨之後，做出最妥善的抉擇？一旦面對嚴苛的挑戰，人民是否會逃避自由，選擇委身於某種獨裁者所號召的遠大但是空洞的願景？

天佑印度，願真正的民主榮光歸於次大陸的每位子民。

何明修／國立台灣大學社會學教授

推薦序

民主之死或不死：看看印度，想想臺灣　林鑫佑

在不久之前，印度展開了為期六週的選舉活動，而這場五年一度的國會大選，也將決定印度人民黨（BJP）以及當今總理莫迪（Narendra Modi）能否繼續其第三任期的執政。

莫迪的執政之路可以回溯到二〇一四年的國會大選，儘管當時拉胡爾・甘地（Rahul Gandhi）所領導的國民大會黨（NCP）是有著老牌執政經驗的執政黨，加上拉胡爾本身變具有顯赫的家族政治背景，憑藉父輩及母親所建立的政治王國呼聲甚高，但仍舊被主打著印度民族的印度人民黨及莫迪所敗，而這一敗也使得印度政府十年來的執政圍繞著莫迪的路線前進，而今莫迪的人氣呼聲依舊不減，評論者也紛紛指出印度人民黨的執政恐將進入第三個五年。

或許印度人民黨及莫迪，甚至是印度教民族主義的支持者來說，該黨的繼續執政是錦上添花的好消息；然而對許多觀察家、評論者，或是在印度的非印度教徒來說，這位必是個好消息，不論是對於自身族群的權利限縮外，更恐怕加深對印度搖搖欲墜的民主的傷害。

相較於中國來說，近年來美國主導的印太合作場域中，印度或許是歐美國家眼中「理念相近」的區域夥伴國，「理念相近」一詞也被用來作為拉攏區域盟友的共同語言或暗號旗幟，然而自從莫迪與印度人民黨十年前執政以來，印度的民主國家地位變不斷地遭受質疑，其中例如對於國內穆斯林族群的暴力事件、女性性別不平等的社會事件，或是新聞與言論自由的限制，紛紛加深人們對印度式民主的不信任，這樣的質疑同樣反應在近年來的統計數據中，印度在經濟學人（The Economist）民主指數（Democracy Index）的排名在二〇一六年至二〇二〇年間急劇下降，但此後略有改善，二〇二三年的排名較二〇二二年進步了五個名次，暫居第四十一位，與波蘭並列，儘管如此，印度市民主仍被視為是「有缺陷的民主」；而在早前，二〇二三年自由之家更指出，儘管在過去兩年間，許多國家的自由度均出現整體性的下滑，其中特別點出印度的國家自由程度出現「降級」的評價，是令人擔憂的現象。

當前的主客觀資料，都再再顯示印度在這十年間的民主制度或令世人擔憂，更何況全球有近兩成的成口居住在這樣的制度環境中，其人身自由、權利躺遭受不平等的待遇與剝削，將會是對全球民主進程的一大阻礙。在如此情事下，也不經令人反思，既然稱印度為「理念相近」國家，不過印度式民主的表現型，是否依然符合普世價值中對於民主的認知？

本書闡述了印度式民主的起源，其中有極大部分的要件，源自於建國者對於印度一旦身為獨立國家時，所應具備的特質與期待，儘管在獨立前後年代的社會環境中，印度對內面臨著許多傳統部落與信仰的挑戰，對外更是存在與鄰國——中國或巴基斯坦-的邊界爭議與衝突，儘管如此印度的法律制度仍如筍般拔地而起，構建了最基礎的民主樣貌。

而在當前民主進程的研究當中，本書指出兩種「民主死亡」的研究觀點：「突然死亡論」與「慢鏡政治」。這兩者都揭示了民主制度終將滅亡的窮途末路，簡言之，前者的途徑意味著民主受到內外部軍事力量的干預，中斷了民主進程的發展，例如緬甸或泰國的軍事政變；而後者則是指國家政治或內部的權力鬥爭，所釀成的最終結果，例如德國威馬共和。不過本書也指出，民主的社會基礎並非僅是軍事政變的顛覆，也並非是單純的政權鬥爭，更應該把民主的構成要件放諸於更大面向的社會資本（Social Capital）上，由法國社會學者布迪厄（Pierre Bourdieu）所提出的社會資本強調社會場域中人與人的互動以及其所構建而成的社會網絡，換句話說，民主死亡是社會各階層所醞釀出來的氛圍，集體的選擇所造就而成的末竟之路。然而從研究者的角度而言，包山包海的理論並不能解視社會事實的存在與發生，更難以預測結果的走向，儘管如此，從個案——印度——本身的探討中，可以檢視各種民主死亡的可能路徑，本書書名與各章標題固然驚聳，但也不時提醒讀者們對於民主之脆弱。

在臺灣社會中，我們時常以民主自由為己傲，更稱「民主自由得來不易，民主自由並非一蹴即成」，而這句話沒有提到的是「民主的毀滅或許就在一念之間」；閱讀「印度故事」的同時，也不經反思臺灣的歷史中，同樣具備了相似的歷史進程，包含推翻滿清、民主思想建立、立憲立法，甚至也同樣經歷了內憂外患的時期，但在很長的一段歷史時期中，民主的實踐並不同於印度的持續進展，而僅是沾黏在供桌上，不可褻玩的花瓶。

不過在後續的後解嚴時期，臺灣的民主進程確有跳躍式的成長。與莫迪初任印度總理的同一年，臺灣發生了太陽花運動，這是臺灣近十年來的重要政治及社會運動事件，並牽連著後續臺灣民主政治的運作，而如今儘管外部的研究都顯示著，臺灣民主化的成績亮眼，但對內部的我們來說，多也表達著對於民主式微的擔憂，包含國內的政黨與對岸他國的滲透或入侵。

末章中的書寫提到，「以『人民』名義使用鐵腕鎮壓民主異見，加深了人們對印度未來走向的憂慮」，以及過去的諸多歷史事件，民主將可能成為打壓民主的工具與手段，而身在其中的更難以察覺。

透過印度故事與印度經驗的檢視，本書可望成為我們對自身所身處國家或環境的民主檢視指標。「想想印度，看看自己」，對於自身國家或環境有何等的期許，並時刻地提醒自身應維護這個得來不易的民主制度。或許本書出版之時，印度國會大選也終將落幕，但「民主之死」日否大選結果而發生，或許並不是即刻的化學反應，也因此持續的關注印度或國際動態，會是身為讀者的我們可以掌握的層面。

林鑫佑／《南亞觀察》網站主編、國立中興大學國際政治研究所碩士

邂逅民主

第一章　遠方的彩虹

有句古老的諺語，說的是世上一切民族都會臆想自身根源，受其奴役，為自己的輝煌歲月盲目自豪，只要別人說它成就了遙不可及的大業，就會喜不自勝，無法自拔。印度也不例外，逃不過這條歷久不衰的真理。故事是這樣的：二十世紀中葉，印度人民和領袖克服萬難，不畏強權，群策群力，掙脫帝國統治的枷鎖，踏上崎嶇的民主之路。他們建立出的，不僅是當今地球上最大的民主國家，更是一個為民主理想注入鮮活生氣、讓印度在全球聲名大噪的民主體制——印度熬過殘酷的分治，擊敗一個帝國，成全民治、民享的自主政府之福，大放異彩。

印度的民族故事和其他民族的一樣，賴以建基的信念是一個「根源」，一眾「起源」之首的「根源」：一九四七年八月十四日日落之前，印度三色旗在舊帝國議會上空升起，在季候風晚期的德里長天飄揚，彩虹遙遙祝福，那是印度民主誕生的魔幻時刻。奠基故事還有下文，說是當晚午夜臨近之時，男孩般瘦削的賈瓦哈拉爾．尼赫魯（Jawaharlal Nehru）身穿白色阿基坎服

（achkan），翻領上別著一朵紅玫瑰，站在制憲會議前宣佈，半個世紀以來尋求擺脫英國統治、達致完全獨立的抗爭終於結束。尼赫魯這四分半鐘，據說是現代世界領袖最有力的演說之一，雄心壯志而不失謙遜，操著一腔上流口音，以正式英語道出期盼，在被燎天戰火與殘酷壓逼所摧殘的世界中，開創嶄新天地。

他對著全印廣播電台的麥克風，字字鏗鏘地說：「在此莊嚴時刻，我們許下誓言，致力為印度和印度人民服務，並獻身於更寬廣的人類大義，實在是再好不過的時機。」他續說，世界已然合一，和平與自由無可分割，地方的災難會禍及全球。於是，自印度始，務必將民主帶到世界，使權力和自由得以負責任地行使。他說：「很多年前，我們邂逅了天命，如今是時候履行承諾了，不會一蹴而就，但終也相去不遠。」他補充道：「現在不是心懷惡意、譴責他人的時候。我們要建造一幢自由印度的崇高廣廈，讓所有印度兒女都能安居其中。」

印度從飽受踐踏的英國殖民地，過渡成權力共享的民主大國，這個「邂逅民主」的寓言記述了其中所歷經的重重障礙。尼赫魯及其國民大會黨（Indian National Congress，簡稱國大黨）設想的亞洲民主制度，並不僅僅是西方的翻版。新的民主國家必須同時解決兩個問題，既要掙斷殖民主從外部強加的鎖鏈，又要創造一個由背景各異但尊嚴均等的公民所組成的新國家，以此拆解自身殖民統治的絲絲線線。民主既非西方世界的禮物，亦不特別適合印度國情。印度實際上就是一個實驗室，做著前所未有的試驗，在廣袤多彩的現實中建立國家團結、經濟增長、宗教寬容及社會平等。在新的社會秩序裡，植根於世襲的印度教種姓地位、語言等級劃分、財富積累的固有權力關係，將要透過憲法所保障的公共辯論、多黨競爭和定期選舉等制衡力來轉型（圖一）。

據說，建設印度民主的努力，不僅改變了印度人民的生活，印度還從根本上更動了代議民主本身的性質。獨立後最初幾十年，一種新的「後西敏」（post-Westminster）型民主出現，過程中打破了不少偏見——政治學上有關民主先決條件的標準假設，無一倖存。有說經濟增長是根本前提，唯有當足夠多的人擁有或用得上汽車、冰箱和無線電等商品時，自由公正的選舉才有實行之機。面對學術界堅稱經濟發展與政治民主之間存在因果關係，甚至有數學上的聯繫，這個赤貧比率讓人心碎的國家只是笑而不語。數以百萬計的窮人和文盲否定帝國和偽科學認為「國家要民主，就首先要在物質上

圖一：德里一個票站，一九五二年首次大選。

及格」的偏見。反而，在抵抗貧窮的同時，他們決定要**透過**民主來實現物質上的升格。

這是個具有劃時代意義的變化，「印度故事」的背書人如是說。[1]與一九四九年後的中國和許多後殖民國家相比，印度的民主進程不僅表明，穆加比（Mugabe）和史托斯納爾（Stroessner）式獨裁和軍事統治在所謂的第三世界並非必然；印度民主派還證明，一個非常多元化的國家，社會上可以求同存異，尊重社會差距，以實現政治團結。他們證明，儘管有一切的難處，民主之手還是有可能包容到數以十億計的人。這數十億人的歷史和習俗千差萬別，但有一個共通點：他們都不是歐洲人，也不想被歐洲人統治。就這樣，印度地區顛覆了不列顛尼亞白人老爺「民主只能在由共同文化聯繫在一起的人民之間紮根」的常識規則——邱吉爾就曾多次這樣說過。他堅稱，對比起澳洲或加拿大等殖民地，印度是白人的負擔，是個渾渾噩噩的地方，目標明確的西式改革放進去只會石沉大海，英國人只能被迫擔起守護者的角色，看管這片需要法律和秩序的異教徒荒原。「將印度從野蠻、暴政和內戰中拯救出來，並緩慢但持續向文明邁進，是……我們歷史上最偉大的成就。」他沾沾自喜完，隨即發脾氣：「印度是一個抽象概念，一個地理術語，就好比赤道不是一個統一國家。」的而且確，這是一個別樣的難關。

1 ／ Ramachandra Guha, 'Two Anniversaries', The Telegraph Online, 29 August 2020, available at: https://www.telegraphindia.com/opinion/73-years-of-indian-independence-how-the-india-story-ended/cid/1789162

> 印度有幾十個民族和種族，數百個宗教和教派。三億五千萬印度人中，只有極少數幾百萬人能閱讀或寫字，而其中又只有一小部分人對政治和西方思想感興趣。其餘的都是原始人，一心為生活而艱苦奮鬥。

因此，印度沒有民主的未來。去假設「幾乎無數的印度人民將有可能在與英國、加拿大或澳洲等民主國家相同的政體和政府形式下，過上和平、幸福和體面的生活」，是很荒謬的一件事。[2]

印度民主派可不吃這套胡說八道。他們眼中的印度，是個對「印度人是甚麼人」和「政府應該為我們做些甚麼」充滿不同希望和期許的社會。專家的糊塗預言說，要理性紮實的民主在世界站穩陣腳，就先要有法國式凡俗主義，也就是強制宗教神話退回私人領域。這種說法，印度民主派也嗤之以鼻。印度政體包含有數百種語言，還有人類所知的每一個主要信仰。社會如此之錯綜複雜，讓印度民主派為民主找到嶄新而實在的理據。擁護「印度故事」的人說，民主在人們眼中，不再是保護人人平等、鐵板一塊的社會的手段，而是確保不同背景和身分的人不打內戰、平等共處的最公平方式。[3]

世上最強表演秀

「印度故事」成功得很。印度作為獨立的共和國已有四分之三個世紀之久，雖然其中不乏令人不安的波折起伏，但故事大體總算挺過來了。世界視印度為民主國家，大多數印度人表示喜愛民主（六成三），並對其成就感到滿意（五成半）。[4]印度故事如此長壽，最少有三個互相重疊的解釋。

第一個原因是，關注印度的焦點，通常在於其自獨立以來，在政府領域方面的成就，即是國家機構表現、政治改革及選舉。人們認為新生的印度共和國最終解決了邊界問題，自立成一個主權領土國家，還有亮眼的成文憲法。印度選擇留在英聯邦，精心安排跟敗走的宗主國持久和睦相處，再兼併自家土地上的法國和葡萄牙飛地。一九四七年印巴分治，估計最多有一千六百萬人被迫跨過國界，一百多萬人遭屠殺。新的印度共和國熬過如此動盪和地獄，一九四九年十一月二十六日通過新的成文憲法。憲法的主要推手是來自低等「賤民」（Dalit，即「達利特人」）種姓的政治領袖兼法律部長安貝德卡（B.R. Ambedkar）。以「我們印度人民……」開首的這份文件，

2╲ Winston Churchill, India. Speeches and an Introduction (London 1931), pp. 30, 136, 77; Hira Lal Seth, Churchill on India (Sant Nagar, Lahore 1942), p.16.

3╲ Ashsis Nandy, Time Warps: The Insistent Politics of Silent and Evasive Pasts (Delhi 2003), pp. 5–6; Ashsis Nandy, The Tao of Cricket: On Games of Destiny and the Destiny of Games (New Delhi 2000).

4╲ Sandeep Shastri, Suhas Palshikar, and Sanjay Kumar (eds.), State of Democracy in South Asia. Report 11 (Jakkasandra 2017), p. 23; https://www. pewresearch.org/global/2017/11/15/the-state-of-indian-democracy/

很快就會名聞遐邇，因為它篇幅長、內容廣，而且重新定義了民主，將法治納為武器，用來對付假借「人民」神聖之名以濫權的行為。嚴肅的序言描述印度為「主權民主共和國」，支持全部人民的社會、經濟、政治正義，思想、表達、信仰、信念和崇拜自由，平等地位與機會，以及確保「個人尊嚴及民族團結完整」的友愛情誼。

在如此有遠見的憲法框架內，新共和國舉行了首次國會大選，由一九五一年十月開始，歷時六個月，是世上有史以來最盛大的場面。它的目標是建立全國性的選舉制度，為一億七千六百萬名二十一歲或以上、其中八成半為文盲的印度人提供公平投票權，選出四千五百個席位；方法是迅速建成二十二萬四千個投票站，製造兩百萬個鋼製票箱並交付現場，以六個月合約期僱用一萬六千五百名名職員打字和整理選民名冊，委派共五萬六千名票站主任及二十八萬名輔助人員監督投票，並向投票站派駐共二十二萬四千名警員。為幫助多是文盲的選民，每個投票站設有多個票箱，每個票箱個別印上單一政黨標誌：大象是一個政黨，土燈是另一個，國大黨則以一對閹牛代表。新成立的選舉委員會得到印度科學家襄助，實行防止投票舞弊的計劃：用上近四十萬瓶至少一個禮拜不褪色的墨水，為每位選民打指紋。投票率為六成，七十五個政黨向一億七千六百萬名成年男女爭取選票，填充聯邦國會四百八十九席及各邦議會三千三百七十五席。尼赫魯的國大黨在二十五個邦的其中十八個勝出，並在直選的下議院（稱為 Lok Sabha 或人民院）贏得絕對多數（四百八十九席中的三百六十四個）。

上議院稱為 Rajya Sabha 或聯邦院，成員由各邦立法機構選出，還有少數是總統提名的。社會主義者一敗塗地，共產黨則位居亞軍，對一個可能比蘇聯有更多史達林死忠信徒的新生民主國家而言，成績可謂相當優秀。為了公民權利的公平與平等，選舉委員會甚至努力消除阻礙女性參與投票的父權壁壘。很多女性不願意讓選民登記冊收錄其本名，寧願以某人妻子或母親的名銜登記。這種態度受到公開批評，職員也收到指示要記錄女性選民的真名，但她們有時不肯。據估計當時有二百八十萬女性選民被拒諸門外，輿論一片譁然，激起一場反抗男性偏見的民主革命，時至今日，依然未竟。

獨立後的政治制度建設可謂大刀闊斧，但「印度故事」的編纂人更進一步，強調

圖二：馬哈拉什特拉邦（Maharashtra）加德奇羅利縣（Gadchiroli）一個村委會會議。

在後來的幾十年之間，印度如何透過修復制度和更新治理程序，在逆地而起的民主政治大冒險中遇強越強。他們舉的例子是，國會一九九三年的驚天決議，將地方自治制度（panchayat，前稱五人長老會）擴展至印度全部六十萬個村莊（圖二），使民主「向下」和「向橫」伸延。三層改革在基層建立出二十二萬七千個「村委會」，村委會代表繼而組成五千九百個較高級別的「鄉」級委員會，最頂層是超過四百七十個「縣」級會議，城市也根據相似的架構劃分成大小城市自治機構。總括而言，有了三百萬新選出的地方議員加入，全國民選代表梯隊（五百多名國會議員及五千名邦代表）加倍壯大。

制度設計不無缺陷，而且這個議案作為擴展民主的重要一步，也並非人人拍手叫好。各邦實施新架構的程度參差，財權下放也跟不上政治分權的步伐。地方政府無法就管轄權紛爭立法或把邦政府或中央政府告上法庭。強者施展卑劣技倆欺壓弱者，村大會一是不開，一是法定人數不足，或是紀錄遭當地鄉紳偽造。女性候選人和投票人被騷擾，來自較低種姓的民選地方政府領袖（稱為 sarpanches，類似村務委員長）人身受阻，無法就職。儘管國內討論過要將政黨排除在這個新的自治場域之外，骯髒的政黨政治遊戲還是上演了。

當一切手段都失敗時，得勢的種姓就會訴諸暴力達到目的。不過到頭來，在「印度故事」裡，地方自治改革還是帶來了好處，其選舉投票率平均為六成，普遍高於邦和全國選舉。地方政府改革幫助了印度民主制度的民主化，創造了新的政治空間予弱勢群體，尤其是婦女，制度已預留三分之一的席位給她們。諸如達利特人（印度教種姓結構中最低層的群體，舊譯「賤民」），官方歸類為Scheduled Castes，即「表列種姓」）及稱為阿迪瓦西（Adivasis，「原住民」之意，官方歸類為Scheduled Tribes，即「表列部落」）的部落人民也按實際人口比例得到保證的席數。

同樣逆地而起的是，印度還創建了凡俗主義的新模式，不是法國或美國憲法的凡俗主義，而實際上是一個保證所有印度宗教在政治上平等的新願景，如是意味著需要政府政策來對抗宗教狂熱，並糾正不同宗教內部及各教之間的權力失衡。為印度凡俗民主說項的人言道，它就像一張現代羊皮紙，上面承載著許多古老信仰和生活方式的痕跡，它也是一塊有法律保護的五彩畫布，而不是一條由鬆散相連、針鋒相對的信仰湊成、最終只能依賴國家暴力勉強扯平的拼布棉被。

「印度故事」講述了種姓配額的法律要求如何帶來民主化，尤其是在選舉方面。國家及各邦立法機構為一些種姓預留席次，公共部門就業及教育機構也有特定種姓名額，首先照顧表列種姓及部落，然後伸展至統稱為「其他落後階層」（Other Backward Classes）的中層種姓。改革激發出新一種民主階級鬥爭，其推動力正是地區種姓政黨的低種姓議題主張。牽頭的領袖琳瑯滿目，其中包括瑪雅瓦蒂（Mayawati），她是人口最多的北方邦（Uttar Pradesh）第一位女性首席部長，多次演講擲地有聲，闡述創建沒有種姓或信仰歧視的「平等社會」是何等重要；比哈爾邦（Bihar）前首席部長兼政治領袖拉魯・普拉薩・雅達夫（Lalu Prasad Yadav）則把自己塑造成落後種姓、穆斯林及達利特人的「救世主」。這些政黨以全國人民黨（Rashtriya Janata Dal）、社會黨（Samajwadi Party）、大眾社會黨（Bahujan Samaj Party，全國最大的達利特人政黨）等名義出現，加劇各邦和德里聯邦層面的政治競爭。一九九六年大選後，國會由破紀錄的三十一個不同政黨組成，其中很多都是單一議題政黨，而且多數是地區選舉產生的。細碎政黨雖然一再分裂，但自九〇年代中期起，沒有它們的幫助，這個年輕的民主國家就組建不了中央政府。

「印度故事」強調，賦無權者以政治權力，興許就是印度民主的最大成就。與地球上其他民主國家不同，印度窮人儘管面對重重障礙，法律又沒有強制投票，但投票的人數比例卻高於富裕的中上層階級。[5]美國最貧窮人口的投票意欲最低（二〇〇八年大選整體投票率為五十七點一個百分比，窮人為四十一點三個百分比，最富裕階層為七十八點一個百分比），印度則恰恰相反，首兩次大選整體投票率不足五成，一九七七年升至六成左右，主要歸功於窮人、女性及年輕人的政治參與度提升，並自此一直保持同樣水平。在納倫德拉．莫迪（Narendra Modi）以壓倒性多數重新掌權的二〇一九年大選，投票率破紀錄達到六十七個百分比。在「印度故事」裡，這個趨勢就是活生生的證據，證明絕大多數印度公民已深信票箱就代表此世的救贖——選舉是特別民主的時刻，因為體制內人人權利均等，體現相等的公民尊嚴，但也由同求異，表達自己社群的特定訴求。

「印度故事」無疑捕捉到印度試驗民主自治的各種重要方式。成就清單上項目眾多而又耐人尋味，不止有穩打穩紮的成文憲法，有由更強的地方自治加上邦與中央政府之間準聯邦制分權模式所推動的三級政府體系，有邊緣社群強制配額，還有激烈的學生選舉、民眾示威，以及公益訴訟——後面這種創新手法讓在乎公義的個人或法院能為身受專橫權力之害的人發聲——在在給「印度故事」加添引力和支持。一位印度政治學者說：「新一個民主社會已見雛形，裡面又有和而不同的民主社群同時成形。」這個解釋將印度描繪成一個本身也在經歷自我民主化的民主國家，暗地裡其實假設了歷史站在印度這一邊，而印度民主為了克服自身缺陷，現在就需要進一步的改革。

> 經過七十年發展，印度民主制度大體上已經獲得……順利和正常運作所需的合法性……由於這點已經達到，制度也已穩定下來，我們才有幸在分析層面進入知識探究的下一個歷史階段，找出它的瑕疵並對其短處表達不滿。[6]

另一位著名印度學者也以類似的樂觀口吻指出，民主是「原始的、令人興奮的、必要的，但

5／數據取自 India Today (31 August 1996), pp. 30–9 報導之 Centre for the Study of Developing Societies (CSDS) 調查；另見 Yogendra Yadav, 'Understanding the Second Democratic Upsurge: Trends of Bahujan participation in electoral politics in the 1990s', in Francine Frankel et al. (eds.), Transforming India: Social and Political Dynamics of Democracy (Delhi 2000), pp. 122–34. 美國窮人在總統選舉不成比例之低投票率分析見於 J. Harder and J. Krosnick, 'Why Do People Vote? A Psychological Analysis of the Causes of Voter Turnout'. Journal of Social Issues, 64, 3 (2008), pp. 525–49.

6／Peter Ronald de Souza, In the Hall of Mirrors: Reflections on Indian Democracy (Hyderabad 2018), pp. 155, 239, 122.

最終令人失望的政治形式」；民主「鼓勵人……拒絕被那些眼裡沒有民眾的人統治」。他接着表示，雖然印度的「民主理念釋放出巨大的創造和破壞能量」，但其承諾得到廣泛信賴，現已成為塑造千千萬萬公民生活的重要力量。他總結道：「民主……不可逆轉地進入印度的政治想像。回到舊日種姓秩序或帝國統治，是不可想像的——社會權力分配的原則已然改變。」[7]

洋人的寵兒

除了選舉和政制改革日盛，民主進程逐漸穩健以外，印度故事之所以可信，還有第二個相當出人意表的原因：外力加持。說來可能有點奇怪，但命運就是這麼曲折離奇，東方主義偏見居然顛倒過來，滋養了印度故事。近幾十年來，外界（特別是美國講稿寫手、政客及其政治盟友圈子）開始熱情過頭地盛讚印度是個重要的國際伙伴，指出印度對「自由民主」等共同價值的承諾，預兆雙方在貿易與科技、外交、軍事戰略等方面會有緊密的關係云云。

西方列強與民主印度之間的外交情緣是相對新近的，尤其是印度獨立後最初幾十年，尼赫魯一人主導了印度外交政策的成與敗，雙方關係沒有現在那麼美好。民主止於印度國界以內，尼赫魯的外交政策就是印度的外交政策，而且效果很特別：非洲和拉丁美洲整整兩個大陸，還有貿易和商業等全套政策範圍幾乎被無視。歷史證實民主國家在多邊互動、公開問責的跨國制度下聯合起來，總是會過得更好，但尼赫魯對這個定律沒甚麼好感。他懷疑美國密謀要做區內下一個帝國霸權，而且自己一向蔑視全球大國政治，於是與狄托（Tito）的新史達林主義南斯拉夫結盟，用的名義是一個讓他享譽全球的理論：「不結盟」。尼赫魯喜歡拿世界秩序的「五項原則」（Panchsheel）來為之辯護，包括互不侵犯、和平共處、尊重他國主權原則、不干涉他國內政，以及世界各國及各國人民平等。這個混合體裡包含了不相容的元素，而且像「尊重國內平等公民及政治權利」之類的民主美德也蹤影全無，方便尼赫魯對違反同一套原則的行為視而不見，例如他長期支持蘇聯及其對中歐和東歐「受奴役民族」的帝國主義反民主統治。史達林一九五三年死後，印度與蘇聯打得越發火熱，為國家主導的工業化帶來資金和技術援助。

狹隘的外交政策產生出喜憂參半的結果。印度投入精力培養與極權中華人民共和國的關係，不過一九六二年災難級的對華戰爭，加上西藏邊境劍拔弩張的局勢未能解決，一直困擾尼赫魯直至他在任內去世。賈邁·阿布杜·納瑟（Gamal Abdel Nasser）等民族主義政治家稱讚尼赫魯是人類良心之聲，然而，印度與美國的緊張關係卻在醞釀之中。有個很能捕捉到這種氣氛的傳言，說美國國務卿約翰·福斯特·杜勒斯（John Foster Dulles）要求尼赫魯講清楚到底印度是親美還是反美，尼赫魯答：「是。」軼事可能是杜撰的，但空穴來風，未必無因。

7／Sumil Khilnani, The Idea of India (London 2003), p. 60.

尼赫魯外交政策設定的反美基調在後尼赫魯時代的印度更見強硬。七〇年代初，巴基斯坦陷入內戰及與印度開戰，戰爭最終以孟加拉立國告終。巴基斯坦是美國對華和解的伙伴，美國於是與巴基斯坦同一陣線對付印度。同時，印度與蘇聯簽訂二十年友好合作條約，放棄不結盟政策。基辛格（Henry Kissinger）後來寫道：「到了一九七一年，美國和印度的關係已經到了貌合神離、行禮如儀的狀態，就像一對相處不來但又離不了婚的夫妻。」令印美緊張關係進一步惡化的是一九七四年五月，印度在代號「笑面佛陀」的行動中，引爆國內第一枚核裝置。[8] 印度不僅是聯合國安理會以外第一個核試的國家，還抵制美國呼籲，拒絕讓外界視察印度核設施。

印度與西方（特別是美國）關係的轉捩點出現在一九八九至九一年蘇聯帝國崩潰之後。印度墮入困惑之中，不知在美國主導的單極世界裡該如何自處。兩國在核武問題上爆發更大分歧，一九九八年印度核試，柯林頓政府同年五月決定召回大使，並對印度實施經濟制裁，雙方進入對峙期。然而，儘管有這些磨擦，美國還是要尋找盟友一起對抗中國，於是開始視印度為地緣政治競賽的錦標。印度資源豐富，坐擁巨大的國內市場，戰略位置優越，容易傾向與中國對立，而且有「世上最大民主國家」的稱號，因此逐漸被視為美國鞏固當區內外勢力的潛在大搭檔，以利遏制下一個崛起的全球大國：中國。根據這個地緣政治推論，美國外交政策的目標就是鞏固美印雙方的伙伴關係，造成雙方越來越相似，並在大多數重大外交政策問題上意見一致。

於是，美國發動了一場魅力攻勢，由柯林頓總統二〇〇〇年三月的訪印之旅打響頭炮。雙方簽署了一份願景聲明，為兩國未來政治互動確立章程，還有雙方首肯、有關雙邊交易的「制度對話」計劃在背後支援。雖然國內對跟美國打交道有些反帝國主義怨氣，但印方外交官終歸把全面解除制裁談成了。二〇〇五年三月，美國國務卿康朵麗莎・萊斯（Condoleezza Rice）和同僚向印度總理曼莫漢・辛格（Manmohan Singh）提出一份「果斷擴大戰略關係」綱要，其中不乏要幫助印度「成為二十一世紀世界大國」的說法。綱要涵蓋海上安全、人道主義援助、救災及反恐合作的協議，恢復暫停了三十年的核貿易，以及海軍演習，都為小布希（George Walker Bush）總統二〇〇六年三月訪印鋪平了道路。他在熱烈的掌聲中說道：「我很榮幸將世上最古老民主國家的美好祝願和敬意帶給世上最大的民主國家。美國和印度之間的伙伴關係，深入而紮實地植根於我們共同的價值觀之中。在我們兩國，民主不單是一種政府形式，它是我們賴以為國本的核心承諾。」

接下來的二十年裡，美國領袖把這段旋律重複再重複。隨着歐巴馬政府宣佈「重返亞洲」，「民主伙伴」印度聽到的求愛小夜曲達到前所未有的高音。二〇一五年，歐巴馬總統第二次訪問印度，對獲邀出席場合的德里賓客說道：「印度和美國不僅僅是天然的合作夥伴。我相信美國可以成為印度最好的伙伴。」掌聲之間，他續說：「當我們兩個——世上最大和世上最古老的——

8／Henry Kissinger, White House Years (Boston and Toronto 1979), p. 849.

民主國家站在一起，世界將會更安全、更公正。」這種辛香的辭令也為二〇二〇年二月的「合什川普」（Namaste Trump）大型集會調了味。會場是亞美達巴德（Ahmedabad）的世界最大板球場，自此已易名為納倫德拉·莫迪體育場（Narendra Modi Stadium）。時任美國總統川普說：「美國愛印度，美國尊重印度。美國永遠是印度人民忠實可靠的朋友。」大約有十二萬五千人來看他，但超過三分之一在他近三十分鐘的演說結束前就離開了，另外又有三分之一在川普講完後、輪到莫迪時已經背過身去了，但這都無所謂，重要的是在亞美達巴德和好幾個其他城市，巨型廣告牌大肆宣揚著「世上最古老民主國家」與「世上最大民主國家」相遇的老生常談（圖三）。莫迪透過「在體育場接待川普」這一齣戲，嘗試將地緣政治化為一場鋪天蓋地宣傳的體育表演，完全脫離

圖三：世上「最古老民主國家」和「最大民主國家」。

幾度前任在中美之間經營平衡的苦心。在莫迪治下，印度公開對遙遠的美國示好，以對沖鄰近的中國。印度已與美國簽訂有關亞太與印度洋地區的聯合戰略願景、防務關係框架協議，以及里程碑式的國防後勤交流協定，允許雙方使用對方的軍事設施。印度和日本、美國、澳洲一道，是四方安全對話的成員，「四方」倡議旨在促進多邊對話及「亞洲民主之弧」概念。印度與美國的國防、情報和貿易關係在近年達到高潮，莫迪也大力頌揚印度這個「世上最大民主國」是何等需要加緊與其「自由民主」的美國伙伴的連繫，以「克服歷史上的猶豫」。

緊急狀態管治

除了西方對印度民主的認可和印度自身的制度演變之外，「印度故事」之所以經久不衰還有第三個原因，只是不太明顯。它其實是一個破壞印度民主的驚天大陰謀，但諷刺的是，事件反而增強了人們對印度民主的信心。事情發生在甘地夫人（Indira Gandhi）眼皮底下，現在稱為「緊急狀態」的暴風雨時期。

暴風雨的觸發點是甘地夫人領導的國大黨在一九六七年大選中表現平平——雖然勉強獲勝，但議席多數優勢收窄，也失去了對八個邦立法機構的控制權。甘地夫人應對的手法是訴諸舊式民粹主義技倆，跨過政黨架構頭頂，直接拉攏選民，尤其是數以百萬計貧窮人口的支持，目的是靠破壞所謂「票倉」制度來增強她自己的勢力，並且建立新式的國大黨政府。「票倉」是這樣運作的：地區黨部大亨（稱為 Syndicate 或「辛迪加」，「同盟」之意）透過裙帶網絡組織大批選民，自己則從國大黨中央拿到補貼和特權。海報、擴音器、電視、收音機——「廢止貧窮」（Garibi Hatao）的口號無處不在，憲法保護的地區王族特權被廢除，銀行被國有化。總理甘地夫人提前一年舉行大選，震驚了幾億人。

甘地夫人透過轉移對地區及地方政治的注意力，將印度政治收攬於股掌之中，這種策略在一九七一年這次大選中得到了豐厚回報——漂亮的壓倒性勝利。隨後，印巴爆發軍事衝突，甘地夫人以快槍鐵腕手段搶勝，孟加拉脫離巴基斯坦，國大黨也在一九七二年地區選舉贏得又一輪政治勝利。道路已然敞開，民主可以縮水成只有選舉，國大黨可以重建成勝選機器，就像一頭笨重的大象，甘地夫人坐在鞍上，身披花環，頭頂太陽傘，君臨天下地俯視好奇和

圖四：甘地夫人一九七二年在馬哈拉什特拉邦一個公開集會演講。

仰慕的人群。

許多公民和代議士越來越擔心印度議會民主快將被獨裁政權扼殺，街頭抗議隨即爆發。像拉吉尼・科夏里（Rajni Kothari）一類的政治作家（他也是最早的印度問題研究員之一），自獨立以來首次思考民主的本質。[9] 地方民眾躁動，數以百萬計的人們開始感覺議會民主漸成空殼，認為一定要消滅鐵腕統治的刀槍棍棒。甘地夫人的煽惑政治反彈了，民眾現在以民主之名，把甘地夫人和親信打成印度所有問題的罪魁禍首。

而甘地夫人的反應就是獨裁。她在安拉阿巴德（Allahabad）高等法院被判選舉舞弊罪成，取消議會資格，並被禁止擔任公職六年。她迅速行動，援引憲法第三百五十二至六十條狡猾地從大英帝國借來的權力，一九七五年操縱總統宣佈進入緊急狀態。緊急狀態最終維持了二十一個月，不完全算是戒嚴，軍隊沒有站隊，城市大街小巷也沒有士兵挺著上了膛的槍，趾高氣揚地巡行，但民主權利暫停了。反對派領袖下獄，報紙受到審查，數以百計記者被捕，外國記者被迫離開。「誰想為印度人做點事，脖子上都有『憲法』這塊沉重磨石」的說法不脛而走。

9／比較 Rajni Kothari, Politics in India (Delhi 1970) 及其 The State Against Democracy: In Search of Humane Governance (Delhi 1988) 重點之不同。

政權已經不是第一次如此殘酷地行使國家權力。各邦非國大黨政府慣常被國大黨控制的中央機構解散，例如喀拉拉邦（Kerala）的民選共產黨邦政府就被推翻了。[10] 但事實證明，這次全國鎮壓和中止基本權利，其猛烈程度極為驚人。如此的強硬兇悍，可說是在給人們一個提醒：憲法制定人設計出的這個國家，帶來的不止是民主的紅玫瑰，還賦予國家特殊的法律與秩序權力，對付安貝德卡所說的「無政府原則」和「血腥革命方法」。一九七五年六月，先賢的禱告終於應驗，議會和內閣被繞過，國大黨的舊架構和忠誠分子被排擠到一旁。甘地夫人培養了一個全新的權力基地：由她寵信的幼子桑賈伊（Sanjay Gandhi）領導的所謂「青年國大黨」（Youth Congress）。桑賈伊本人身邊盡是背景可疑、身穿傳統庫塔（kurta）睡衣的年輕人，這些尼赫魯印度的午夜之子都熱愛絲絲政治權力氣息帶來的幻覺。同時，政府權力迅速移向核心之中的核心，直達德里的總理辦公室。甘地夫人決定把這個城市粉飾一番，「娘子」像她之前的英國人一樣，要在首都留下自己的印記，於是委派德里副督「把德里變美」。她的相片隨處可見，推土機把貧民窟夷為平地，城內又種起了樹。緊急狀態留下烙印，而且會長存在人民的記憶之中。

記是記住了，但方式不是老大身邊顧問和馬屁精預期的那種。他們就是傲慢到這個地步，一九七七年居然說服了甘地夫人舉行大選。被誤導的老大披著一身狂妄來到選舉盛宴，卻含恨吞下苦果。選舉激起人們強烈的熱情，壯了好些族群的膽——以往少有話語權的農民、貧困種姓、不可接觸的賤民等等。他們對政府及其政策之目中無人尤為不滿，其中又以甘地夫人之子桑賈伊所倡導、極其粗暴的輸精管結紮計劃為代表。反對甘地夫人的選票堆積如山到國大黨在印度民主歷史上首次失去中央政府控制權。一群烏合之眾組成稱為「人民黨」（Janata Party）的聯盟，以狂風掃落葉之勢贏得國會多數議席，莫拉爾吉・德賽（Morarji Desai）成為印度首位非國大黨總理。很多國大黨死忠拋棄「娘子」，她自己也失去了國會議席。

民主如何死亡

緊急狀態在政治上的失敗給印度故事加添了可信度。不少觀察家很令人寬慰地指出印度人民為世界豎立了榜樣，證明可以用民主手段擊敗煽惑者，可以讓傲慢的人吃敗仗，學懂不能強人所難。這個傳奇故事說服了國內外很多觀察家，令他們信納印度是個穩固的民主國家，是個具有政治韌性和強大自新能力的政體，印度「世上最大及最成功新民主國家」的聲譽日隆。

「印度故事」講述印度人勇猛擊倒緊急狀態的一篇，又再加強了人們的信念：印度是個穩打穩紮、韌力十足的民主國家，因為它打破了標準教科書描畫活生生的民主如何失足、跌撞、終而倒地不起的套路。民主政制走向終結的最普遍理解，可以稱之為「突然死亡觀」，設想民主通常

10／Gyan Prakash, Emergency Chronicles: Indira Gandhi and Democracy's Turning Point (Princeton, NJ 2019).

在一陣煙霧、一波槍林彈雨，或是像古代民主政體一樣，在戰車的隆隆聲、刀光劍影砍砍劈劈之間死亡。古代固然有好幾個集會民主是這樣沒了的，不是富人背地裡支持的突發軍事侵略，就是一意孤行的暴君自作孽。雅典的命運就是如此，它作為區內最強大的集會民主國家，儘管公民奮力抵抗，但還是在軍事上屢戰屢敗，最終輸在裝備精良的馬其頓王國刀下。[11]支持這種災變論思維的人指出，二十世紀代議民主同樣在軍事力量手中迅速滅亡。納粹德意志國防軍武裝吞併蘇台德地區（Sudetenland）、一九三九年三月完全軍事佔領捷克斯洛伐克，以及隨後納粹侵略盧森堡、比利時及荷蘭的歷史，就是典型例子，議會民主在空襲、坦克和侵略軍的打擊下瞬間摧毀。「突然死亡」也是後來智利總統薩爾瓦多·阿葉德（Salvador Allende）的命運：在高層政治重頭戲的一個嚴峻時刻，這位民選社會主義政府的總統在電台直播中告別自己的國家，然後在武裝部隊、攻擊直升機、空軍噴射機狂轟濫炸總統府時自殺身亡。

「突然死亡論」的支持者指出，過去一代以來，尤其是冷戰期間，軍事政變是民主的主要死因。數據似乎站在他們這一邊，顯示在該段期間，大約四分之三的權力共享式民主都是如此結束的。[12]較近期「死得快」的例子包括二〇〇六年，以色列強力鎮壓哈馬斯組織在巴勒斯坦立法會選舉的勝利，以及埃及二〇一三年針對總統穆罕默德·穆希（Mohamed Morsi）及泰國二〇一四年推翻盈拉·欽那瓦（Yingluck Shinawatra）政府的軍事政變。

所有證據都似乎證實了民主終結的「突然死亡論」，然而事實並非如此——至少從第二個角度看來，民主不是這個死法。擁護這另一個觀點的人認為，我們看民主之死，必須密切注意政府制度內部通常是慢慢展開的權力鬥爭。這款慢鏡政治理論強調，冰封三尺非一日之寒，民主之所以會崩潰，一定是連連串串政治發展相互交疊而成。這個解釋將大家的注意力從政治大戲的一刻高潮，轉移到引致民主政府垮台的複雜背景動態，認為民主崩壞的終極原因不是災難式的事件，而是曠日持久、樹大根深的政治進程。持這種觀點的人都同意，民主最好先定義得狹窄一點，只限「以定期選舉代議士為基礎的民眾自治」。他們也認為，這種意義上的民主，其消亡與身死都可以追溯至政府高層制度內共識的破裂。仔細剖析之下，這第二個方向強調的是，民主的崩潰和失效通常是個漫長過程，主要由政治因素驅動，例如政治領袖的短視與誤判、備受爭議的選舉結果、政府機構的功能失調和衰竭，以及武裝部隊的調動介入。

「慢鏡政治」理論強調政治玩家奸狡而有創意，政治動態也同樣沒有定數，事情可以發展的方向有很多，民主之死從來都不是必然的結果。民主之所以會破滅，是因為當局者在不由得自己

11／John Keane, The Life and Death of Democracy (London and New York 2009), pp. 70–77, 89–101; Eric W. Robinson, The First Democracies: Early Popular Government Outside Athens (Stuttgart 1997), pp. 114–18.

12／Steven Levitsky and Daniel Ziblatt, How Democracies Die (New York 2018), p. 3.

選擇的政治環境中，做了沒有選擇下的選擇。理論認為，左右大局的，是兩股政治勢力之間的激烈爭鬥，一方支持維護及／或改革民主政制，另一方則對之漠不關心，甚或積極圖謀推翻。這種解釋指出，在任何已知的民主危機中，一九二〇年代末的威瑪共和德國也好，二〇一九年底的玻利維亞也罷，政治環境通常都如狂風暴雨一般，有時令人驚懼萬分，而且總是極其教人摸不着頭腦。不過還是有一些規律可尋的。通常，民選政府失去控制的原因是，擺在它面前的問題和挑戰開始看似無法緩解，要求罷免政府的呼聲高漲，反政府勢力在暗處醞釀把它搞下台，吃裡扒外的反對派蓬勃發展，謠言滿天飛，陰謀論四起，市民上街抗議，失控的暴力爆發，對內亂的擔憂蔓延，軍隊越發焦躁不安。民選政府的回應是加強行政權力，例如授予自己緊急權力、要立法機構休會、改組軍隊高層、實施媒體封鎖。事情鬧得沸沸揚揚，最終炸開了鍋。結局時刻往往以憲政政變的形式出現：口裡向憲法致敬的勢力向法庭告狀挑戰政府，在法律上擊敗政府，實際上根本不單想解散政府，還想解散憲政民主本身。政府也可能被民主的敵人滲透，或者在街頭遇到要求政治過渡的騷亂力量激烈對抗。無論微觀層面的動態如何，這場曠日持久的大戲最終都會達到高潮，政府倒台，軍隊走出軍營，來到街上鎮壓騷亂，佔領關鍵的政府和媒體機構，民主被埋葬在自掘的墳墓之中。

「慢鏡政治」論者表示，當民選政府故意破壞民主時，也會產生同樣後果。從頂層開始對民主政府的致命傷害，是慢動作發生的，但之所以難以發現，在於踐踏民主的人以民主之名去瓦解治理架構（包括自由公正的選舉）的手法。奧班（Orbán Viktor）治下的匈牙利「黑社會國家」

論述就是這種詮釋的一個例子，說明多黨制的權力共享式民主能如何在「人民」名義下，經過佔主導地位的權力集團巧妙地操縱自由公正的定期選舉機制，從而自內部開始摧毀——過程緩慢，但保證成功。[13]這種解釋是「慢鏡政治」理論的變奏，認為黑社會政治是民主的敵人。傳統理解上的「黑社會」是地下的財富及權力網絡，伸出觸手纏繞在國家喉嚨上；「黑社會政治」則恰恰相反，黑社會政治建設出黑社會國家，把致力維護平等原則的權力共享式民主體內的生命力吸吮淨盡。信口雌黃的煽惑者領導著黑社會政府，無所不用其極地將政治權力集中在自己手裡，公然打壓記者和獨立媒體、公務員官僚架構、獨立司法機關和其他監察權力的機制。他們有種發自內心的強烈衝動，操控著他們去打破制衡，破壞公開監督與限制權力的機制。黑社會政治沒有興趣也沒有時間玩體制內的遷就妥協，於是，黑社會打著「人民」的旗號，利用媒體大力打擊目標「敵人」，散佈粗暴的語言，挑起針對對手的政治鬥爭，並收緊邊境管制，嚴防「外國人」與「外國」勢力影響。他們的眼睛總是死死地盯著下一次選舉，只要抓緊運氣和時機，加上退化日久、已遭閹割的政治體制相助，黑社會政府繼續在以後的選舉節節勝利，街頭慶祝有增無減。對於千千萬

13／Bálint Magyar, Post-Communist Mafia State:The Case of Hungary (Budapest 2016); Bálint Magyar and Júlia Vásárhelyi (eds.), Twenty-Five Sides of a Post-Communist Mafia State (Budapest 2017); Bálint Magyar (ed.), Stubborn Structures: Reconceptualizing Postcommunist Regimes (Budapest 2019).

萬人來說，「人民」的勝利實在甜美。教父級的煽惑家心裡痛快。有人說，未來的政治勝利還多著呢。但是，民主政體的核心管治制度已經受了致命傷，慢慢地痛苦死去。

「麵包、魚、敗家子與騙徒」

上面兩套民主枯死的原理和因由，乍看似乎大相逕庭，但其實不然。值得注意的是，兩者都關心政府會議室和走廊發生的事，也就是高層管治機構裡的政治鬥爭和戲碼，其中也包括民主的精髓所在——選舉戰場。還有更重要的一點要注意，就是這些對民主之死的詮釋，是怎樣被利用來加固「印度故事」的。「印度故事」的門徒經常指出，國家獨立如此多年來，管治體制只經歷過一次有組織、公開宣告的政治挑戰。麻煩的是，故事現在面臨最新事態發展的挑戰：人們越來越擔心印度民主正受「未宣佈」的政治緊急狀態所威脅，連反對派政黨之間也有這樣的想法。印度的公共知識分子也在猛敲警鐘，歷史學家拉姆昌德拉．古哈（Ramachandra Guha）曾說印度是「五五分」民主，現在降級成「三七比」；政治思想家普拉塔普．巴努．梅塔（Pratap Bhanu Mehta）警告說，莫迪的印度人民黨（Bharatiya Janata Party）正在散佈對「宣傳」和「我們的領袖」的崇拜，並使「利用國家權力扼制反對派」這種危險行為越加正常化。選舉統計學家兼社運家約根德拉．雅達夫（Yogendra Yadav）同樣表示：「印度共和國的三個D——民主（democracy）、多樣性（diversity）和發展（development），以往從未同時受到攻擊。」[14]

全球民主報告和排名已經開始反映這些憂慮。經濟學人智庫二〇一九年一份報告將印度列為「有瑕疵民主」，排名下跌十位，在一百六十七個國家和地區之中排名第五十一，是有史以來最低。總部位於華盛頓的自由之家（Freedom House）發表二〇二〇年《全球自由度報告》，其中印度屬於「最不自由」的民主國家之一，在一百九十五個國家和地區之中排行第八十三，和東帝汶及塞內加爾不相伯仲。次年，報告把印度從「自由」降級為「部分自由」。印度民主資格跌幅最大的紀錄出現在瑞典V-DEM研究所的二〇二〇年《民主報告》，文件提到：「印度繼續走在急速下坡的道路上，到了幾乎失去民主國家地位的地步。」報告把印度排在獅子山共和國（或譯「塞拉利昂」）、瓜地馬拉和匈牙利後面，並揭示印度的民主量化指標從二〇〇〇年前後開始滑落，但自二〇一四年莫迪政府當選後下降幅度尤為明顯。研究所在二〇二一年的報告宣佈，印度已經成為一個「選舉專制」國家。

這些量化研究確實給政治生活的惡化情況拍下了快照，譬如是針對少數族群的襲擊日益增

14／見 Ramachandra Guha, 'India's descent from a 50–50 to a 30–70 democracy', Hindustan Times, 21 March 2020, avai lable at: https://www. hindustantimes.com/columns/india-s-descent-from-a-50-50-to-a-30- 70-democracy/story-CBlmSCCeaxXpO8rPL7nycl.html; Pratap Bhanu Mehta, 'There is no Emergency', The Indian Express, 5 November 2016.

加、政府箝制學術自由、恐嚇記者，還有世界最嚴重的互聯網封鎖。近年有種崇拜，對象是鐵腕控制自己黨和政府、在國會席數堅如磐石的最高領袖，情況越來越惹人關注。管治機構不如以往獨立，引起的擔憂也逐漸浮面。一夜之間，莫迪政府抽起高面額紙幣，影響八十六個百分比的流通現金，導致經濟崩潰，印度儲備銀行一聲都沒吭。可能不利政府形象的數據經常被壓下來，備受吹捧的公務員團隊身受黨派改造，軍方則樂於被利用為政治工具，在秘密越境突擊之後頻頻出現在執政黨廣告中。高級司法機構變得越來越順從，主流媒體像極了政府的回音室。印度民主評級急跌，與一連串事件有密切關係，包括：在昔日的查謨和喀什米爾邦（Jammu and Kashmir）實施資訊封鎖並大舉搜捕地區領袖；東北部阿薩姆邦（Assam）的公民登記行動剝奪近兩百萬人的公民權；新的特別公民身分法引起印度穆斯林擔心是專為對付他們而設，反對新法的和平示威遭政府殘酷鎮壓。

印度政治的這些事態發展，每一件都有助理解「印度故事」遭受的嚴重傷害，但研究調查無法捕捉最令人擔憂的趨勢：印度民主的社會基礎正在慢動作地崩塌。印度面臨的不僅是未宣佈的政治緊急狀態，其實數十年來，國家也身受未宣佈的社會緊急狀態之苦。要理解其動態及政治後果，就必須跳出以往以國家及選舉為中心的「民主之死」論點的狹隘框框。這些國家為本的論述沒有提出一個大家耳熟能詳的重點：印度民主大冒險從一開始就因為「眾所周知最邪惡的一些社會區隔」而洩了氣。[15] 接下來，我們更進一步，解釋印度今天為何是一個受社會基礎保護及培養不力所威脅的民主國家的典型例子。安貝德卡擔心印度民主會卡在好些溝壑之間，一邊是建立在一人一票政治平等之上、以良好管治為目的的奮鬥，另一邊是因「分級制」的巨大不平等破壞了「統一和團結」而受挫的社會基礎。他的恐懼早就應驗了。在莫迪治下，社會生活繼續瓦解，但本書特別強調，整個趨勢已經醞釀了數十年，而健康及教育等社會政策範疇的失敗，其責任也可以追溯至德里及各邦歷屆政黨及政府的無為與無能。推動的因素有很多，但最終的結果就是，社會衰退正在破壞民主政治的精神與實體。印度民主正在緩慢但無可避免地經歷社會性死亡。「印度故事」誠信破產，印度不是世上最大的民主國家，印度是世上最大的「受威脅民主」案例。

還有更重要的一點，關係到研究民主、其興衰以及可能發生的異變：民主可能變成一種新奇的政府形態，喚作「專制主義」。這關鍵一點是，如果在評估民主和民主如何被扼殺時只考慮政府動態和政治寶座的權力遊戲，根本無法掌握任何民主國家社會次級結構的根本重要性。確實，關注高層政治的劇變和失衡很重要，因為它們可以（而且實在曾經）破壞和重塑選舉、政黨、立法機關、行政領導、法庭和軍隊，但「突然死亡論」和「慢鏡政治」兩種解釋的巨大弱點在於，兩者都忽略了任何民主政體都賴以為本的社會基礎。所謂「民主」，其內容遠遠超出上層動態，包括以政黨、選舉、立法會、政府、總理和總統、公務員官僚架構、警察和武裝部隊為中心的管治階層，這些管治制度賴以建基並從中汲取力量的，終歸是千百萬人在家庭、個人友誼、本地社

15／ Pratap Bhanu Mehta, The Burden of Democracy (New Delhi 2003), pp. 52–3.

群以至較疏遠的工作、運動、休閒及宗教場所等社會媒介環境中的日常生活互動。如此看來，只有當「下層」市民在日常生活中充分實現平等、自由、團結、尊重社會差異等民主準則，政府「上層」的民主才能運作，才能長久。所謂「民主」，也遠遠超出「監督式」制度，即是定期選舉加上大量監察機構公開監察、制衡和約束行使權力的人；民主是整整一套生活方式，裡面有來自社會生活各個層面的人四目交投、拉手搭肩、合作妥協，而且普遍認為彼此平等。打個比喻，印度教徒所謂的「ātman」是一種共同感通，每個活生生的人都因著自身最內在的平等本質，在呼吸、身體、思想與靈魂上與他人聯繫在一起，而民主就像是「ātman」滋養出的一種社會生活和自我實現方式。

換句話說，「人民透過選出的代表達到自治」這種意義上的民主，唯有當公民在各種社會群體和社區中非暴力地生活在一起，彼此以配得上敬重和尊嚴的平等身分相待時，才能實現。民主不止是按個鈕或在選票方框上打個剔，不限於選舉結果和「少數服從多數」的數學確定性，也不等同出席社區公開會議或在熒幕上看到跑馬燈突發新聞。自尊運動（Self-Respect movement）發起人、著名的坦米爾裔社運家拉馬薩米長老（Periyar Erode Venkatappa Ramasamy）就看出了這一點。獨立前後幾十年，長老一再警告說，民主可能淪為選舉的「政治賭博」。在民選政客手中，它可能退化成「敗家子與騙徒」之間爭拗「麵包與魚」的情況。倘若如他所料，那麼，一個致力於社會成員平等自由的民主制度，它的精神和實質將會被民選政府的儀式和內鬥消耗淨盡。[16]

拉馬薩米長老正確地意識到，一個運作良好的民主制度需要一種特定的社會生活。民主是免於飢餓、羞辱和暴力的自由，大眾厭惡涼薄僱主，討厭他們虐待賺取微薄收入從茅廁刮屎和疏通臭渠的工人。民主是對厚顏無恥的傲慢說不，是嚴辭拒絕種姓和宗教偏執，是斷言否定以其他形式侮辱人類或非人類生物的尊嚴。民主是不用像牲畜一樣被趕上擁擠的公車和火車上路，不用涉過溢出下水道的髒水，不用呼吸有毒空氣。民主是尊重女性、溫柔對待兒童，是能帶來滿足感和提供足夠報酬過上舒適生活的工作。民主是乾淨衛生的生活環境，在安全和隱私的情況下回應大自然對身體的呼喚。民主是在公在私都尊重不同的生活方式。民主是謙卑，是願意承認「無常」使所有生命脆弱，最終沒有人是堅不可摧的，而且平凡的生命從來都不平凡。民主是與人分享、關愛他人，是免於恐懼的自由，是免於被殺的權利，是人人平等享用像樣的醫療服務，是同情不幸落後的人。民主是對世俗奇觀一種後天習得的感知，是明智地處理意外情況的日常能力。民主是拒絕教條，不相信事情因為「自然而然」地穩如磐石而沒有轉寰餘地。所以，民主就是不服從，拒絕忍受日常生活裡的勢利與諂媚、崇拜與謊言、胡謅與欺凌，民主就是捍衛社會基本立足點——那些為擺脫屈辱詛咒的人足下裝上彈簧，讓他們健步出發的基本立足點。

16／Periyar E.V. Ramasamy, Ivarthaam Periyar [This is Periyar], edited M. Nannan (Chennai 2019); Periyar E.V. Ramasamy, Women Enslaved (New Delhi 2009).

對於這些說法，印度學者的分析可謂慧心妙舌。阿馬蒂亞・沈恩（Amartya Sen）開創了「能力進路」方向，論證應盡力提高人們的自由以實現福祉。[17] 一位年輕思想家寫道，民主是「向最弱小的凡人開放的叛逆信仰」，他深信必須以赤裸裸的猛力挑戰「社會不平等是必要和正常的」的偏見，以全新的方式評估印度民主。另一位思想家說：「印度民主需要的是對公共和私人兩者關係的新認識，認識到有些事情是國家特別不擅長的，但也認識到所有人都應該享有最基礎的社會自尊，並透過我們共有的計劃互相認可，否則就會陷入貧乏之境。」[18] 印度以外的知識分子也欣然同意。一位二十世紀傑出民主學者表示，民主是「一種社會」，一種堅持「人人平等地『盡其所能』」這個原則的整體生活方式。民主「不僅僅限於選擇政府、授之以權力的機制」，「民主內裡蘊含的平等原則」要求人們在日常生活（包括工作）中完全發展並享受他們個人和集體的能力。社會關係的育成是「個人能力發展的必要條件」，而「民主最大化」需要公民享有「沒有障礙」的環境、「合宜的生活方式」和「免受他人侵犯的保障」。[19]

原則很優秀，言辭很出色，但是如果政府和人民縱容民主的社會立足點受傷、破滅，民主會怎麼樣？接下來我們將詳細討論這個基本問題，但也可以先簡略考慮幾個初步指標。今日的印度是世界上第五大經濟體，同時是世界上社會最不平等的國家之一。印度憲法第 39C 條要求國家「將政策導向確保經濟系統的運作不會導致財富及生產工具集中而造成共同損害」。現實則比較殘酷，印度最富有的百分之一人擁有的財富，是佔人口底層七成的九億五千三百萬人所持財富總額的四倍多。這些億萬富翁的財富過去十年增長近十倍，目前財富總額高於印度全年國家預算。

每年新增的財富，近四分之三流向最富有的這百分之一人，最窮的五成人口的財富則只上升了一個百分比，穆斯林和表列種姓及部落齊齊墮入最大輸家行列。根據二〇一八年樂施會印度報告，印度鄉郊地區的最低工資工人需要工作九百四十一年，才賺到印度領頭的服飾公司一個高階行政人員的年薪。印度各邦處於不同發展階段，其中的差異也拉闊了這種貧富距離，構成驚人的數字。一九六〇年，最富有的三個邦比最貧窮的三個富裕一點七倍；到了二〇一四年，這個差距幾乎翻

17／John Keane, The Life and Death of Democracy (London and New York 2009), pp. 70–77, 89–101; Eric W. Robinson, The First Democracies: Early Popular Government Outside Athens (Stuttgart 1997), pp. 114–18. Steven Levitsky and Daniel Ziblatt, How Democracies Die (New York 2018), p. 3. Bálint Magyar, Post-Communist Mafia State:The Case of Hungary (Budapest 2016); Bálint Magyar and Júlia Vásárhelyi (eds.), Twenty-Five Sides of a Post-Communist Mafia State (Budapest 2017); Bálint Magyar (ed.), Stubborn Structures: Reconceptualizing Postcommunist Regimes (Budapest 2019). 見 Ramachandra Guha, 'India's descent from a 50–50 to a 30–70 democracy', Hindustan Times, 21 March 2020, available at: https://www.hindustantimes.com/columns/india-s-descent-from-a-50-50-to-a-30- 70-democracy/story-CBlmSCCeaxXpO8rPL7nycI.html; Pratap Bhanu Mehta, 'There is no Emergency', The Indian Express, 5 November 2016, available at: Pratap Bhanu Mehta, The Burden of Democracy (New Delhi 2003), pp. 52–3. Periyar E.V. Ramasamy, Ivarthaam Periyar [This is Periyar], edited M. Nannan (Chennai 2019); Periyar E.V. Ramasamy, Women Enslaved (New Delhi 2009).

18／Aishwary Kumar, Radical Equality: Ambedkar, Gandhi, and the Risk of Democracy (Stanford 2015), p. 336; Pratap Bhanu Mehta, The Burden of Democracy, p. 176.

19／C.B. Macpherson, Democratic Theory: Essays in Retrieval (Oxford 1973), essays 1 and 3.

倍，最富有的三個邦比最貧窮的三個富裕三倍。比哈爾邦過半人口、中央邦（Madhya Pradesh）及北方邦超過四成人口屬「多面向貧窮」，但在喀拉拉則僅為一個百分比，旁遮普（Punjab）、果亞（Goa）、錫金（Sikkim）和坦米爾那都（Tamil Nadu）各約為四至七個百分比不等。

GDP、財富分配和收入水平以外的調查，就很體現到這些日常差異。以社會幸福水平為例（圖五），如果將獲得食物和住房的機會、本地可用的醫護設施、人身安全以及做日常選擇的自由納入衡量標準，那麼根據二〇二〇年的《聯合國世界幸福報告》，印度在一百五十三個國家及地區之中排行低至第一百四十四，僅僅高於第一百四十五位的馬拉威及飽受戰爭蹂躪的葉門（第一百四十六位）。印度也是六個在過去十年不幸福感上升最多的國家之一，與辛巴威、尚比亞、萊索托、阿富汗和委內瑞拉齊名。加薩人對未來樂觀的比率比德里人高，後者的日常人身安全感偏低。德里也是一百八十六個城市中對未來生活期望最低的六個之一，期望值僅次於葉門的沙那，又略高於貝魯特。多數（五成一）居民認為社區罪案問題嚴重，無人陪伴的男性如果晚上十一點尚未回家，絕大部分家庭（九成半）都表示擔心其安危。女性的情況更不堪。在德里，如果女性家庭成員獨自外出，八成七人不到晚上九點就會開始擔心。只有百分之一人表示家中女性成員無論任何時間外出，他們都不會擔心。同樣的研究顯示，幾乎所有德里婦女面對日常社會生活都被迫如臨大敵般，通常避免獨自走在街上或陌生地方，清楚知道哪裡是絕對去不得的。她們不得不穿着保守，藏好個人物品，只搭擁擠的火車和公車，或是如果負擔得起價錢，就乘坐有執照的計程車。

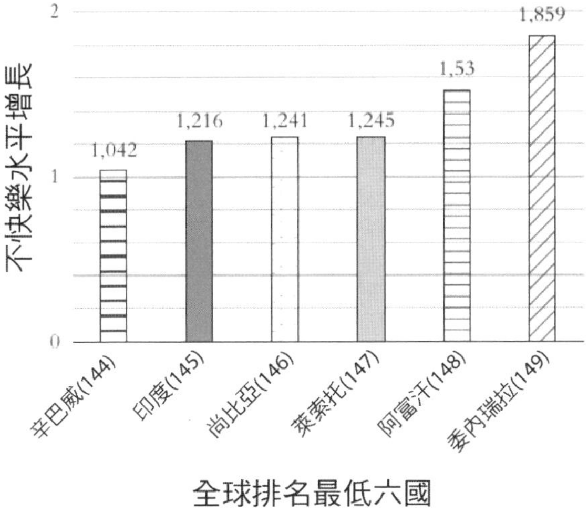

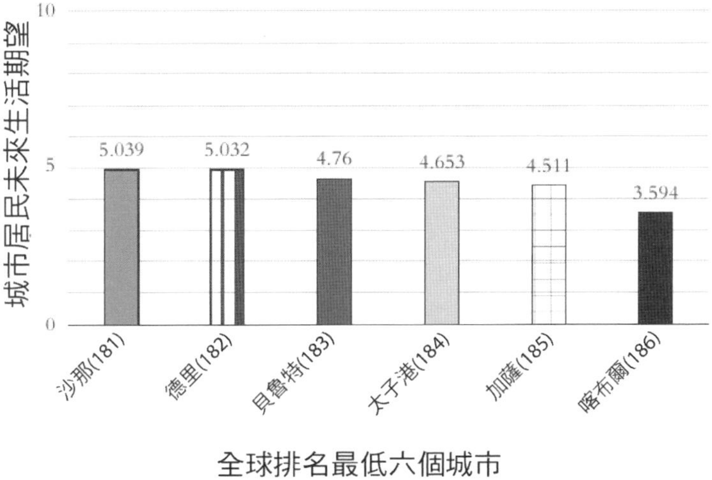

圖五：國民幸福及城市居民未來預期壽命排名下降。

諸如此類的社會指標為我們大大揭示了印度民主目前面臨的深層混亂之源，比選民投票率或市民政黨偏好變化之類的數據有用得多。本書著重討論的循環關係和死亡螺旋，來回連繫著社會生活的日久失修，以及對民主政治與管治制度的扼殺。選取這個討論角度的原因，正是對「民主之死」的普遍理解所常常忽略的要素。

最明顯的是，印度民主制度裡正在腐朽的社會次級架構，公然違背並削弱了印度憲法崇高的**法律理想**。憲法序章鄭重承諾過要為所有公民帶來公義、自由、平等和有尊嚴的團結，但社會生活的支離破碎導致民眾覺得法律軟弱無力，滋生對司法機構的憤嫉冷眼，司法部門也變得容易受政治干預和國家控制。財富大幅失衡、暴力充斥、饑荒，還有生活機會分配不均，令「民主之下的人民能作為具有平等社會價值的公民伙伴去生活」這個**倫理原則**淪為笑柄。如果說民主是社會身分平等的人自由選擇代表而構成的自治，那麼大規模的社會苦難只會令民主原則成為烏托邦式的空談，或是化為荒誕的鬧劇。飲食不佳、空氣有毒、水源受污染，可以**致殘致死**。對暴力的恐懼、差勁的醫療保健、普遍的社會不幸福感、無日無之的食物和住屋短缺，可以**破壞人的尊嚴**。「侮辱尊嚴」是一種籠統的社會暴力，社會絕大多數人，包括受過良好教育、擁有良好工作和資產的，都不能倖免，人人無論貧富都要受苦。「侮辱尊嚴」不放過任何一個人，它扼殺民主的精神和實質。飢餓的孩子在夜裡哭著入睡，千百萬婦女感到不安全，大量依靠奴隸級工資生活的移工在緊急醫療狀況下被迫逃命，這時的受害者不太可能相信自己值得擁有權利，或是有能力以公民身分為自己或他人應得的權利而奮鬥。無權者被社會層面的「侮辱尊嚴」所折磨，自尊被剝奪。

毫無疑問，他們的反擊能力，也就是發動千百萬次針對富人和有權力者的叛亂的能力，原則上永遠不容低估。但殘酷的事實就是，社會層面的尊嚴喪失通常會削弱市民積極關注公共事務的精神，乃至制衡、痛打和擊退有權者的能力。市民變成臣民，被迫接受頤指氣使和恃強凌弱，忍受國家和企業限制基本公共自由，還要習慣有人大灑金錢、監控、警棍毆打、預防性拘留、警察殺人，以及在街頭出現的軍人。

但壞事還不止於此，因為當千千萬萬臣民每天成為社會「侮辱尊嚴」的受害者，或是換句話說，當感覺「被剝奪尊嚴」（disesteemed，美國作家兼社運家詹姆斯．鮑德溫〔James Baldwin〕語）的百姓越來越多，有權者就拿到殺人放火金腰帶，千千萬萬受辱民眾坐著也中槍。一些被壓迫的人，還有很多中上階級背棄公共事務，齊聲嘀咕抱怨政客和政治，但心懷不滿的人甚麼都不做，只會在逆來順受的泥沼中打滾，自滿自大的一方便勝出。憤世嫉俗的冷漠滋生出自願的奴役，又或者，心存不滿的人開始嚮往政治救贖者和鐵腕政府的到臨。無權者和特權者聯手期盼一個許諾捍衛窮人、保護富人、驅逐腐敗與混亂之惡、淨化「人民」靈魂的救世主出現，煽惑的時機成熟了。強勢領袖不再關心公共誠信和權力共享的精妙之處，公民的無力化更鼓勵了他們自吹自擂、咄咄逼人，堅信自己可以點石成金。但傲慢是有代價的，當民選政府不再向一個被健康不佳、士氣低落和失業問題削弱的社會負責時，統治者就很容易變得盲目和笨拙，做出粗心、愚蠢、無能的決策。民選的統治者鼓勵大市場和政府參與者（也就是所謂的政治寡頭）做決定。在政府部門、企業和公私營項目中行使權力的人不受公眾問責的民主規則約束，於是，貪污腐敗就像荒廢花園裡的雜草一樣猖狂叢生，幾乎全部人都必須行賄才能獲得基本公共服務。有權勢的人享有不受約束的權力，結果是**制度性民主失敗**。最後，缺乏再分配式公共福利政策去保障受壓迫者得到足夠食物、住宿、安全、教育和醫療保健，民主就會淪為區區一個幌子。選舉定期舉行，「人民」一詞不絕於耳，但民主開始變得像有錢的政治掠奪者所戴的華麗面具。人民自治蕩然無存，隨之而來的是有錢有權的政治寡頭挾著「人民」的名義實行強硬統治。在走狗媒體歡呼簇擁下，**幽靈民主**化為現實，社會變得從屬於國家，人民舉手投足都應該符合忠誠臣民的模樣，否則後果自負。一種徹徹底底二十一世紀形態、自上而下的統治模式就此誕生，我們稱之為專制主義。

社會緊急狀態

第二章

一個民主政體的健康

全民普損

直到生命最後一刻，阿瑪普萊特．考爾（Amarpreet Kaur）的父親才終於躺上醫院病床。

六月四日上午，德里正在準備放寬二〇二〇年的肺炎疫情封城措施，這位年輕的人力資源主管連同家人到達首都 LNJP 醫院。她六十八歲的父親發高燒、呼吸困難，幾天前檢測出對冠狀病毒呈陽性反應。他急需住院，但德里沒有一家醫院肯碰他，為他檢測的那家醫院則不再接這家人的電話。他們打電話去其他醫院，公營也好，私立也罷，全都徒勞無功，每一家都說已經沒有空出的床位了。最後，政府熱線建議他們送父親去 LNJP，說那邊應該有足夠的病床。到埗時，醫院職員卻說不能接收他。家人花了幾個小時懇求，但院方毫不讓步。考爾的父親坐在醫院急診大樓外面的一輛車裡，看得出來越來越不行了。絕望的考爾發出一條 SOS 推文，向德里政府求助，苦苦乞求道：「沒人幫忙的話，他就活不了。請幫幫忙。」

這時父親已經暈倒了，家人決定自己動手解決問題。他們抓住一張空的輪床，把他推進急診室。然而，還是沒有人願意照顧他。「我們跑向眼前見到的第一位醫生，倒在他腳邊，雙手合十，求他看看我們的病人。」考爾的丈夫曼迪普・辛格（Mandeep Singh）現身說法，在媒體撰文寫道。[20] 已經太遲了。中午時分，考爾發了一條推文：「他不在了。政府讓我們失望了。」

長久以來，印度從未提供過像樣的公共醫療保健，這下又多了一名受害者。一場瘟疫，將印度搖搖欲墜且毫不平等的醫療系統徹底打沉。肺炎個案節節上升之時，醫院發現嚴重缺乏測試工具，醫生個人保護裝備不足，經常只能將就著用雨衣和機車頭盔來保護自己。成千上萬醫護人員確診冠狀病毒，包括 LNJP 醫院的醫療總監。有保護裝備發下來時，醫生護士則表示其品質不佳。德里兩家醫院的醫生因為薪水數月未發而罷工，全國一百萬位認可社區醫護人員（Accredited Social Health Activists，簡稱 ASHA）中，亦有六十萬撤離工作崗位，要求提高薪資待遇及準時發薪，並提出需要消毒液及手套等簡單安全設備。就在這之前的幾個星期，莫迪指示空軍大張旗

20／Mandeep Singh, 'Turned Away From Hospitals, My Father-In-Law's Death From COVID Shows Delhi Is A Mess', Huffpost, 4 June 2020.

鼓地飛越醫院上空灑下花瓣，以示對醫護人員的感激之情。但在地面，醫護人員正正是被遺棄的一群。

除了三數個公共醫療做得特別好的地方（例如喀拉拉邦），印度舉國上下，或多或少是同樣情況。前線醫護人員工作過勞、裝備不足，肺炎測試工具得來不易，病床更加難求。即使是非新型冠狀病毒肺炎病人，想治病也是難於登天。醫院大多已停止化療及洗腎等醫療程序，就算是末期病人也不例外。在極少數還有這些服務的情況下，私營醫療機構會開出天價的療程和藥品。毗鄰德里的城市諾伊達（Noida）有位懷胎八個月的孕婦，在長達十三小時、八家醫院拒收、極其狂亂的病床搜索中，死在救護車上。醫院要求病人出示病毒測試結果，才能獲得治療，但當時一測難求，政府政策是把測試數目盡可能限制至最低，一所高等

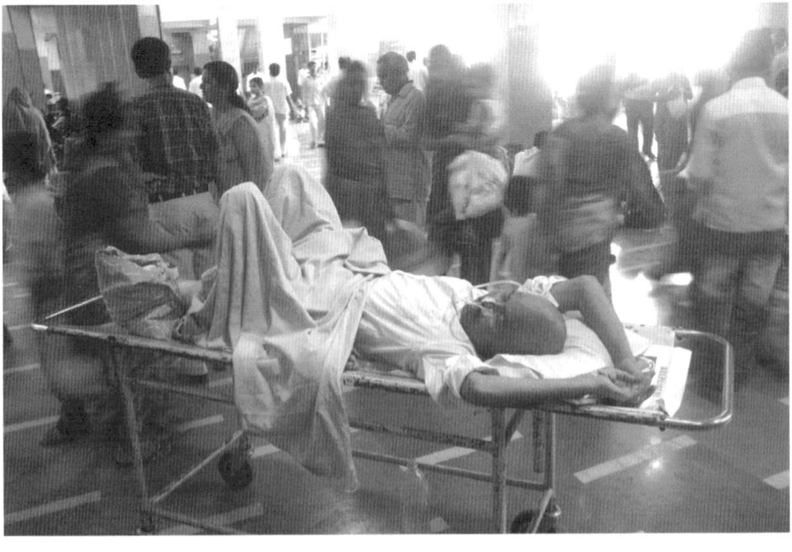

圖六：瘟疫暴露出印度一直腐爛的公營醫療系統。

法院形容這是企圖「人為操控數據」。[21] 測試少，個案便少，表面秩序便越美好——即使情況正在失控。國大黨一位德里大佬想讓妻子在德里這個首都城市做檢測，一家經歷了痛苦的磨難，他隨後在推特（現名「X」）上寫道：「儘管我在醫學院長大，認識每一位重要的醫療專業人士，還是不得不上山下海費盡心力，就是為了讓她得到這麼一次檢測。德里的醫療系統真是爛透了。」對於小城市裡的小人物來說，情況肯定更地獄（圖六）。

印度雖然是測試得最少的國家之一，但還是高踞肺炎個案榜首。倉卒宣佈封城嚴重破壞經濟，一夜之間吞噬無數市民生計，將人迫入飢餓，還激發前所未見的民工回鄉潮，大量人口從都市回流至偏僻地區。政府現在似乎同樣地急於解除封鎖，挽救國家經濟任何僅餘的殘渣。源源不絕的逆向遷移變成洪流，隨着越來越多人有樣學樣，當初由富人搭飛機從遙遠的他方帶來的都市病，現在擴散至七成印度人居住的鄉村地區。農村的公共衛生系統更不堪，居民也更負擔不起私家療養，疫症的風險因而暴增。

二〇二〇年三月底，印度宣佈實行世界上最嚴格的封城措施，認為如此大刀闊斧就可以減慢冠狀病毒蔓延，並給聯邦和各邦政府足夠時間撐起公營醫療基礎建設。要做的事多得很：根據政

21／Sohini Ghosh, ‘Civil Hospital worse than dungeon, says Gujarat HC’, The Indian Express, 24 May 2020.

府在封城前一週蒐集的資料，每八萬四千個印度人才分到一張隔離病床，每三萬六千人一張檢疫病床，每一萬一千六百人一個醫生，每一千八百二十六人一張醫院病床。印度七百三十九個區有近兩成連一張附有深切治療設施的病床都找不到。政府醫療開支多年來停留在GDP的百分之一左右，所以日積月累，醫療基礎建設實在太破爛了。以空間換時間的戰術失敗告終——七十年來忽視市民健康，不可能靠兩個月的拼拼湊湊來逆轉。疫症沒有掏空印度的醫療系統，不過是讓它露出真身罷了。所謂的民主國家拒絕提供基本全民保健，近四分之三世紀以來讓國民承受致命的不公義，一邊廂歡呼歌頌人民及其選票之平等，另一邊廂看待他們的身體卻如此不平等。現在表演完畢，是還債的時候了。

大平等主義者

印度憲法高舉公民享有尊嚴的權利，最高法院判決明示，此原則代表健康權是生存權不可或缺的一部分，政府有憲制責任提供保健設施。但保健在印度並非基本權利，國家沒有全民醫療保健系統。印度有的是三級制醫療系統，最窮的人去理論上免費但相當搖搖欲墜的公立醫院，富人和中上階層可以使用有酒店式大堂、冷氣套房、恭敬有禮的醫生和最先進設備的超專科私立醫院，其餘人等則退避到中低端的私人療養院，也就是五星級企業醫院的縮小版。

疫情爆發暴露了人們長期容忍的這個醫療種姓制度，是如何將窮人拒於合理醫療服務的門外。媒體嘰嘰喳喳地報導醫療基建的崩潰，版面也充斥人們對這種情況的憤怒，社論作者敦促政府回歸基本，確保人人都能過有尊嚴的生活。國營公立醫院大多是地獄級的存在，這一點突然好像比以前重要了很多，即使是對那些負擔得起私人護理、從來不需要去公立醫院的人來說也是。日子一天一天過去，道理越來越明確：今次瘟疫就像其他瘟疫一樣，殺起人來特別平等。可惜了這樣一個民主國家，會因為「不分宗教、統一民法」而激勵出生機，卻從來沒有投資過半分政治能量發展全民醫療。疫症不會分辨階級、宗教或種姓。公立醫院帶頭反擊，私人醫療機構則十分低調，拒收病人，甚至削減標準服務，以掠奪性的暴利價築起難以逾越的付費門檻。私營醫院有印度三分之二的床位和八成可用的呼吸機，卻只處理不到一成的臨界負荷。[22]由冷漠國家所營運、只適合無助窮人的地獄級公立醫院，突然成為唯一選擇，即使是平時對之不屑一顧、像考爾這種高階企業管理層也不能倖免。疫症是個大平等主義者。

在全國最富有的城市孟買，病人等不到分配病床就去世了，即使極其僥倖找到願意接收肺炎病人的醫院，也沒有救護車可以載他們去。政府救護車很少，私營的也極難找，而且大部分人都負擔不起。在有「印度矽谷」之稱的邦加羅爾（Bangalore），一個驗出陽性反應的醫院巴士司機

22／ Prabha Raghavan, Tabassum Barnagarwala, and Abantika Ghosh, 'Covid fight: Govt system in front,private hospitals do the distancing', The Indian Express, 30 April 2020.

找不到救護車送他去醫院，與家人徒步四公里到行政首長家門口大聲呼救。邦醫療部長宣佈：「只有神才救得了我們。」

新冠肺炎危機越陷越深之際，印度人民很明顯只能依靠全能的祂。在經濟首都各處的醫院，感染冠狀病毒的病人只能同睡一張床或睡在地上和走廊，等待有病床空出。有時，病人還會和未認領的屍體同處一個病房。全國各邦和市政府大張旗鼓地宣佈要提升政府醫院的承載量，強迫私家醫院為冠狀病毒患者預留床位，並將天文館和運動場等大型場地改建為檢疫中心。他們一而再再而三向市民保證有足夠能力應付危機，但實地情況卻是個截然不同的版本。富裕西部邦分古吉拉特（Gujarat）每千人只有〇點三三張醫院病床，邦高等法院形容首府亞美達巴德的公民醫院（Civil Hospital）「相當於一個地牢，甚至可能更糟糕」。[23]

印度最富裕的城市和邦分在瘟疫的侵襲下竟如此凋零，不難預想在較貧困的偏僻地區，情況一定更令人擔憂。在德里的考爾父親咽氣前不到一週，鄰近的北方邦（全國其中一個最窮的邦）一段肺炎患者哭泣的影片在社交媒體上瘋傳。片中病人是政府醫院收治的，正在因為其駭人設施而抗議。影片中一人喊道：「你們把我們變成畜生。我們是畜生嗎？難道我們不需要水嗎？」其他人走出病房加入行動。他們投訴廁所用不了，食物也吃不下去，敦促當局如果缺錢就向病人收費，但至少應該把他們當人看。社交媒體上有很多這類的影片，都是染疫的病人拍的，在當局禁止病人帶手機進入隔離病房的情況下，記錄了北方邦各家醫院的驚人狀況。

長期病

逆向遷移（reverse migration）的世界末日場景、封城幾天內已經出現的食物恐慌、未能安排合適交通有系統地接載農民工回鄉以盡量減低傳染風險，以及印度醫院從疫症爆發之初已面臨的災難，全都表明政府不作為、管理不善和失職，已經造成更深層的社會弊病。印度國家結構不但效益低下，而且也不僅僅證明它是個「頭腦指揮不了四肢的國家」（flailing state）。[24]政府無能、缺乏公開問責，揭示在困擾印度的社會緊急狀態中，民主失效難辭其咎，政府笨手笨腳、揑造數據、無能卸責，就是其中的症狀。經濟學家早就警告過，不受監管的市場會失靈，為受害者帶來巨大痛苦。民選政府一旦不受民主監督及約束的監察機制制衡，民主也會失敗。社會不夠民主，社會政策的失誤會倍增。這幾乎就是一條數學等式：沒有有效的民主問責，國家機構通常甚麼都不做，或是作出疏忽、愚蠢，甚至根本魯莽的決定，傷害人民生命。如同其他一些民主國家一般（美國是最明顯的例子），幾十年來國家提供的基本社會服務既患寡又患不均，催生出嚴重不平

23／Sohini Ghosh, 'Civil Hospital worse than dungeon, says Gujarat HC,' The Indian Express, 24 May 2020.

24／Lant Pritchett, 'Is India a Flailing State?: Detours on the Four Lane Highway to Modernization', Scholarly Articles 4,449,106, Harvard Kennedy School of Government (2009).

等的社會，再加九〇年代初一面倒的市場自由化，容許國家將公共財產及資源私有化，背棄其基本責任，令不平等更進一步傾斜。結果，舊歷史裡的不公平現象重現，差距加深。日常對尊嚴的侮辱和不公不義地否定最基本權利，都變得司空見慣。政治的粗陋化也是如此。

北方邦人口與巴西相當，是印度政治上最重要的邦分，也是薄弱社會基礎與粗暴政治兩者連繫的典型代表。北方邦由印度教強硬派約吉・阿迪亞納斯（Yogi Adityanath）管治，領著一支愛尋釁滋事的私人軍隊，又狂熱地煽動烏合之眾和公然挑釁穆斯林，因此聲名狼藉但大權在握。北方邦在其治下，被聯邦政府認定為對肺炎疫症準備最差的邦，七十五個縣平均每個有二百七十萬人，但近半數縣分連一張配備深切治療設施的病床都沒有，七成縣分在封城前隔離床位不足一百個。

也不是說北方邦需要一場瘟疫來暴露所謂公家醫療系統的腐爛內裡。北方邦正在建造世界最大雕像——耗資四億兩千萬美元的七百二十五英尺高印度教羅摩神（Ram）青銅像，超越古吉拉特邦六百呎高的印度開國領袖之一兼首任副總理瓦拉巴伊・帕特爾（Vallabhbhai Patel）巨像——但卻負擔不了基本醫療。二〇一七年八月，在戈勒克布爾（Gorakhpur）市，也就是阿迪亞納斯的家鄉和實力基地，政府營運的巴巴拉加夫達斯醫學院（Baba Raghav Das Medical College，簡稱BRD）暨附屬醫院，五日內有六十三名兒童死亡。醫院的液態氧供應商多次請求醫院繳納到期貨款不果，最終拒絕再補充庫存。公司想盡辦法追討超過十個月以來累積共六百三十萬盧比的欠款，其中一封最後通信寫道：「謹來信告知氣庫存貨只剩兩至三日……本公司對此不承擔任何責任。」政府手指頭都沒動一下。氧氣耗盡的一天來臨，BRD 收治的孩子開始喘著氣夭折了。

全國上下一片譁然，諾貝爾和平獎得主凱拉西．沙提雅提（Kailash Satyarthi）更稱之為「大屠殺」，發了一條痛苦的推文：「七十年的自由，對我們的孩子就是這麼一回事嗎？」並懇求北方邦政府修理「幾十年以來腐敗的醫療系統」，但政府選擇掩蓋負面新聞。新任首席部長阿迪亞納斯不能讓人看到自己在主場失利，所以他的政府斷然否認氧氣供應中斷與死亡事件有關，將責任歸咎於四名醫生，包括 BRD 行政人員，以及其他幾位醫院職員，迅速收監。最突出的代罪羔羊是年輕兒科醫生卡菲爾．汗（Kafeel Khan），他在液態氧用盡、恐慌蔓延當晚努力採購氧氣瓶，因此成為媒體寵兒。身為穆

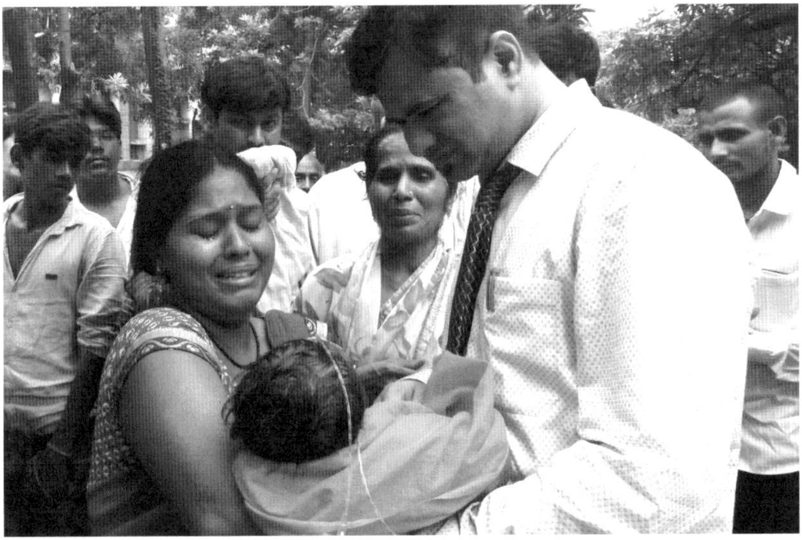

圖七：卡菲爾．汗醫生（右）。二○一七年北方邦戈勒克布爾巴巴拉加夫達斯醫學院附屬醫院氧氣用盡時，試圖拯救小童生命，因而下獄。

斯林的他動了惻隱之心，與印度教極右派代表人物阿迪亞納斯的冷漠形成強烈對比，最後為自己主動的行為付出了代價，和一百五十名囚犯在陰濕的牢房裡度過接下來的八個月（圖七）。

戈勒克布爾氧氣事件隨着媒體視線轉移至其他地方追蹤突發新聞，最終漸漸淡出視線。一切責任全在被逮捕的醫院管理人員，還有實為一系列疾病統稱的「腦炎」。「腦炎」致死似乎是件無可厚非的事，由此為當局開脫——儘管這種蚊媒傳染病致死因素很多，而且與疾病本身關係不大，反而是一般行政質素低下，加上衛生、基本保健、道路及交通管理不善之過。

除了衛生條件不佳外，地方基層健康中心職員和設備不足，無法及時診斷和治療腦炎患者，病人於是要從數百公里以外的地方送到 BRD 等政府醫院，醫院資金和人員短缺，容易在不斷增加的負擔下崩潰。這些更籠統的問題，放在戈勒克布爾還是在印度大部分地方的公共醫療系統身上，情況都是一樣的，但只是在政治或媒體對話中偶爾提及，從來沒有人著手處理。BRD 事件兩年後，聯邦政府告訴國會，北方邦三千五百多個基層健康中心仍然只有所需醫生數量的三分之一，這些本應是醫療基建支柱的中心，有大約一千個在沒有電力、沒有正常供水、沒有全天候通行道路的情況下運營，切蒂斯格爾（Chhattisgarh）、奧迪薩（Odisha）、卡納塔卡（Karnataka）、比哈爾等邦的情況也大同小異。

媒體描繪危機，做法通常是將之簡化為對立框架，這次是政黨之間以及阿迪亞納斯與他「敵人」之間的對立，這種框架需要比較少的心神來掌握，而且使事情更加惹味，也更容易入口。缺乏私怨劇場、有關深層結構問題的複雜細節，從來都是收視毒藥。所以戈勒克布爾的社會危機故事就被簡化為政治鬥爭。故事講的明明是小孩死亡和歷史悠久的破碎醫療系統，但卻變成上任僅五個月的新任首席部長的存亡之戰。解決方法也恰如其分地帶有政治色彩：「罪魁禍首」找出來了，人頭落地了，舊賬算清了，地盤保住了，人民安撫了，反對派也噤聲了，實際上甚麼都沒解決。就像印度全身很多地方一樣，困擾醫療保健系統的深層因素放任著惡化，人們向前看，繼續生活，直到致命瘟疫來襲，無處可逃。

可惡的謊言

北方邦首席部長對缺氧死亡事件的政治回應之一，是決定要有一場盛大的表演來挽回損失。阿迪亞納斯承諾實施徹底根除急性腦炎綜合症（acute encephalitis syndrome）的計劃，兩年內，他就已經大肆宣揚計劃的成功，聲稱病例減少了六成半。然後是更多的拼拼湊湊修修補補。真正的情況是，BRD 等醫院被要求拒收來自其他邦的腦炎病例，醫生也受到壓力，不讓將肺炎記錄為死因。這種少報漏報在印度很常見，民選的官員就是用這個簡單粗暴的辦法來壓低疾病數字的。在制度彈性和貪污腐敗推波助瀾下，瞞騙行為有增無減。在西孟加拉邦，執政地區政黨草根國大黨（Trinamool Congress）的煽動型領袖瑪瑪塔・班納吉（Mamata Banerjee）嚴厲打壓登革熱，死亡病例很多被記錄成「病毒性發熱」或「神秘熱病」，或是「發熱伴血小板減少」之類。相比於其他國家通常少報登革熱十到三十倍，印度的登革熱少報幅度高達二百八十二倍。[25]安得拉邦（Andhra Pradesh）和奧迪薩邦同樣操縱瘧疾數據。

透過捏造數據來解決問題是印度政府的標準操作程序。比起問題本身，印度政府往往更擔心問題會暴露於公眾耳目。在整個冠狀病毒危機期間，除了少數幾個邦和城市認真發佈數據外，各級政府在數字上採取了寬鬆而快捷的做法，首先將檢測數字限制在低得可笑的水平以壓低報告病例，但即使是低位數字也未能倖免。當西孟加拉邦被發現少報死亡人數時，它說許多受害者死於「共病」（co-morbidity）。坦米爾那都邦政府被發現只報告了首府清奈（Chennai）死亡人數的一半，北方邦發佈的數據也零星不全。在聯邦層面，整個行政體系都裝備就緒，旨在證實莫迪政府的說法，指曲線正在趨於平緩，雖然曲線每天都在創新高。儘管鎖國政策令印度與世界其他地區隔絕了好幾個月，官員還是繼續否認有社區傳播。約翰霍普金斯大學經濟學家史蒂夫・漢克（Steve Hanke）將印度列為「不報告冠狀病毒數據或報告極可疑數據」八國之一，他口中的冠狀病毒數據「爛蘋果」還有越南、委內瑞拉、埃及、敘利亞、葉門、土耳其和中國，實在不是大家預期的東方民主大希望（像「印度故事」編的那樣）會結交的朋友圈。

國家政策縱容否認，比真的動手根除死亡病原來得方便，結果就是一場國家推動的最弱勢群體大規模死亡。在無休止的螺旋裡，屍體堆積如山。BRD醫院的受害者是二〇一七年八十萬〇二千名早夭兒的其中六十三員，據一聯合國報告稱，這數十萬兒童大多死於缺乏水、衛生設施、適當營養及基本醫療服務，使印度成為幼兒死亡人數最多的國家，其次是奈及利亞（四十六萬六千人）、巴基斯坦（三十三萬人）和剛果民主共和國（二十三萬三千人）。印度的個案中，約六十萬〇五千例是可預防或可治療的新生兒夭折，例如出生期間的併發症、肺炎、腹瀉、敗血症和瘧疾。根據二〇一六年《全球疾病負擔報告》的數據，另一項研究將印度的醫療保健易得程度和質素排在一百九十五個國家中第一百四十五位，儘管人均收入高得多，還是落後於飽受戰爭蹂躪的葉門（第一百四十位）、蘇丹（第一百三十六位）和北韓（第一百二十位）。[26] 中國人口與印度相當但人均收入遠比印度高，排名遙遙領先，在第四十八位。但疾病數據顯示，即使在一九九五年，中國人均收入只有印度二〇一五年數字的一半時，中國所有主要健康指標都比印度二十年後的二〇一五年、拿著雙倍錢糧時表現得還要好。[27]

25／C. Sohini, 'In India, do not ever say "dengue"', This Week in Asia, 23 December 2017.

26／'Measuring performance on the Healthcare Access and Quality Index for 195 countries and territories and selected subnational locations: A systematic analysis from the Global Burden of Disease Study 2016', The Lancet, 23 May 2018.

27／Manas Chakravarty, 'India's dismal record in healthcare', Live Mint, 25 May 2017.

健康與民主

一黨專政的中國在醫療戰線表現如此出色，引發出公共衛生與民主之間關係的有趣問題。近年對民主的分析之中，身體健康方面的研究和文章太少，對「民主國家每個公民都有權利享有並充分利用身體上的健康」這個原則也強調得不足夠。女性主義者、身障者社運人士和公開倡議健康身體及福祉的人，都出面反擊歪風，提醒我們：理性主義對民主的定義太抽象了。說民主是「知情理性的公民之間公議和共識」，是把「身體」這個實體貶低，甚至乾脆忽視了。他們堅持認為，公民身體的完整，又或是對它的侵犯，應該是思考民主政治的必要方向之一。

身體是政治問題，當疾病或虐待損害

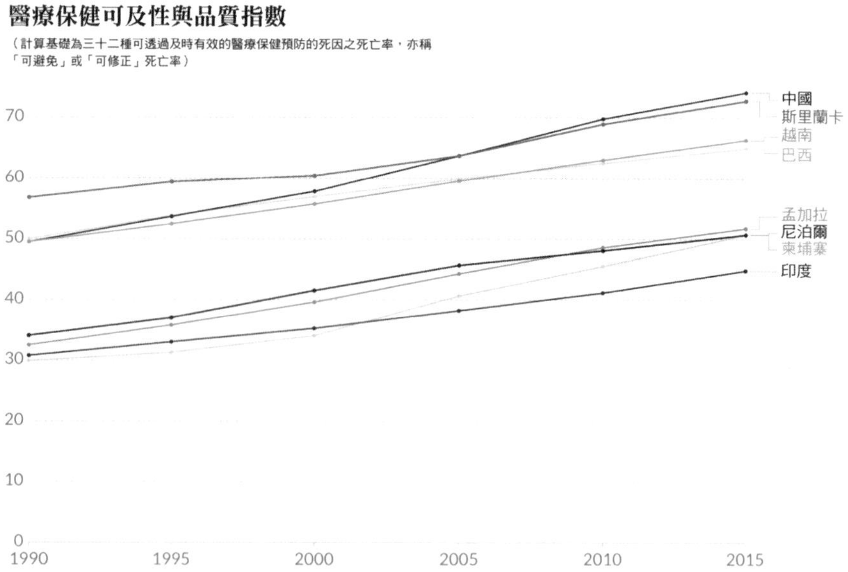

圖八：及時而有效的醫療照護，按可預防死亡數據計算。

民眾生命，或是民眾身體完整性被暴力傷害或毀壞時，任何民主制度的精神和實質都會受威脅。身心痛苦、精神焦慮和得不到治療的疾病，都會窒礙民主，侵犯「自由平等、有政府賦能的公民，其身體能力和差異必須得到平等尊重」的民主自治原則。民主於是在一次次的疾病或死亡中緩慢地逝去。因此，正常運作的民主國家應該特別注重提高預期壽命、尊重和支持身障者，或者整體來說應該提供全民高質素保健以改善人民身體健康。於是，民主國家的健康指標**理應**比非民主國家表現更好。

除了中國等例外，大多數有關民主與健康成果之間聯繫的研究，都確實發現兩者相輔相成。籠統的理據就是，代議民主推動權力競爭者競逐大眾支持，於是令他們更積極回應市民的保健需要。有研究檢視政治自由與醫療開支的關聯，具體以東地中海國家為例，得出的結論是，新聞自由和民主會增加公共及私人醫療支出，並減少自付費用。[28]一九七〇至二〇一六年共四十六年間來自一百七十國的小組數據發現，人民十五歲時的無愛滋病預期壽命，在國家轉型為民主後增長得更快，並得出結論指，自由公平的選舉導致政府增加醫療開支，心血管病和交通意外死亡率都

28／Ali Kazemi Karyani, Enayatollah Homaie Rad, Abolghasem Pourreza, and Faramarz Shaahmadi, 'Democracy, political freedom and health expenditures: evidence from Eastern Mediterranean countries', International Journal of Human Rights in Healthcare, 21 September 2015.

有所下降，而所謂的獨裁國家相比民主國家，斥資預防和治療疾病的動機可能更小。[29]另一項針對一九六〇到二千年代類似數據的研究顯示，民主國家的醫療政策干預更為優越。[30]研究提出民主與出生時預期壽命、疫苗接種、衛生設施和水源改善之間有密切關係，並估計民主國家政府的醫療人均支出比長期獨裁國家高約一百六十美元（以購買力平價計算）。

印度的情況給「民主是健康的護理師」這個統計結論帶來了麻煩。印度根本達不到身體健康的民主標準，即使只是粗略地看一看主要的健康指標也能證實（圖八）。印度每年有二百四十萬人死於可治療的疾病，其中一百六十萬死於醫療服務品質低下，是死於缺乏醫療服務的人數（八十三萬八千）的兩倍，論前者的死亡率，印度在一百三十六個國家之中表現最差。[31]每年，每十萬個印度人，就有一百二十二人死於醫療質素低劣，遠多於巴西（七十四）、中國（四十六）、尼泊爾（九十三）、孟加拉（五十七）和斯里蘭卡（五十一）等同儕和鄰近國家。《刺針》二〇二〇年十月發表研究，指印度平均預期壽命在三十年間增加十歲至七十點八歲，但印度人患病和殘疾的年數卻在增加。印度的健康平均餘命（Healthy Life Expectancy）為六十點五歲，與衣索比亞（六十點一）和盧安達（五十九點八）相似，但落後於尼泊爾（六十一點五）、伊拉克（六十三點三）、孟加拉（六十四點四）、巴勒斯坦（六十四點四）、巴西（六十五）、越南（六十五點七）、斯里蘭卡（六十六點八）和中國（六十八點四）。[32]印度的嬰兒死亡率在十年間降低了四成以上，從二〇〇六年的每千死亡率五十七人下降到二〇一七年的三十二人，但仍落後於柬埔寨（二十五）、越南（十七）、巴西（十三）和斯里蘭卡（八）。[33]自二〇一六年以來，即便是如此微不足道的成功也開始動搖，幾個邦的死亡率開始上升。[34]如果真如比較研究所言，民主國家疫苗接種率通常較高，那就沒有甚麼比印度更反常的了。除了肺結核之外，印度的免疫接種率低於世界多數貧窮地區，例如撒哈拉以南非洲的部分地方。痲疹每年引致全球十萬人死亡，印度佔的比率從二〇〇〇年的一成六上升至二〇一〇年的四成七。[35]印度在兒童肺炎死亡數最多的五個國家中位居首席，其次是奈及利亞、巴基斯坦、剛果民主共和國和衣索比亞。[36]印度在肺結核死亡

29／'Global study highlights role of democracy in improving adult health', The Lancet, 13 March 2019.
30／Timothy Besley and Masayuki Kudamatsu, 'Health and Democracy', American Economic Review, 96, 2 (2006).
31／'Mortality due to low-quality health systems in the universal health cover age era: a systematic analysis of amenable deaths in 137 countries', The Lancet, 392, 10, p. 160, 17 November 2018.
32／'The Global Burden of Disease Study', The Lancet, 396, 10258 pp. 1129–306, 17 October 2020.
33／世界銀行數據。
34／Jean Drèze, Aashish Gupta, Sai Ankit Parashar, and Kanika Sharma, 'Pauses and reversals of infant mortality decline in India in 2017 and 2018', SSRN, 8 November 2020.
35／Jean Drèze and Amartya Sen, An Uncertain Glory: India and its Contradictions (Harmondsworth and New Delhi 2013).
36／JustActions, 'The Missing Piece: Why Continued Neglect of Pneumonia Threatens the Achievement of Health Goals', New York, 2018.

數字方面同樣位居榜首，承擔著全球三分之一的死亡數字，每年有四十二萬一千人死於肺結核。[37]

數字應該不令人意外，畢竟印度政府在醫療方面只花費 GDP 的百分之一，與中國的百分之二點九、拉丁美洲的百分之四、東南亞的百分之二點一和歐洲的百分之四點九相去甚遠，醫療公共開支人均每年僅為一千五百盧比，即二十美元。[38] 再加上醫療保險覆蓋有限，意味著印度平民必須自掏腰包支付大部分醫療費用。高達六成七的費用沒有國家或保險公司承擔，而是由消費者在服務點直接自付。《刺針》二〇一一年刊登的研究估計每年有三千九百萬印度人因醫療費用而陷入貧困，到了二〇一七年，數字躍升至每年五千五百萬。[39] 於是，大多數印度人最終根本不選用任何醫療照護服務。在最富有的百分之五人口中，九成八人在死前有接受若干醫療服務，但最貧困的兩成半人之中，近四成在沒有任何醫療護理的情況下死亡。[40] 印度嘗試邁向聯邦和邦級政府資助的保險制度，但成果有限而且參差不齊。莫迪政府推出一項雄心勃勃的保險計劃，通稱「莫迪健保」（Modicare），希望幫助支付最貧困人口的醫藥開支，潛在受惠人數達到五億。可惜整個計劃預算撥款少，又依賴牟利為主的私家醫療服務，因而綁手綁腳、寸步難行。結果，印度在《刺針》的「全民健康覆蓋有效普及指數」（universal health coverage (UHC) effective coverage index）表現不濟，得分為四十七，僅僅高於東帝汶的四十六分，與衣索比亞、緬甸和尼泊爾同一水平，並落後於蒙古（四十八分）、加納和也門（四十九分）、孟加拉（五十四分）、伊拉克（五十八分）、盧安達（五十九分）、巴西（六十五分）、北韓（五十三分）、柬埔寨（五十七分）和中國（七十分）。[41] 事實上，這類全球指數記錄的全印度得分甚至都不能反映欠發達邦分真實的危急程度。例如在坦米爾那都邦，至少六成四人享有醫療計劃或保險，北方邦只有六個百分比。[42]

總而言之，早在瘟疫肆虐之前，印度的健康報告已為當地人民的身體健康敲響警鐘，並質疑國家管治制度的民主回應度和質素。《經濟學人》分析一九六〇至二〇一九年疫症前的流行病數據，得出結論指對流行病應付得最有效的是民主國家。南韓和烏拉圭等穩當的民主國家在二〇二〇年疫情期間的表現，似乎證實了這個說法。[43] 這些國家的問責機制，以及未受全球盲目親市場

37／Michael J.A. Reid et al., 'Building a tuberculosis-free world: The Lancet Commission on tuberculosis', The Lancet, 20 March 2019.

38／T.S. Ravikumar and Georgi Abraham, 'We need a leap in healthcare spending', The Hindu, 7 February 2019.

39／Sakthivel Selvaraj, Habib Hasan Farooqui, and Anup Karan, 'Quantifying the financial burden of households' out-of-pocket payments on medicines in India: a repeated cross-sectional analysis of National Sample Survey data, 1994–2014', BMJ Open, 31 May 2018.

40／Pramit Bhattacharya and Udayan Rathore, 'The staggering costs of India's failing health systems', Live Mint, 24 September 2018.

41／'The Global Burden of Disease Study', pp. 1129–306.

42／Samar Halarnkar, 'The Tamil Nadu or Uttar Pradesh model: What lies ahead for India in 2019?', Scroll, 7 February 2019.

43／'Democracies contain epidemics most effectively', The Economist, 6 June 2020.

改革浪潮影響的國營醫療保健，令它們比起那些癱瘓公共醫療系統、將健康風險和債務轉嫁給個人和家庭的民主國家，表現更為出色。另一方面，印度和巴西、美國、英國、墨西哥及南非對肺炎緊急狀況的災難級處理，則讓人覺得有必要好好反思一下「民主」與「流行病處理」之間的關聯理論。[44]

私利之慾

就印度而言，唯利是圖的私人醫療保健業界意圖「轉危為機」，加劇瘟疫期間公共醫療系統的崩潰。大量報導指出療養院和企業醫院濫收高額檢測和治療費用，甚至炮製虛假檢測報告來坑害患者。媒體畫面顯示，中央邦一名八旬老翁因治療費用有爭拗，被綁在醫院病床上。家人指稱醫院任意加倍收費，並在他試著離開時拒絕放人。

敲詐勒索的恐怖故事與剝削性的私人醫療生意本是一體兩面，之所以會越演越烈，實則源於印度政府未能向全體人民提供半點像樣的保健。對私營機構規管失敗、問責失敗，是民主失敗的一個明顯例子。眾所周知，很多私立醫院都會給醫生設定營收目標，強迫他們開出不必要的檢查、藥物或其他醫療程序。印度病人入住私家醫院，醫生問的第一個問題多數不是病情，而是病人是否有保險，後續建議的醫療程序即取決於這個答案，而非病人需要的治病方案。印度有一項《醫療機構法》旨在規管私人醫療營運商，但基本上發揮不了作用，醫生和私營醫療機構抱怨條文死板得不切實際，各邦也因為生怕醫藥專業界別強烈反彈而不願執行。就像從教育乃至食水等其他被私人資本取代的公共商品一般，醫療行業其中一些最大的玩家，就是以政治寡頭姿態出現的政客。他們利用稅務減免、廉價政府土地和其他優惠政策，加上確保公立醫院繼續癱瘓，以此養肥私人企業。理論上，這些好處是商家承諾提供窮人治療配額才交換到的，但實際執行得很差劣。政客自己如果生病，也絕少去公立醫院，很多都用納稅人的錢飛去外國，接受與他們為人民服務的終身奉獻精神相稱的醫療服務。

私人醫療機構的不當行為，例如任意過度收費、服務差劣、診斷欠缺透明度等，都被刻意而有系統地忽視。印度醫學委員會本應為醫療業界訂定標準並監管之，但成立六十三年以來無甚作為，直到二〇二〇年被新機構取代。印度民主制度因監管機制失靈或崩潰而屢屢失敗，其中這個機構唯一的效用就是在印度醫療登記冊上給醫生登記。委員會的地方分會只是專業人士選出的機構，而且像所有選舉產生的組織一樣，都必須關心會員權益而非惹惱他們。他們不會對自己的俱樂部會員下手，所以要證明會員犯下醫療疏忽或專業失當，幾乎完全不可能。消費者審裁處欠缺專業醫學知識，通常無法發揮功能。針對醫生的民事及刑事案件需要其他醫生的證供，使醫生於

44／John Keane, 'Democracy and the Great Pestilence', Eurozine, 17 April 2020.

此類訴訟中佔有明顯優勢。

無論如何，醫生在印度是一種稀有商品，任何政府都不願意與之作對。世界衛生組織建議每一千人配備一位政府醫生，印度實際上每一萬一千人才有一個。據估計，印度醫生短缺數字為六十萬，另加兩百萬位護士。[45] 北方邦和比哈爾等邦分情況更嚴峻，前者每一萬八千人才分配到一位政府醫生，後者則是兩萬八千人。同樣，數字大概無法完全反映醫生短缺的問題。如果把非政府醫生納入計算，醫患比例看來會好些，但這些醫生往往聚集在人口比較密集、收入前景較好的市區中心，鄉村地方則相應地得不到足夠的服務。

政府研究發現，七億印度人無法獲得專科護理，八成專科醫師在市區執業，結果是出現一大堆資歷不足或訓練差劣的江湖醫生。印度醫學協會認為有一百萬，光是在德里，就估計有五萬人。據估計，印度五成七的對抗療法（allopathic medicine）醫師都是江湖術士，大多集中在農村。他們在印度醫療基建中佔據的地位重要到政府開始發放執照容許他們行醫，還尊稱他們為「社區保健提供者」（Commuity Health Provider，簡稱 CHP）。這些 CHP 和 ASHA 從業員是莫迪政府達成全民健保目標的關鍵人物。由阿育吠陀（Ayurveda）、瑜伽（Yoga）、自然療法、尤納尼（Unani）、悉達（Siddha）和順勢療法（Homeopathy）縮寫成的「AYUSH 醫生」也是如此，他們基本上是土生另類醫學的從業人員，現在獲准開出當代藥物，甚至為病人進行一般外科手術，解決醫生嚴重短缺的問題。讓持牌江湖醫師處理初級醫療保健和增加民眾接受醫療服務的機會，這樣的實驗可能看來有點希望，但把次等醫療服務制度化去應付負擔不起主流醫療的窮人，正好證明印度人生活裡存在著一套違背民主的等級制度，違反平等選舉權和社會平等的原則。醫療政策隱含市區生活優於鄉村生活、富人優於窮人的優次之分，就是醜陋的社會達爾文主義。

印度醫生短缺的原因是歷屆政府未能優先考慮公共衛生、建立足夠數量的醫學院並以補貼的價格培訓醫生。相反，培養醫療專業人員的任務越加落在私營企業身上，它們收取天價學費，頒發人們垂涎的學位。從這些私營機構畢業的醫生為了收復已付的成本，自然更傾向高利潤的企業式牟利做法。印度醫療「向錢看」的結構，過濾的不僅是醫療服務的需求，還有供應。普通印度市民夾在不受規管的私人醫藥生意和支離破碎的公營系統之間，面對的是沒有選擇的選擇：廉價大屠殺或是貴價割喉放血。在一個最富有的一成人口掌握著七成七國民總財富的國家，大多數人在任何情況下都用不著做這種選擇，這純粹是因為日常生活已經飽受其他匱乏所困擾——例如食物。

45／美國 Center for Disease Dynamics, Economics & Policy。

第三章 百萬饑荒

討飯的哀嚎

在不久的過去，飢餓被認為是自然法則的產物，或是靈體和神明的詛咒和死亡禮物。因著祂們的名義，飢餓的人所承受的地獄之苦被人所畏懼、解構、從而接受。根據這種古老的思維方式，要脫離飢餓的痛苦空虛，一是全無可能，一是只能是神明恩賜。正如聖雄甘地所說，飢餓的人們只有透過麵包的味道才能遇見上帝。

世間沒有誰不怕飢餓，但人們接受其詛咒，認為是命運使然，甚至有人熱烈捍衛這種偏見。想想愛說教的牧師學者托馬斯·馬爾薩斯（Thomas Malthus，一七六六—一八三四），他的推論是所有饑荒，食物的極端匱乏，是上帝定下的人類環境法則：欠缺「道德約束」的窮人過度繁殖，但當人口呈幾何級數增長而食物供應只能逐步疊加，窮人很快就會發現自己被推入飢餓與饑荒的無情懷抱之中。他們的命運是無法改善的，給饑民的任何救濟只會激發其性慾與人口增長，攤薄整個窮人群體可獲得的食物，從而回到饑荒的自然狀態。[46]

然後，民主出場。它的捍衛者認為民主是一種倫理，一種不能容忍飢餓與饑荒的整套生活方式。用倫理學的術語來說，民主代表著彼此平等相視的人的尊嚴。飢餓會吞噬飢餓的人。這不是一個有商有量的問題，而是赤裸裸的褻瀆。飢餓意味著「侮辱尊嚴」，把受傷的人踐踏在腳下。因此，正如描寫飢餓和饑荒災難性後果的印度小說家巴巴尼・巴達查里雅（Bhabani Bhattacharya）所言，民主倫理是飢餓的死敵。對他來說，飢餓是民主的相反，帶來道德墮落，滋生絕望，引來囤積居奇和牟取暴利的人實行掠奪。飢餓是把漁船肢解成木柴出售，是讓兒童賣淫，是非法販運，是有人虛弱到無法行走，是疾病得不到救治，是被迫移離祖籍地，是爭吵、憤怒、心碎。飢餓是無數無數哭著死去的孩子和路邊的屍體。[47]

論實際操作，都說民主是抵禦飢餓之害的強力護盾。民主機制保證人們不再把飢餓當成是命運

46／Thomas Robert Malthus, An Essay on the Principle of Population; or A View of Its Past and Present Effects on Human Happiness (London 1798).

47／Bhabani Bhattacharya, So Many Hungers! (New Delhi 1947) 是該書作者專門討論孟加拉饑荒的傑作。

或神明惱怒或政治經濟嚴酷法則的結果，而是人類作為——或不作為——的產物。正如沈恩提出，飢餓不是食物短缺引起的，而是產自民主匱乏。按此理論表述，雖然乾旱和沙漠化蔓延等突發事件會引發糧食危機，但如果沒有人為因素，就不可能發生「急性饑荒」，就像一九四三年孟加拉饑荒期間帶來可怕的苦難和死亡那種。當年估計三百萬人在英軍佔領下餓死，沈恩一代很多人仍然對加爾各答街頭討飯的哀嚎聲心有餘悸。

沈恩認為，毛澤東一九五八至六二年間名不副實的大躍進造成約三千萬人死亡，其中可以清楚看見人類與饑荒共謀，烏克蘭一九三〇年代初的饑荒亦然，全都不可能在民主的情況下發生。[48]因此他得出一個引人注目的結論：「世界歷史上，從來沒有一個正常運作的民主國家發生過饑荒。」[49]在印度，中國大躍進規模的饑荒「肯定會立即在報紙上引起軒然大波，在印度議會裡造成動盪，管治的政府幾乎肯定要辭職。」[50]

獨立而民主的印度其實遭遇過饑荒規模的糧食短缺。一九六六到六七年間，飢餓橫掃比哈爾，造成一千三百四十萬人陷入赤貧，成千上萬的人民餓死，許多目擊者憶述人們吃野生樹葉和樹根，從鐵路側線周圍的塵土中撿拾穀物碎片，越來越瘦骨嶙峋，慘不忍睹。饑荒隨後在一九七三年降臨馬哈拉什特拉邦，估計十三萬人死亡，而在一九九〇年代，飢餓纏繞到了奧迪薩邦卡拉漢迪（Kalahandi）及瑙帕韃（Naupada）兩縣人民身上。這一樁樁一件件都有媒體廣泛報導，激發示威活動和政治反響，迫使政府採取行動。馬哈拉什特拉邦僱用幾百萬人做救援工作應對旱災，比哈爾邦的危機則加劇了尋求農業政策替代方案、確保糧食安全的迫切性，從而引發「綠色革命」，即利用現代農業技術向工業化農業邁進。

慢性死亡

巴達查里雅等人描述的災難性饑荒日子，現在似乎已經結束了。哀嚎著找飯吃只是上一代人消失中的記憶。印度似乎證明了「民主國家不能容忍饑荒」的論點，但印度民主卻面臨新挑戰：飢餓悄悄地，在寂靜中殺死印度人。

來聽聽在馬瓦丹爾（Mahuadanr）發生的故事。桑琪・德維（Sanchi Devi）來到賈坎德邦（Jharkhand）東部這個偏遠村莊時，已是下午晚些時候了，她還是一整天沒東西下肚。家裡甚麼都沒有，所以這天很可能也是千千萬萬個喝鹽茶湊合的日子之一吧。她解釋說，問題是家裡來了客人。

48／Jasper Becker, Hungry Ghosts: Mao's Secret Famine (New York 1998).

49／Amartya Sen, Development as Freedom; compare his The Argumentative Indian: Writings on Indian History, Culture and Identity (London 2005), p. 51; Amartya Sen, 'Democracy as a universal value', Journal of Democracy 10, 3 (1999), p. 12.

50／按 Michael Massing, 'Does Democracy Avert Famine?', The New York Times, 1 March 2003 引述。

一位遠方親戚帶同家人來訪，如果能給他們點甚麼就好了，所謂的「甚麼」就是米飯。米飯和附近田裡找到的野菜、樹葉，就是她大多數日子吃到的食物。問她上次吃扁豆是何時，她苦苦思索還是不得要領。扁豆是印度人普遍的蛋白質來源，肉、蛋、奶自然是不可能出現的，甚至連問一問都覺得突兀。

這樣的日子明顯侵蝕了她，令她衰老得看起來遠遠超過實際年齡——她估計自己大約五十歲。她和兒子、兒媳和孫女一起住在鎮邊的茅草頂泥屋裡，毗鄰的稻田一直延伸到遠處的山丘。在播種季節，她受僱在田裡工作一個月左右，每天賺一百盧比（略超過一美元）。桑琪的泥屋座落在一位退休教師的地裡，她有時會為這位教師做些零工，偶爾換來一碗米飯。這算是額外的好處了，因為她家裡沒有地，也不用付租金，以工作抵償。全家人一年間有幾個月會去附近的磚窯工作，兒子夫婦倆造磚，桑琪則照料兩歲的孫女。季候風剛到這邊，意味著窯裡暫時沒有工作。夏天是燒磚的季節，下一輪農作物的播種期還有幾個月才開始，所以田裡也沒活幹，因此，也就沒有糧食。

貧窮家庭可以透過公共分配系統獲發三十五公斤的高補貼糧食。她說，不知怎地，她已經有一段時間只領到十公斤。一家四口分著吃，十公斤到月中就沒了。米吃完了沒幾天，遠方的親戚就決定來訪。在這種口糧配給耗盡的日子裡，她兒子會嘗試去鎮上的市場找點搬運的工作，她心裡盼著他能弄點米回家。能給客人點甚麼就好了，她重複著。

捱餓

二〇一八年除夕，桑琪的婆婆布德尼·布里吉揚（Budhni Brijiyan）在缺糧四天後去世。桑琪家裡的米吃完了，鄰居也沒有多出來的米可以救援。布德尼著涼了，殘破的身軀無力反抗。

人的身體在有規律的營養供應下，通常可以承受一個月左右不進食。然而，長期飢餓的人壽命本已縮短，身體再被逐漸掏空，以致短短幾天缺糧就可以致命。傳統意義上由作物歉收等突發事件引致的饑荒，通常是大批民眾長達數月絕對缺糧的時期；低強度的饑荒是一種終身的病痛，在特定時空裡慢慢殺死相對小數目的人，使得它沒甚麼新聞價值，而且幾乎不為人所見。據沈恩觀察，慢性飢餓得到的媒體關注比饑荒少。它緩慢、發生的時空分散，把今時今日的捱餓致死和往日的印度饑荒區分開來。多虧有公共分配系統，如果運用得宜，這些日子裡有時會有點吃的。然後還有工作，再怎麼不頻繁且報酬差，總還算是提供了些額外收入，但對特別脆弱的族群來說可能仍然不夠，例如一些部落的生計長久以來與森林密不可分，但越來越多森林被徵用作礦場和工廠，他們只好依賴飄忽的粗活。鄰里慷慨解囊是彌合這些關鍵缺口的一種方式，但不是充分而可持續的解決方案。

婆婆去世前幾個月，桑琪的丈夫也去世了。有天他從田裡工作回來，腳受傷了，家裡不夠錢安排救護車送他去最近的健康診所——這救護車可不是隨便一輛，因為事實上，附近一百〇六條村住的十萬人，就只有那麼一輛由非牟利機構營運的救護車。他在家裡躺了幾天沒有接受治療，然後就死了。他的兄弟早前也去世了，他們說是肺結核。窮人死亡往往有直接的醫療誘因，例如腸胃病或瘧疾，但無論以何種形式出現，核心都是飢餓。死亡個案歸因於疾病是很方便的做法，能避免媒體關注及政治醜聞，但長期飢餓的人不因肺炎或結核而死，他們之所以會死，是因為虛弱的身軀無法再抵抗疾病。截至二〇一九年六月的四年內，印度八個邦錄得共七十九人死於飢餓，數字只計算了媒體報導的個案。糧食方面的社會運動人士認為這只是真實數據的一小部分，而真實數字很難計算，因為飢餓致死是曠日持久又不易察覺的，而且飢餓與疾病之間的複雜關係令人很難將某個死亡病例具體歸咎於飢餓。政府不肯承認死亡的真相，也成為掩蓋問題真正規模的助力。對自稱「民主」的政治制度而言，「餓死」

圖九：政府提供的學校午餐是最貧窮的印度人的必需品。

真不是甚麼好現象，制度可能被指責偽善，而「偽善」正是一塊肥沃土壤，滋養出人民對政府和民主制度失信的反感。[51]

讓賈坎德邦政府尷尬的是，布德尼不會靜靜地走。桑琪和家人沒錢舉行最後的儀式，在遺體前守了兩天，於是家裡的困境就登上了頭條新聞。最後，當地政府向家人發放二千盧比，好讓他們送先人最後一程，同時遏制負面報導。不過到了這時，這一區已經成為眾人矚目的焦點。更多有關飢餓致死的報導出現，許多個案源於公共分配系統執行不力或是問責不足，見證又一次民主失效。新的數位化計劃使問題更加複雜，因為在過渡至全國通用的生物特徵識別系統時，很多在舊的公共分配系統下獲得補貼糧食的人從名單上消失了。像馬瓦丹爾這種偏遠地區，亦缺乏穩定的電力供應或網路連接，兩者都對印度試圖採用的數位化糧食分配系統起著關鍵作用，結果就是很多亟需幫助的家庭被排除在外。過去幾年，數以百萬計的配給卡遭取消，單在小小的賈坎德邦就有約三十萬張，政府指生物驗證證實為「假卡」，獨立研究則質疑此說法。[52]全國三千萬人民因而失掉配給，

51／John Keane, 'Hypocrisy and Democracy: The gap between ideals and perceived reality is widening', WZB-Mitteilungen, 120 (June 2008), pp. 30–32.

52／'Identity Verification Standards in Welfare Programs: Experimental Evidence From India', NBER Working Paper 26744, February 2020.

就此加入佔全國人口百分之八的一億〇八百萬人「無糧」大軍。這一億〇八百萬得不到配給的人，因為糧食分配系統乃以過時的二〇一一年人口普查為基準，從一開始就已被排除在外（數據由經濟學家吉恩・德雷澤〔Jean Drèze〕、蕾提卡・克蕾拉〔Reetika Khera〕及梅加娜・蒙吉卡〔Meghana Mungikar〕計算）。

餓孚國度

分散的慢性饑荒困擾著印度民主，其規模應該是道德和政治醜聞的級數，但幾乎從來不是選舉議題。印度貴為世界第五大經濟體，像賈坎德邦那些餓死事件，或是二〇一九年南方安得拉邦兩名兒童吃泥巴解餓後夭亡，還有再前一年首都德里有三姊妹捱餓多日後不支死去，有時確實會引起短暫的媒體義憤，但無能官員的沉默、媒體的短暫關注，還有衣食無憂的市民的冷漠和自滿，加起來就能收到緩和民憤之效。刻意避免用「飢餓」之類的詞語，用「營養不良」代替，再把飢餓藏在其他疾病的外衣之下，結果就是放任印度千千萬萬宗饑荒無人處理，削弱民主的社會基礎。

二〇一三年，國會頒佈《國家糧食安全法》，回應公民社會爭取全民糧食供應的運動。新法保證全國四分之三的人口可以獲得經補貼的穀物口糧，令食物權成為基本權利。二〇二〇年全球飢餓指數中，經過計算營養不足、兒童體重過輕、發育遲緩和夭折的比率，印度的飢餓程度被評為「嚴重」，仍然在一百〇七個國家之間錄得排第九十四的低分，與蘇丹相同，以微弱優勢擊敗第九十六名的北韓，比第九十一的剛果、第七十三的尼泊爾、第六十五的伊拉克和第六十四的斯里蘭卡差，遠遠落後中國和巴西（兩者名列飢餓程度評為「低」的十七國清單，故指數不另行排名）。聯合國糧農組織估計印度營養不良的人有一億九千萬，幾乎是法國總人口的三倍。

令飢餓程度加倍可恥的是，這麼一個國家，糧食年產遠超人口所需的兩億兩千五百萬噸，但是卻把其中四成浪費掉。事實上，印度每年浪費的食物跟英國消耗的食物一樣多，足夠餵養最窮的比哈爾邦那一億人口一整年。據估計，印度每年約有兩千一百萬噸小麥腐爛，等同於澳洲的年產總量。農作物不經貯藏和運輸，白白地在陽光下腐爛，或是在日久失修的倉庫裡被昆蟲和老鼠吃掉。人們記憶所及，邦和中央政府不論誰掌權，都會宣佈建造貯存和運輸基建的詳細計劃，以防止浪費糧食。然而，飢餓繼續肆意奪命，糧食依然浪費無度。

據聯合國兒童基金會稱，二〇一八年，印度報告有八十八萬名五歲以下的幼童死亡。由於沒有民選政府願意承認有人餓死，所以兒童夭折就用腦炎或腹瀉等疾病冒名頂替，實情是近七成的情況是隱性飢餓奪去了孩子抵抗疾病的力量。[53]每兩名兒童就至少有一個因為隱性飢餓而缺乏必要的營

53／'Subnational mapping of under-5 and neonatal mortality trends in India: The Global Burden of Disease Study 2000–17', The Lancet 2020.

養；約九成兩歲以下幼兒達不到聯合國兒童基金會訂定的最低可接受飲食標準。[54]結果，全國三分之一兒童（四千六百六十萬）發育遲緩。即使過去數十年來，發育遲緩的現象有所減少，但印度仍然是發育遲緩兒童數量最多的國家，達到全球總數超過三分之一，較窮的北部和東部各邦以及較低種姓人口尤為嚴重。[55]一項新的政府調查發現，發育遲緩的問題自二〇一五年起再次上升，逆轉了此前的進展。印度還有兩千萬「消瘦」兒童（因飢餓導致肌肉萎縮，體重對身高比例偏低），佔世界總數一半、全國五分一以上，後者比例為全球最高。根據「飢餓指數」數據，自二〇一五年以來，消瘦情況越來越普遍，超過六成印度兒童患有貧血。[56]生育年齡的婦女有五成三貧血，達利特和部落婦女的比例更高。[57]這種情況觸發數百萬印度人即使在出生前就註定死亡、殘疾、生活機會不佳的循環。五歲以下的小童有三分之一營養不良，活得過早期低強度飢餓的亦將終身面對各種匱乏之缺失，因為長期捱餓不利學習、就業能力和收入。印度三分之二的勞動人口在兒童時期曾經發育遲緩。[58]

儘管飢餓對社會生活造成損害，但在印度的政治言辭中卻少有提及。競選從不以飢餓問題為必爭之地，政府也不會因為未能擺脫其死亡之爪而垮台。古吉拉特邦是最富有的邦之一，邦政府稱截至二〇二〇年二月，全邦有超過三十八萬名營養不良的兒童。其實，數字在六個月內增加了十四萬。[59]論「消瘦」兒童比例，古吉拉特搶佔全國各邦首位，超過兩成出生體重偏低，四成發育遲緩，三十三點五個百分比體重不足，六成二貧血。[60]但古吉拉特自從二〇〇一年起就是同一個政黨執政。孩子捱餓從來都不是政治問題，遠遠不是。所謂的「古吉拉特模式」經濟增長和發展就是這麼成功，以致管治古邦超過十年的莫迪黃袍加身，得到國家權力作為邦內傑出表現的回報。飢餓就是這麼會隱身。

53／'Subnational mapping of under-5 and neonatal mortality trends in India: The Global Burden of Disease Study 2000–17', The Lancet 2020.

54／October 2019, The State of the World's Children 2019 Statistical Tables. Available at https://data.unicef.org/resources/dataset/sowc-2019-statistical- tables/

55／Ashwini Deshpande and Rajesh Ramachandran, 'Stunting in India: Role of Education, Behaviour and Social Identity', SSRN, 20 March 2019.

56／Nkechi G. Onyeneho, Benjamin C. Ozumba, and S. V. Subramanian, 'Determinants of Childhood Anemia in India', Nature, 12 November 2019.

57／Neha Saigal and Saumya Shrivastava, 'India's Disadvantaged Lack Nutrition, Except We Don't Know How Much', IndiaSpend, 30 November 2020.

58／Emanuela Galasso and Adam Wagstaff, 'The Aggregate Income Losses from Childhood Stunting and the Returns to a Nutrition Intervention Aimed at Reducing Stunting', World Bank Group, August 2018.

59／'Gujarat has over 3.8L malnourished children', Ahmedabad Mirror, 28 February 2020.

60／Parth Shastri, Malnutrition contributing to child deaths in Gujarat', TNN, 6 January 2020. https://timesofindia.indiatimes.com/city/ahmedabad/ malnutrition-contributing-to-child-deaths-in-state/articleshow/ 73113834.cms

印度示範了一個配備據稱自由選舉及名義上自由媒體的現代「民主國家」，究竟可以對難以察覺、地理分散、慢慢發生的飢餓，表現出何等驚人的寬容忍耐。近年，飢餓重現在英美等相對富裕的民主社會。醫生警告，英國近兩成不足十五歲的兒童住在父母負擔不起家常食品的家庭裡；美國有超過一千二百萬兒童住在糧食供應不安穩的家庭中，同時兩千兩百萬學童依賴學校的免費或補貼午餐。數以百萬計的小孩在學校放暑假關閉時只吃得上閉門羹，而聯邦政府的夏季餐點計劃只覆蓋四百萬學生。

印度透過公共分配系統出售高補貼價格的食用穀物，名義上以窮人為對象，但實際上形成雙重價格體系，於是貪污舞弊的中間人，諸如公平價格店主和政府官員，就有很強的動機將糧食轉移到公開市場出售圖利。結果，從印度公共分配系統漏出外面的補貼糧食超過四成。[61]暴利良機製造出地方上包含國家級和非國家級政治寡頭的強勁網絡，共同目標就是從飢餓中獲利並防止災情外泄。印度民主社會立足基石受損，他們有極大的責任。

地方政府從不承認有人餓死，萬一消息真的洩漏了出去，慣常的媒體喧囂和政治指責遊戲就會隨之而來，也顧不得甚麼背景脈絡。這一切一切都有助把事情戲劇化，但無助於讓人意識到重大公共事務問題背後的結構性缺陷，也不會引導公眾討論如何緩解問題。政治鬥爭的敵對媒體框架把戲劇性再增強了幾分，反對派非要取下政府首級，整個故事很有吸引力。很多人注意事件並加以辯論，但焦點卻不在飢餓，而是探討政府表現，特別是首席部長的表現。政府迅速行動處理頭條新聞，否認並反駁「飢餓」在見報的死亡個案中所扮演的角色，阻撓覬覦權位的反對派生事。渴求收視率的媒體於是轉向另一樁大新聞，飢餓就此被遺忘，直到下次餓死人的事件浮面。很邪門地，飢餓致死附帶的政治惡名反倒縱容了它的永續。原本生來就是為了防止大規模飢餓的民主機制——媒體自由和競爭性的多黨制政治——竟然成為復刻饑荒的共犯。低強度長期飢餓持續著，沒人看見，只是，到瘟疫和大規模失業來臨，就很難藏得住了。

61／Jean Dreze and Reetika Khera, 'Understanding Leakages in the Public Distribution System', Economic and Political Weekly, February 2015, 50(7).

圖十：二〇二〇年疫情期間封城，數百萬人失去工作，慈善廚房人龍越排越長。

走投無路

肺炎疫情封城開始了兩個月，印度很多埋藏已久的秘密一下子大暴走，國家跟隱蔽饑荒偷偷摸摸眉來眼去的醜事也終於暴露人前。有段可怖的影片拍攝到在德里到齋浦爾（Jaipur）的高速公路上，一個餓極了的男人在吃路邊撞死的一條狗，事件旋即登上頭條新聞。正當數百萬失業的農民工紛紛逃回自己村裡之際，即使按照印度人一直以來習慣看到的高速公路實況標準，這也是一個令人不安的景象。慈善廚房的人龍無窮無盡地越來越長（圖十）。一項調查發現，這些工人有三成斷斷續續地一兩天沒進食，一成人超過七天沒東西下肚，「面臨極度飢餓的情況」。[62]養家餬口的人失業返鄉，農村家庭於是陷入極度貧困。很多家庭不止一次整天吃不上飯（三成半），或是吃不足一天幾餐（三成八）。[63]政府姍姍來遲，根據《國家糧食安全法》向八億人批出額外糧食，但儘管坐擁七千七百萬噸糧食庫存，卻未能向數百萬家庭（一個月內就有一億四千四百萬人）送出配給的分量。[64]

印度庫存其實足以維持兩年，糧食是如此之多，以至當局計劃將多餘的米糧轉成乙醇，製造酒精消毒洗手液。封城兩個月之內，超過一千五百五十噸穀物在政府糧倉內腐爛，但四分之三沒有配給卡的貧窮家庭（現在還失去收入來源）得不到半點口糧。[65]在賈坎德邦，婦女劫掠高速公路上的運糧貨車，為家中捱餓的小孩搜索食物。疫情封城期間學校關閉，也加劇了危機，因為公立學校提供的免費午餐養活著超過一億兩千萬兒童，其中許多來自印度最貧困的家庭。落後地區帕爾加爾

（Palghar）距離金融首都孟買僅一百公里，二〇一六至一八年間有超過一千一百名兒童死於飢餓，疫情期間由官方歸類為「中度急性營養不良」的人數激增。[66]瘟疫不僅暴露出印度是何等不穩定，也揭示了所謂糧食分配系統中的長年民主失敗。

印度約有三億六千五百萬人符合貧窮標準，生活在每天一點九美元的國際貧窮線以下。數以億計的人在「貧窮」、「接近貧窮」和「中產階級」等不定的分類之間徘徊，有時超過界線，有時重新陷入貧困，原因包括緊急醫療狀況，以及收入飄忽，後者在本就生活拮据的非正規勞工之間極為

62／'Labouring Lives: Hunger, Precarity and Despair amid Lockdown', Centre for Equity Studies, Delhi Research Group & Karwan-EMohabbat, Rosa Luxemburg Stifung, June 2020.

63／Gaon Connection and Centre for Study of Developing Societies (Lokniti-CSDS) 調查所得。

64／Rohan Venkataramakrishnan, 'Hunger hangs large over India. There is one thing Centre can do immediately to address the problem', Scroll, 17 April 2020.

65／Sarah Khan, 'Three-fourth poor households without ration card didn't receive government ration in lockdown', Gaon Connection, 2 November 2020; 'Over 1,500 Tonnes of Food Grains Wasted at FCI Godowns During Lockdown: Govt Data', The Wire, 5 October 2020.

66／MN Parth, 'Battling starvation during COVID-19: Struggle for survival intensifies for tribal families in Maharashtra's Palghar', Firstpost, 28 August 2020.

常見。隨着經濟停滯，飢餓陰霾蔓延，政府高層官員繼續大聲宣稱印度已經確保「沒有一個人」捱餓。專責處理飢餓問題的三個頂級政府委員會本應每季開會，但儘管餓死和絕望的新聞從全國各地滾滾而來，他們二〇二〇年一次會都沒開成。[67] 封城兩個月後，政府自發安排專列送農民工回鄉，近一百人就死在火車上。很多人在上車之際就已經嚴重缺糧，現在長途趕路回鄉——那個曾經為逃避飢餓而離開的地方——最終還是敵不過飢餓索命。

67／Jagriti Chandra, 'Three top panels on nutrition, but zero meetings in pandemic year,' The Hindu, 7 January 2021.

第四章　實地現況

辛格勞利之劫

從北方邦的松巴德拉（Sonbhadra）越過邦界進入中央邦的辛格勞利縣（Singrauli），會在未亮燈的高速公路旁見到兩座巨大的鍋爐塔突兀地拔地而起，就像一雙飢餓的巨人，發電廠散發著奇光異彩，如同九頭蛇一般，在黑暗中兇狠地怒視著、等待著，靜悄悄地吐著毒液。

它是佔地一千八百平方公里、橫跨兩個邦的辛格勞利松巴德拉工業區（通稱為辛格勞利，也是全國能源首都）十座火力發電廠之一，供應全印度約一成半的煤電。區內有好幾個煤礦，每年共生產一億噸煤炭供給各個發電站，發電站轉而餵養其他工廠，從鋁材到化學品，不一而足。一切工業活動都為環境帶來沉重負擔。

政府官員將該區標示為「嚴重污染」。平常的夏日裡，辛格勞利看起來就像一個被沙塵暴籠罩的城鎮。礦區附近和公路沿線情況尤其糟糕，運煤的貨車使空氣瀰漫著濃濃的黑色灰塵，如果不是煤炭，就是發電廠燃煤產生的飛灰，又或者是挖礦堆成的表土山上飄落的鬆散灰塵——就是這些污物層層鋪滿辛格勞利的作物和水體，也是當地居民呼吸的空氣。即使在陽光燦爛的大白天裡，辛格勞利很多地方的能見度都很低。這還只是肉眼看得見的污染。毒土地、毒水源——辛格勞利有種種方式摧殘自己，全都以經濟發展之名實行。

辛格勞利作為工業樞紐，可能是企業逍遙法外和政府姑息養奸褻瀆大自然的極端例子，但也是印度普遍而不受約束的環境破壞的縮影。根據全球健康與污染聯盟（Global Alliance on Health and Pollution）報告，印度每年有二百三十萬人死於污染。辛格勞利是個被煤煙熏得黑漆漆的例子，展示出人類對地球的肆意掠奪可以怎樣毀掉最基本的社會生活元素：土地、水、空氣，導致生靈塗炭和社會不公的惡性循環，令「民主代表著眾人身體平等地完整而免於侵犯」的原則顯得特別諷刺。畢竟，如果人們沒有同樣的呼吸權和平等的用水權，那還說得上有相同的投票權和享有平等的社會尊嚴嗎？

印度近三分之一的土地面積因森林砍伐、過度耕種、水土流失和濕地枯竭而退化。不顧後果的工業化、採礦業和城市化，以及漏洞百出的農業政策和扭曲的土地分配，已經收穫了錯亂和窮困的苦果，這種巧取豪奪加劇了印度歷史上土地擁有權不平等的問題。土地出讓及破壞，連同對生命必需的水源和空氣的毒害，給無法平等獲得社會生活基本要素的公民打造出一套等級制度。

民主定義之本的社會平等權遭到系統性的掏空，在這個過程中，辛格勞利就是政治寡頭——也就是官商之間——狼狽為奸，以及私營利潤凌駕公共利益的典型代表。

土地

如今熙熙攘攘的辛格勞利，與二十世紀六〇年代採礦業繁榮之前，依偎在綠蔭群山之間昏昏欲睡的各色小村落截然不同。有人失去了生命，但也有人創造了生計，只是，對於像南德拉·白加（Nandlal Baiga，「白加」是當地對他整個部族的稱呼，也籠統地作姓氏用）一樣的數十萬人來說，事情並非如此。他們的聚居地和傳統職業被搶去，讓路給礦場和工廠，人只能靠微薄的收入慢慢腐爛、老去。生活在辛格勞利毒物之中的數百萬人，早就被判了慢性死刑。然而，白加是辛格勞利那璀璨怪物的聖壇活祭，對他這一類人來說，死亡更加觸手可及。

白加的故事在這些地區很常見。有人向他承諾提供住屋、工作、賠償和完美的生活水平，換取他騰出森林住所，以利「公司」煤炭項目進行，但他最終所得卻少得可憐。辛格勞利人用「公司」一詞來泛稱離他們最近的企業型壓迫者，而非直呼其名。在當地人眼中，他們誰都一樣，一樣積極追求利潤，無情剝削的胃口也並無二致。「公司」就像政府（印度語稱為 sasan，音近「薩珊」），是一個綜合體，只是比「薩珊」還要強大。「公司」的真身在辛格勞利因地而異，但在閒聊時，人們根據所在地就可以確定所指的是哪一家。辛格勞利沒有一寸土地未被任何「公司」

破壞過。

除了虛假的薪資承諾，白加還面臨暴力對待，這種情況不時發生在不肯應公司要求悄聲離開的人身上。二〇一二年，他離開祖輩長久以來在森林的居住地，搬到城市附近、公司為被迫遷人口建造的徙置區。他討厭那裡。與他在山邊林間通風清爽的泥屋相比，狹小悶熱的兩房公寓感覺就像一間牢房。住宅區所在的無情都市一隅，白天有太陽直射薄薄的屋頂，晚上則由露天溝渠派出惡蚊在他身上大快朵頤。

白加也沒有森林可以謀生了。他來自部落社群，是個阿迪瓦西人，被認為是印度原住民，祖先可以追溯至早於達羅毗荼人及印度雅利安人，現今族群佔印度人口八個百分比。白加是森林的產物，以前就在自己的三英畝土地上耕作，採集樹葉、草藥、木材、柴薪、蔬菜和蜂蜜，拿去城裡賣錢。現在甚麼都沒有了，沒有森林，沒有說好了離開森林就拿到的生計，他看不出有甚麼理由堅持悲慘的新生活，六個月後又回到了森林。

公司讓他待了幾年，然後反擊。二〇一九年初，一大群公司人員連同警察和當地行政官員來到他和其他堅守土地的人聚居的林地，用推土機將眾人的房屋夷為平地。來者威脅說，如果他們試圖抗議，就會有可怕的後果，說罷便把人塞進小貨車帶回公司安排的住處。

三十六歲的白加從沒得到公司向他和區內數百人承諾會有的工作。有些人公司不願僱用，就

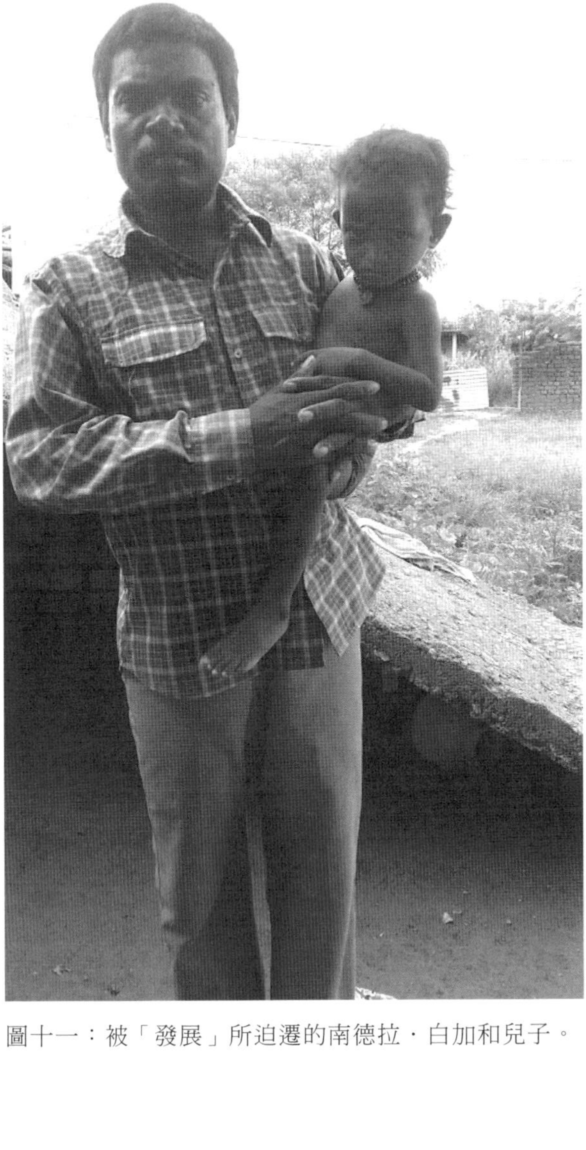

圖十一：被「發展」所迫遷的南德拉·白加和兒子。

承諾提供最低工資等值的救濟金。居民年復一年請願，少數被迫遷的人終於拿到不足最低工資一半的錢，白加是幸運兒之一，但這錢可不耐花（圖十一）。有些人不習慣體力勞動，也沒有現代經濟所需的技能，只好找些農工、搬運、建築的臨時活。不過平日下午，區內一群群體格矯健的男人在太陽底下懶洋洋地閒逛，足證穩定的工作確不常有。

公司提供房屋，但不給房產證。如果提供工作，也是外判給中介公司招聘的低技術體力勞動。如此一來，儘管公司承諾提供正式的長期工作來換取人們放棄土地，但仍然可以用非正式的方法僱用員工。跟印度其他地區一樣，辛格勞利的公司不喜歡僱用當地人，反而外地勞工人生路不熟，僱用起來比較穩妥，幹活又更勤快利索，於是移工比當地社區的工人更受青睞。辛格勞利的社會生活就是由這些怨恨蠶食的。律師阿尼仕・杜比（Avnish Dubey）與好幾家公司對簿公堂，暗指情況就像十九世紀中期以前，英國東印度公司治理印度次大陸一般：「連英國人都沒這麼折磨我們。人們淪為半抵債勞工，既無財產權也無工作保障。私營公司在地區政府縱容下佔用越來越多的政府土地，根本是徹徹底底的『公司統治』。」

辛格勞利縣西側的迪薩（Deosar），有一家公司正要開建煤礦，當地人憤起反擊，說項目是透過欺騙和脅迫而強行上馬。據稱，當地官員安排了一齣假村委會會議，佯稱社區同意項目開展。數千名村民抗議，而且是冒著極大的人身風險。通常，每當出現有組織的抵抗，公司就會試圖孤立抗爭領袖以瓦解之，有收買的，也有暴力恐嚇的，有在政府人員幫助下冠以虛假控罪的。在礦產資源豐富的邦分，這種有關企業以欺詐手段侵佔部落土地的投訴比比皆是。東部奧迪薩邦一份針對類似指控的調查報告得出結論：「沒有法治，法律由強大的礦業承租人決定。」[68]

哥倫布再世

在辛格勞利和印度其他地方，出現了一種以工業活動為幌子加劇土地掠奪的操作模式。二〇〇九年一份政府報告稱，印度正在目睹「繼哥倫布之後最大規模的部落土地掠奪」，指出國內無土地人口比例從一九九一年印度開始經濟自由化時的四成，飆升至二〇〇四、〇五年的五成二左右。[69]

土地不平等現象可以追溯到更早的時候。在這個六成人口從事農業的國家，普遍的「耕者無其田」現象長久以來使千百萬印度人陷入跨代貧窮，並損害百姓的生活。印度的土地不僅僅是生

68／Justice M. B. Shah, Commission of Enquiry, First Report on Illegal Mining of Iron and Manganese Ores in the State of Odisha, June 2013.

69／Ministry of Rural Development, Government of India, 'Draft Report of the Committee on State Agrarian Relations and Unfinished Task of Land Reforms', 2009.

產單位，維持著大家的生計，它還賦予人們尊嚴，創造機會讓人以彼此社會平等的身分生活。缺失了它，會有毀滅性的社會後果。根據政府數據，四成二的家庭除了家園所在的一小塊地以外，不擁有其他土地。三分之一家庭沒有土地，「接近無土地」的佔另外三分之一，接下來的兩成則持有不到一公頃。

憲法制定人的宏大社會主義夢想是透過土地重新分配實現分配正義，結果沒有成功，原因是政治和官僚階級（來自同樣佔支配地位的有地階層）容讓大地主玩弄新規則，拆散大莊園，削去舊時有地鄉紳的財產，幫助富有的佃戶加入大地主行列。但對於真正在土地上耕作的無地勞工來說，情況並沒有太大變化。北方邦和比哈爾等邦在五〇及六〇年代實行土地改革，但與「耕者有其田」的口號相去甚遠，只是「讓一部分人先富起來」，安置了一個寬廣的富農基礎，「期望他們支持國大黨、成為國大黨的一部分」。[70]往後幾十年，土地改革的肥水繼續灌溉著政客的講稿。但隨著市場改革開始，「經濟救贖」帶來的聯想不再是土地擁有權，而是工業和企業，土地改革便開始退出大眾的想像。

結果，土地擁有權極度扭曲，一成人口控制五成半的土地，六成人加起來有權控制的土地只有百分之五。[71]二〇一一年人口普查估計五成六的鄉村戶口（約五億人）沒有土地。土地不平等還有另外的層面：種姓和性別。土地分配的格局大致反映印度教種姓等級，大地主多是上層種姓，中型地主則屬中層種姓，自己耕自己的田。達利特人和阿迪瓦西人幾乎完全沒有土地，有的話也多數被較高種姓的人侵佔。一九九七年一個政府研究指出，七成七達利特人和九成阿迪瓦西人名義上或實際上沒有土地。二十年之後，另一份有關無地家庭的政府報告指出印度很多地區儼如「封建社會」。[72]婦女也同樣被剝奪權利，儘管承擔約三分之二的農活，擁有的土地卻不到一成三。

都市化、工業、水壩和礦場的大型發展項目只有加劇這種無處不在的土地剝奪，對淪為無地農工苦苦耕耘的阿迪瓦西人和較低種姓人口造成不成比例的傷害，情況在阿迪瓦西人口集中的高礦藏地區更為突出。自獨立以來的各屆政府，對於因發展而流離失所的人，大多迴避責任，甚至直到一九八〇年代以前，都沒有針對被迫遷人口的政策。復原和重新安置的政策一九八五年首次出台，辯論了二十年。雖然到了二〇〇〇年，估計六千萬人已被強行遷移，《國家安置及復原政

68／Justice M. B. Shah, Commission of Enquiry, First Report on Illegal Mining of Iron and Manganese Ores in the State of Odisha, June 2013.

69／Ministry of Rural Development, Government of India, 'Draft Report of the Committee on State Agrarian Relations and Unfinished Task of Land Reforms', 2009.

70／Robin Jeffrey, 'Whatever Happened To "Land Reform"? One Big Question and Four Naive Little Answers', ISAS Working Paper No. 149–8, June 2012.

71／二〇一三年國家土地改革政策（National Land Reform Policy）草稿。

72／'Draft report by the Committee on State Agrarian Relations'.

策》直到二〇〇四年才制訂好，但未能通過國會審議。

終於在二〇一四年一月，一項名為《土地徵用、復原及重新安置之公平賠償及透明度權利法案》的法律正式生效，取代殖民地時代的土地徵用法，增加給予土地擁有人的賠償金，將取得擁有人同意的程序訂得更加嚴格，並強制發展項目首先要研究徵地的社會影響。但五個月後新上台的人民黨莫迪政府認為新法窒礙經濟增長，於是容許各邦繞過新法，沿用殖民地舊法來取得項目土地。獨立後的印度用上近七十年時間，爭取到更公義的法律去取代有一百二十年歷史的英治時代收地惡法，但才幾個月下來就廢了武功。

國家和企業政治寡頭無差別地掠奪土地，結果是過去七十年間，印度砍伐了大約五萬七千三百平方公里的森林，是德里面積的三十八倍。[73]莫迪政府意猶未盡。大多數國家正在（或聲稱正在）遠離燃煤發電之際，印度卻加倍下注。二〇二〇年六月，莫迪大張旗鼓地拍賣四十一個開放商業開採的煤礦，環境部長自詡不讓名下部門「阻礙」工業並引以自豪。隨著印度於同年三月進入封鎖狀態，環境部推動一項大大淡化現有工業環境規範的新法，批准一系列新的特大工程項目，包括牽涉清除熱帶雨林及砍伐二十七萬棵樹木的水力發電廠、在老虎及大象保護區內分別勘探鈾礦及採煤。

再有數百萬個白加如箭在弦，準備成為犧牲品。在沒有補償，甚至是連諮詢都欠奉的情況下，施暴者搶去他們的家業，唸著「國家利益」的佛偈逍遙法外。他們背後還有過時法律做適當助力，例如允許政府在「確信」別無選擇時可未經同意而徵用土地的《煤區法》。「發展」藍圖是由最了解情況的「專家」畫出的，民主問責的作用微乎其微甚至毫無意義。尼赫魯很早就將由上而下的決策模式導入政策制訂程序：國家獨立後幾個月，奧迪薩邦希拉庫德水壩（Hirakud Dam）動工，是印度首個大型河谷計劃，尼赫魯對面臨迫遷的民眾演講說：「如果你不得不受苦，就應該要為國家利益而受苦。」

他們確實受苦了，來自辛格勞利的更是一次又一次地受苦，首先是六〇年代的漢德河水壩（Rihand Dam），然後是火力發電廠、煤礦、鐵路、重工業和都市化。就算得到重新安置，生活條件惡劣、經濟機會不足，最終還是迫得人們離開，看看任何一個「公司」住宅區那一排排空置公寓便可知一二。不少人搬去附近地區尋找生計，但大部分人更進一步前往大型城市群落，遭遇更多的社會衰退。一九五〇年中期漢德河水壩動工，淹沒一百四十六條村莊，流離失所的二十萬人之中仍有五分之一下落不明，至今仍是辛格勞利最大的謎團之一。

如果說因為漢德水壩而被驅逐的居民是尼赫魯「社會主義」發展模式的受害者，那麼白加則是新一種「新自由主義」國家資本主義的苦主。在這種模式下，政府與私人資金之間的界線變得

73／Mayank Aggarwal, 'The evolving story of India's forests', Mongabay, 27 February 2020.

模糊，受益的就是財雄勢大的政商寡頭。這也導致民主失敗。眾所周知，特大工程十有八九都超支、延誤、徹底失敗，除非負責其複雜設計和營運的人受到長期的公眾監督和民主問責。如果這個意義上的監督民主太少甚至不存在，特大工程通常就會造成災難。福島核泄漏、英國石油公司深水地平線鑽井平台故障引致的大型漏油事故、一九八四年中央邦博帕爾（Bhopal）毒氣悲劇都是例子，證明在缺乏監督民主的情況下，事情可以錯得多離譜。這些事件都不是意外，而是人為的政治災難，監察機制本來可以預防強大企業和國家破壞整個整個的生態系統，它一缺席，就引致這種大規模民主失敗。[74]

白加也是這種民主失敗的受害者。他離開自己的土地，縱身墮入另一個世界之中，在山林的生存技能變得很多餘，他終將被迫遷居。他說，他已經就此思考過千百遍，如果最終去到大城市，他就會像其他千百萬受村裡機會縮減所迫的鄉民一樣，在城市低端工作的非正式經濟之中尋求有尊嚴的生活，但他想擺脫的不公義也會跟著他來到城市。世界銀行一份二〇〇四年的研究發現，馬哈拉什特拉邦鄉郊地區近八成像白加一般沒有土地的阿迪瓦西人，一年之間有四到六個月會搬到城裡，多數去採石場、磚窯、鹽田、挖掘場和建築工地，在半奴隸式條件下工作。白加在城市裡沒有技能，也沒有社交網絡，最後就會像其他移民一樣流落到市區的邊邊上，睡天橋底或者人行道，頭上稍有片瓦也好，無遮無掩也罷。運氣好的話，可以在貧民窟找到地方住下。每六個城市人，就有一個住在那裡，在二〇一一年人口普查稱為「不適合人類居住」的條件下生活。就現況看來，白加最美好的結局就是將在農村活得卑賤，換成在市區活得卑賤。

水

外人來到辛格勞利，首先學到的其中一件事就是喝水的藝術：倒一杯水出來，不要馬上喝掉，讓水靜置一段時間，以便其中旋轉的小金屬顆粒沉澱下來。白加說：「如果把水煮沸，會見到奇怪的白色殘餘物。還有其他的。我從來沒見過這種事——一杯水放過夜，會像凝乳一樣結塊。」在辛格勞利，水是會凝結的。

白加說，人們自從從森林搬到新的住區，就像蒼蠅螻蟻一樣大批大批地死去。是水的緣故。他整天不舒服，兩個孩子抱怨胃抽筋，還經常出疹，這是區內的典型症狀。人們常常談到死因不明的鄰居——說死因不明，是因為從來沒診斷或治療過。「公司」承諾提供免費醫療服務，還建了診所，不過診所只會發撲熱息痛等止痛藥，並將病人轉介至醫院，最近的一家在兩百公里外的瓦拉納西（Varanasi）。森林裡的阿迪瓦西人知道甚麼草藥治甚麼病，但在城市，他們既沒有草藥，也得不到現代醫療保健。

以往報導過媒體稱為「神秘熱病」系列事件的當地記者，將情況歸咎飢餓、污染和毒水加起來

74／John Keane, Power and Humility: The Future of Monitory Democracy (Cambridge and New York 2018).

的作用。好好過濾食水可能有幫助，但完全超出窮人的能力範圍。白加聽過「濾水器」這個東西，但從沒見過。儘管濾水器價格低廉且廣為印度中產階級所用，但他無論如何也買不起。

他每週一次去家附近的手動水泵，用那裡的水洗澡。說是洗澡，其實是將幾大杯水倒在身上。如果可以的話，他根本就不會碰這水。有次水泵人多，他試過避走去附近溪流裡洗，但溪水髒得讓他起瘡、發癢。淺灰色的溪流匯集附近礦井的煤泥，流進當地卡昌河（Kachan），再進入漢德水壩的水庫（它叫 Govind Ballabh Pant Sagar，是印度最大的人工湖），然後才流到下游。這個採煤地帶的水體狀況令人擔憂，許多池塘和溝渠都已一片烏黑，四周煤塵多得開始結塊成深色的半固體黏土。毒水滲入土壤深處，毒害著農作物。

水之民主

自一九五〇年代初以來，印度人均水資源供應量已下降七成。世界資源研究所（World Resources Institute）將印度列為面臨「極高」水資源壓力的十七個國家之一，名列第十三，人口是其他十六國總數三倍多。世界衛生組織的數據顯示，一個人每天需要五十到一百公升水才能滿足最基本的需要。好日裡，白加能用上大概二十公升。

根據印度政府自己的計算，有六億國人像他一樣面臨高度甚至極端的缺水壓力。人們普遍以為壓力完全是氣候變化和乾旱造成的，其實不然。就像醫療保健和糧食供應危機一樣，歷屆國家和邦政府忽視問題、規劃不善，幾十年來未能確保清潔食水供應，沒有控制地下水枯竭和食水浪費，無法保護水源，也不鼓勵可持續農業發展。河川流域過度開發，無一倖免，使得主要河流水量急速減少，再加劇了日益嚴重的乾旱。

印度四分之一的土地正在沙漠化。過度採礦、砍伐森林，以及越來越多利用鑽井取水，和降雨減少等氣候變化因素一樣影響深遠。作物種植模式效率低下，農業在地理上片面集中，都只是在幫倒忙。政府為供應公家補貼糧食分配而採購農作物，偏要買在水資源最緊張地區種植而又大量耗水的甘蔗、稻米和小麥。舉例說，即使在東部孟加拉和阿薩姆等較潮濕的邦分，種米用水量少得多，中央政府還是從天然乾旱的旁遮普、哈里亞納等西北邦分採購大部分稻米。政府為對選情舉足輕重的農民提供補貼價（通常甚至免費）電力，只會引致人們毫無節制地取水，使情況更差，無怪乎西北邦分的地下水位迅速下降。在西部的馬哈拉什特拉邦，用水情況也同樣扭曲，旱災頻發、農民負債日深甚至迫得自殺的馬拉特瓦達區（Marathwada）內，與強大的棉花和甘蔗遊說集團關係密切的政治寡頭以政策誘因，引導農業轉向這些極度耗水的經濟作物，取代傳統作物。

印度在控制水資源污染方面也幾乎沒下過甚麼功夫。全國重度依賴地下水，但估計有六成地下水儲藏受污染。再說，對地下水的過度依賴乃是源於地表水源的實質破壞，後者污染率達八成。人們胡亂傾倒未經處理的污水和工業廢料，情況十分猖獗，令主要河流無法再供人使用。印度中央污染控制委員會稱，國內有十八條主要河流不適合作家居及工業用水。以恆河為例，二千五百公里的長河流經十一個邦，為超過五億人口提供用水。印度教徒視恆河為聖地，浸在河裡洗淨罪孽，但那也是印度大部分工業廢水和家居垃圾的最終目的地。路透社估計，如果將一日之內注入恆河的廢水裝進半公升汽水瓶中，瓶身連起來可以往返月球四次。數十年來，印度領袖一直承諾清理這條主幹河流，但似乎沒有甚麼改變。

四分之三的印度家庭屋內沒有直接供水設施，不到一半的家庭有自來水可用，少於三分一享用到經過處理的自來水。鄉村供水情況比城市差得多，截至二〇一七年，只有一成七的印度農村房屋有自來水。水資源分配不公既有性別層面，也有階級層面：女人負責採集食水，在城市是去路邊水龍頭排隊，在鄉郊是長途跋涉打水。長距離的取水行程令婦女無法參與生產力勞動，並且容易遇上肌肉骨骼疾病、身體受傷、退化性勞損，還會因為經常接觸不衛生的食水而增加感染的風險。對年輕女孩來說，這項苦差可能意味著跟不上學業甚至最終輟學，剝奪其受教育的機會，對人生造成不可逆轉的傷害（圖十二）。

用水不公義有一部分是農業政策和常規造成的。歷屆政府多年來在保護水源方面表現差劣，是民主失敗帶來毀滅性社會後果的又一例子。印度食水存儲能力為人均二百一十三立方米，美國為一千九百六十四立方米，中國則是一千一百一十一立方米。土地灌溉主要使用地下水，因為地表的水源用不得。由於過度開發這項寶貴資源，印度現時使用的地下水量比美中兩國總和還要多。[75]國

圖十二：女孩因為打水等家務苦差而跟不上學業。

人任意消耗地下水，已經開始造成負面影響，全國地下水位下降速度驚人，引發鄉村地區的農產危機。到了二〇二五年，北部旁遮普、拉賈斯坦（Rajasthan）及哈里亞納邦的農民將面臨無地下水可用於灌溉的困局。

從法律上講，土地擁有人控制其土地下的地下水。有關將地下水劃為公共財產予以管理的辯論，幾十年來毫無結果，是因為聯邦和邦政府之間對實際做法達不成共識（水資源屬邦法律管轄）。來自高層種姓的大地主不成比例地控制更多地下水，加上雄厚財力讓他們可以投資比小農戶用的取水系統更先進的技術，使得他們在控制灌溉方法方面有了競爭優勢。這些財雄勢大的集團亦試圖壟斷缺水地區的社區手動水泵和水井。因爭奪水源而起的衝突屢見不鮮。

在制定食水政策時，較高種姓的政府官員和村民之間私相授受，也常常導致水資源被挪用去滿足高種姓家庭的需求，低種姓女性因而更難獲得水源，被迫走更遠的路去取水。女性身體標誌著族群榮辱，高種姓男性為確立支配與控制，經常以性暴力侵擾婦女，宣洩權力，令取水的苦差也可能險象環生。所以說，水資源的缺乏因而成為政治酬庸和社會墮落的媒介。在水資源豐富的北阿坎德邦（Uttarakhand）山區的春尼村（Chuni）裡，上層種姓的剎帝利婦女以控制全年不息的泉水和灌溉渠道的水為榮，生態學家迪帕．喬希（Deepa Joshi）卻道出一位達利特婦女的缺水經歷：

你問我們甚麼叫缺水——缺水就是熱辣辣的夏天在田裡幹活後不洗澡，拿洗菜洗米的水再去洗餐具洗衣服，然後把這肥皂水餵給水牛。缺水就是熬夜坐在我們僅有的一個小泉眼邊，拿器皿一罐接一罐地裝水。各種器具我們很多時都不洗，拿布抹一抹完事。夏天裡我們自覺多麼骯髒、多麼不乾淨，好幾個星期不洗衣服，只用點水沖一沖。這些人〔高層種姓〕說我們又髒又臭，但是沒有水我們又怎能變乾淨呢？[76]

累鬥累、深鬥深

在地下水位急劇下降的城市，水資源不公義出現的形式有所不同。從東部阿薩姆的古瓦哈蒂（Guwahati）到南部的邦加羅爾，城市規劃差劣意味著供水系統未能跟上城市擴張的步伐。舉個例，邦加羅爾人口在二十年間幾乎翻倍至一千一百萬以上，同時多數湖泊不是已經消失或填平，就是被污水嚴重污染。人民託付民選代表管理城市，他們卻透過都市化帶來的地產牛市牟取暴利，是水源破壞的積極推手。國家和商業權力金字塔的每一層，都有政商寡頭互相勾結劫掠他人，這或多或少

75／Moin Qazi, 'India's Thirsty Crops Are Draining the Country Dry', The Diplomat, 6 April 2017; Mark Giordano, 'Global Groundwater? Issues and Solutions', Reviews in Advance, 28 July 2009.

76／Deepa Joshi, 'Caste, Gender and the Rhetoric of Reform in India's Drinking Water Sector', Economic and Political Weekly, 30 April 2011.

就是每個印度城市的故事。結果就是，除了細小的核心區域有幸享用當初為小城市而設的原裝水管網絡之外，大多數城市用水都必須另外採購，而正正是在這個節骨眼上，食水供應與個人和團體權力展現出千絲萬縷的關係。地下水位下降，鑽井自然越來越貴，腰纏萬貫的人於是在獲得水資源方面佔盡優勢，遺下窮人苦苦掙扎著想要滿足日常用水需求。

水資源差距是印度城市的生活方式。薩菲烏・拉赫曼（Safi-ul Rahman）是古瓦哈蒂一家建築公司的高管人員，住在市內高檔「勘測」（Survey）區。自二〇一三年以來，居民已經換過四口鑽井，開始時是八百英尺深的，現在已經鑽到地底一千五百英尺。街區下次再把水用完並需要更深入鑽探時，他說肯定要「斥巨資」升級。拉赫曼和其他住在這個門禁屋苑的白領專業人士，固然負擔得起這額外費用，但不那麼富裕的鄰居卻不然。他們在此區住得更久，恨極了新來的有錢人偷走他們的水。安邦・賽基亞（Anupam Saikia）是給計程車公司開車的，兩房斗室配備一個三百五十英尺的鑽井。託門禁社區的福，三百五十尺水位的水被他們抽乾了，鑽井頓成廢物。他深知購買更深的鑽井是沒有意義的，因為他永遠無法比「那些有錢人」花費更多，挖得更深。所以，賽基亞放棄玩鑽井比賽，轉而向私人供應商購買食水。他花費大約兩百盧比，買得一大罐七百五十公升水，由機動三輪車送來，夠他五口之家用約五天。他的情況比白加好得多，但距離世界衛生組織估算每日五十至一百公升的最低用水需求還差得很遠。

由於市政府未能確保平等的用水機會，像賽基亞光顧的這類私人供應商於是搶佔了一個不受規管的市場，將全民應有權利變成商品化特權來賺錢。譬如在邦加羅爾，成群結隊的私人水罐車在城內穿梭，把游泳池注滿、把廁所沖乾淨，但是都沒有營業執照。印度矽谷閃閃發光的辦公室大樓，以及不斷增加的城市人口所居住的公寓，已經抽乾了邦加羅爾大部分地下水，於是，水車現在從邦加羅爾外圍取水，以彌補水量的不足，實際結果就是厚此薄彼，把水從郊區轉移到市內，剝奪都市邊陲村民用水，以供較富裕的城市居民享用。

水從弱勢群體轉移到較富裕群體，其實從屬於更大規模的食水轉移——如《好旱災人人愛》（Everybody Loves a Good Drought）作者帕拉古米．塞納特（Palagummi Sainath）所言：「從糧食作物到經濟作物，從基本生計到生活品味，從鄉村到城市。」[77]乾旱的馬拉特瓦達有個奧蘭加巴德市（Aurangabad），啤酒業就像當地高耗水的甘蔗作物一樣，一直蓬勃發展。然後，奧蘭加巴德竟然還被選為食水私有化計劃試點城市，試行將供水責任交付予私營機構，彷彿要把用水不平衡的惡習再昇華。奧市是外國公司與本地公司合作控制市區食水分配的大趨勢之一斑。市區供水私有化成為新興模式，食水商品化則體現在各地價格適中且隨處可見的瓶裝水和濾水器，兩者是一脈相承的。這些形式的乾淨食水廣為上層和中產階級所用，但對於較貧窮的印度人來說卻遙不可及——儘管如

77／ 出於 Jaideep Hardikar, 'A wish list on water from parched India', LiveMint, 11 June 2019。

果考慮到印度水資源短缺和有毒的現狀，這些產品其實是必需品而非奢侈品。少數人可以花錢買到「食水安全」，而許多人只能聽天由命，情況令印度民主制度的社會不公百上加斤。印度政府容許食水商品化，不僅洗脫自己「以民為本」確保清潔食水供應的責任，更將對食水的控制權由民選代表轉移到受官員保護的私營機構手中，公眾對此天然供給且不可或缺的公共財產不再有發言權。

鏡頭一轉回到辛格勞利，人們很清楚這個趨勢。根據經驗，民選官員從來都傾向代表企業利益而非人民本身。公司興高采烈地破壞湖泊、河流、地下水的同時，各級人民代表就成了聽命於企業主子的代理人。在辛格勞利，凡是跟土地和水有關的，政治寡頭都有絕對管治權。

空氣

政府智庫尼提阿育（Niti Aayog）前身為規劃委員會，因為印度取消五年計劃而在莫迪領導下重新命名及調整用途。據其記錄，印度七成食水供應受污染，造成每年近二十萬人死亡，例如單是砷污染就影響二億五千萬人。[78]養魚場產生的鉛和鎘達到危險水平，導致水產有病害及產生有毒廢料。[79]與水質有關的疾病及畸形個案在全國各地呈上升趨勢。[80]政府測試顯示，全國只有一個城市的水龍頭自來水可以安全飲用，就是孟買，其他二十個邦首府都未能通過同一測試。但即使以印度的水污染標準而言，辛格勞利還是「出類拔萃」，一些地區的水銀含量高出政府認定的安全水平二十六倍，超過八成四血液樣本水銀含量超出安全標準。[81]檢測還發現砷及其他重金屬含量很高。

很多地方食水樣本氟含量是容許限度的兩倍，導致氟中毒、胃酸過多、消化性潰瘍、腎結石和皮疹等疾病。

但水還不是辛格勞利最大的問題。真正殺人的是空氣。

辛格（R.B. Singh）是外丹鎮（Waidhan）的縣級醫院政府醫生，驗屍時總是發現死者肺部嚴重變黑，沒有吸煙史的人亦不例外。他在辛格勞利當了三十年醫生，每次剖屍都在提醒著他，自己被迫攝入了多少毒物，且對此是何等無能為力。「我們這群人就是要默默死去，為報效國家而犧牲。」

採礦過程中產生的煤塵，加上燃煤時排放到空氣中的二氧化碳、能進入肺部和血液的 PM 2.5

78／E. Shajia et al., 'Arsenic contamination of groundwater: A global synopsis with focus on the Indian Peninsula', Geoscience Frontiers, 15 August 2020.

79／'Aqualculture: An Investigation on Trends and Practices in India', Federation of Indian Animal Protection Organisations (FIAPO) and All Creatures Great and Small, 2020.

80／M. Rajshekhar, 'Cancer has exploded in Bihar as lakhs of people drink water poisoned with arsenic', Scroll, 24 April 2017; Sewa Singh and Harwinder Singh, 'Impact and extent of ground water pollution: A case study of rural area in Punjab State (India)', International Journal of Environment and Health 5, 4, pp. 277–292, December 2011.

81／總部位於新德里之公共利益研究小組 Centre for Science and Environment 調查結果。

小顆懸浮微粒、重金屬、硫和氮氧化物，總量多得難以想像，監管不力和缺乏公眾監督令情況更壞。印度火力發電廠的排放量比中國高一成四，使其燃煤電廠成為世界上最骯髒的發電廠。

在辛格勞利及周邊地區運輸煤炭，用的是巨型自卸車，一些車款每小時消耗上百公升柴油。成千上萬輛這樣的自卸車和貨車不分晝夜地在辛格勞利的道路上行駛，噴出濃煙，將煤炭和塵土散佈在空氣中。火車站被胡亂挪用作堆煤場，車站環境煤塵是如此之多，有時厚得足以遮掩到站的火車。這一切對心臟和呼吸系統健康的影響可想而知：呼吸問題十分常見，哮喘和慢性阻塞性肺病也是。

考慮到發電廠和煤礦的密集程度，辛格勞利的高污染水平似乎平平無奇，但國內其他地方的空氣也好不到哪裡。《刺針》一項研究估計，二〇一九年空氣污染造成一百七十萬人死亡，佔總死亡人數近六分之一。印度 PM 2.5 濃度是世衛標準八倍，按二〇二〇年《全球空氣狀況報告》所述，印度人接觸的 PM 2.5 濃度全球最高。全球 PM 2.5 污染最嚴重的二十個城市有十四個在印度，印度現已頭也不回地超越中國，成為全世界污染最嚴重的國家。即使是神明也無法安然逃過無所不在的懸浮微粒。早在冠狀病毒把口罩普及以前，瓦拉納西的祭司就已經會在空氣欠佳的日子給神像戴上口罩。

每年冬天十一月左右，德里都會遭受特別噁心的霧霾來襲（圖十三）。鄰近各邦的農民焚燒農作物殘茬，為下一個播種季節做準備，PM 2.5 濃度於是爆表。燒茬本身就是稻田播種晚造成的：旁遮普邦和哈里亞納邦等半乾旱地區數十年來種植耗水量大的水稻，導致地下水位下降，政府亡羊補牢想要保護地下水，用的方法是將水稻播種推遲到六月，以期配合季候風到臨，希望迫使農民多用雨水，減少地下水損耗。這樣一來，農民下一輪作物——小麥——在十一月的播種時間就所剩無幾，匆忙之間只好焚燒上季收成的殘茬，以求快速清理田地，於是，縷縷黑煙就籠罩著首都。市政府宣佈進入公共衛生緊急狀態，呼籲人們盡可能留在室內，同時關閉學校。一發生這種事，以德里為中心的印度媒體就不報導其他新聞了。但少報了的是，其實全國其他地方、全年其他時間，空氣質素通常根本一樣差。例如，綠色和平一項研究發現，西孟加拉邦受污染城市為全國最多，有三十六個，但不常被列為空氣污染熱點。研究測量二百八十七個印度城市的 PM 10 濃度，只有東北部米佐拉姆邦（Mizoram）其中一個城市達到世衛規定的標準。

圖十三：每年冬天，污染水平螺旋上升，地獄降臨德里。

從糖尿病和中風到記憶喪失和焦慮，空氣污染與多種健康問題的關係越發密切。未能維持空氣清潔，會造成對社會生活的有組織破壞，其嚴重程度正由科學研究層層揭示。不過，正如其他民主失敗和社會衰退的例子一樣，印度的「空氣末日」未能促使民主政府採取行動。二〇一五年之前，印度並沒有針對發電廠的具體排放標準。同年，當印度終於捨得動手起草法規時，卻定出一個比中國發電廠寬鬆得多的官方標準，規定煤電廠要在二〇一七年前達到。結果沒甚麼動靜，最後限期延到二〇二二年。在電力生產商遊說下，能源部屈就妥協，再次推遲死線，這次是無限期的了。

毒氣室

哪門子的民選行政官員會容許空氣污染得如此猖獗？看看這些數字：空氣污染每五分鐘就殺死一個印度新生嬰兒。[82]空氣污染物引致的下呼吸道感染是印度兒童夭折的第二大原因，每年導致一百二十萬兒童死亡，僅次於新生兒疾病。[83]德里居民平日光是呼吸，就等於抽了半包香煙，壞日子裡更是抽足兩包，肺癌病例數量激增。相比其他國家，印度非吸煙者肺癌發病率增長快得多，超過一半患者無吸煙史。一九九〇至二〇一六年間，因心血管疾病而死亡的案例增加了一倍多，從一百三十萬飆升至二百八十萬。根據華盛頓大學「全球疾病負擔」（Global Burden of Disease）研究所載，支氣管炎和哮喘等慢性阻塞性肺病現時每年導致一百萬印度人死亡。

印度環境部長仍然臉不紅氣不喘告訴國會，空氣污染和壽命縮短之間沒有關聯，二〇二一年全國財政預算還將用於減少空氣污染的經費減半，很容易讓人聯想到當年把人民放進毒氣密室的統治者。每年燒茬季節，地獄降臨德里之時，政界領袖只會互相指責、爭吵不休，而不是坐下來商定可行的解決辦法，也不管八成六居民投訴污染引起健康問題。[84]二〇一九年，德里又再被毒霧籠罩，國會一個常務委員會開會討論危機，二十九個議員中有二十五人懶得出席。議會商議及公眾問責這些民主規範的作用微乎其微，結果在第二年冬天很明顯，污染煙霧再次侵襲德里時，冠狀病毒肺炎個案激增。肺部長期暴露於污染之下會變虛弱，無法應付打擊，所以說，高污染往往增加肺炎感染及死亡率。印度在確保空氣清潔方面，見證了又一次被長期容忍的民主失敗，今次瘟疫終於揭示了它的致命後果。

除了工業排放外，建築和道路揚塵也是空氣污染的主要成分，佔印度主要城市空氣污染物近四

82／Bhasker Tripathi, 'Air Pollution Killed A Newborn Every 5 Minutes In 2019', 21 October 2020, citing 'State of Global Air 2020' report.

83／Venkata Krishna Munagala, Ramisetty M. Uma Mahesh, Jithendra Kandati and Munilakshmi Ponugoti, 'Clinical study of lower respiratory tract infections in children attending a tertiary care hospital', International Journal of Contemporary Pediatrics, 4, 5, 2017, p. 1733.

84／由民調及社群媒體機構 LocalCircles 調查數據所得。

成半，但往往被低估。路邊堆起沙土或水泥是印度市中心的常見景象，街道兩側的鬆散泥土也是。市政監管薄弱、施工標準不嚴、道路工程計劃欠奉且久未竣工，處處導致市區塵土飛揚。

總體結果顯而易見。只有不到百分之一的印度人享有符合世衛基準的空氣質素。《刺針》表示，印度人口佔世界一成八，但卻分到全球兩成六因空氣污染引致的早死和健康損失。世界銀行估計，印度污染造成的醫療保健成本及生產力損失達到 GDP 的百分之八點五。

但並非所有印度人都在受苦。空氣淨化機的銷量正在直線上升，是特權階級的工具新寵。二〇一五年歐巴馬訪印，當地媒體報導，這位美國總統在年均 PM 2.5 水平高於當時世衛規限十五倍的德里待夠三天之後，應該會折壽六小時。為保護總統及其幕僚，德里美國大使館據報安裝了一千八百個室內空氣淨化機。二〇一四到一七年間，莫迪政府自己也據報花費三百六十萬盧比（約五萬五千美元）為總理辦公室及至少六個聯邦政府部門購買空氣淨化機。[85]人很難保護自己免受殺人空氣所害，除非你是世界「最古老民主國家」或是「最大民主國家」的領袖——又或者有足夠的銀子去處理。其他人呢，「吸毒」就是命運。在德里坐機動三輪車或騎腳踏車，會比坐有空調的汽車或計程車暴露於多兩倍半的 PM 2.5 之中。[86]在街上接觸的 PM 2.5 更多，是因為車輛污染加上公共交通工具不足。都市化迅速，購買力提升，以民為本的交通方式欠奉，引致私人交通工具激增，交通廢氣濃度也隨之上漲，目前在印度造成每年三十五萬個兒童哮喘新症。據估算，每年有七萬四千個死亡個案來自與交通相關的污染，其中三分之二與柴油車廢氣排放有關。[87]在印度，連吸入的空氣也不是人人平等享有。但不要怕，救星就在眼前。德里全新的「氧吧」提供包括香茅和薄荷在內的七種口味純氧氣，只要三百盧比就可以大口大口地享用。

85／'US Embassy purchased over 1,800 air purifiers before President Obama's India visit', The Indian Express, 2 February 2015; Aditya Kalra, 'Exclusive: Faced with Delhi's pollution, India's federal agencies bought air purifiers', Reuters, 20 March 2018.

86／Rahul Goela et al., 'On-road PM2.5 pollution exposure in multiple transport microenvironments in Delhi', Atmospheric Environment, 123, 2015..

87／International Council on Clean Transportation、喬治．華盛頓大學及科羅拉多大學波德分校的研究人員撰寫的全球報告。

第五章 暈浪

移動實驗室

常說城市是民主實驗室，這裡面有很充分的理由。城市不僅是民主理念發芽滋長之處，也是民主衛士抵抗權貴敗壞民主的地方。人們所理解的民主理想與習俗，也就是議會自治，生於尼尼微、比布洛斯、毗舍離（公元前六世紀北印度一個城市共和國的首都）及雅典等古城。[88]語源學家提醒我們，民主的詞彙包含珍貴的字詞，例如citizen（公民）來自civitas（城市居民）和civis（城鎮公民）。但民主與城市之間的關係是更深層的，涵蓋重要的都市新發明。在大西洋地區，拿坡里、紐倫堡、布魯日、阿姆斯特丹和愛丁堡等城鎮，宛如各地公民舊時用以顛覆舊基督教封建世界的槓桿力量，從提出最基本的政治問題開始——誰有權拿到多少，又該何時和怎樣拿到——逐步成就偉業。這些城市的市民帶給我們一些以後滋養現代民主泉源的基本憲制發明：抵抗暴政的權利、廢除君主制度、制憲會議、成文憲法、普及選舉及限定任期，這些基本民主程序，每一項都植根於早期現代城市生活。

歐洲的城鎮還具有另一種民主意義：它們就像產生張力的引擎。能在若干空間內充滿精力地活動，就是其定義特徵之一。城市人永遠都在移動。客車車輪無窮無盡地轟鳴，每週或每日集市喧囂不絕，都加強了空間的動感。對生於柏林的學者格奧爾格·齊美爾（Georg Simmel）而言，大都會是社會互動的一副無休止馬賽克，他稱之為「行動機器」（motion machines）。十九世紀末、二十世紀初，城市自然而然地感受到新一輪民主化的壓力，這輪發展有各種名目，例如「重組地方政府」、「燃氣食水社會主義」、「地方民主」和「市政社會主義」，每一種都把向全民提供廉價燃氣、食水及電力並改善衛生及用地規劃，視為公開選出的市政府的責任和義務，還要提供公立學校、公共公園、公用飲水機、公共圖書館、機械技工和文藝機構，認為這些都是公共財產，所有市民都應該享有使用權，通常免費或有限度收費，開支來自向富裕階層正常徵稅。在這個「公共財產，普及享用」的新世界，公共交通被認為是必不可少的。街車——也叫電車、輕軌纜車或電動街車——成為都市生活的常備設施，還有公用橋樑、蒸汽河船、登山纜車和電氣化地下鐵路。

88／John Keane, The Life and Death of Democracy (London and New York 2009), pp. 3–126.

民主歷史上首次出現這麼一個運作原則：市區交通是公眾關注的頭號要務，不全然是由少數人為少數人管理及決策的技術問題或工程疑難。這個原則意味著「加快人和物件在特定空間內移動」是政治之事，跟「誰會得益於新的行動機器」這困難但無可避免的問題息息相關。地方政府的支持者堅定地回答：交通工具應該由公家擁有，向所有市內居民提供準時而容易負擔的公用事物及樂趣。民主不僅僅是成文憲法、全民投票、廉潔選舉及新聞自由；民主要求公民實際上有權在居住的城市街道和鄰舍之間享用平等的社交動向自由，享用公共空間的樂趣不應是富人獨有的奢侈品，而是每一位城市居民的權益。動向不是施捨救濟得來的，它從今以後必須是民主的。

在抽象意義上，這代表每個人的本地社交圈將大為擴展。民主要求一種不論貧富皆享有同等行動自由的生活方式與政府形式，不僅僅是有錢人，窮人也能夠好好利用公共交通所提供的、了無窒礙的日常便利。階級偏見勾勒出的地理將逐漸失去其社會意義。輕軌電車和公共巴士要成為旅途中的旅途：對貧困的、抱恙的，還有其他社會弱勢群體而言，公共交通是一趟向上的旅程，讓人在階級架構中向上攀升一兩個檔次，把受踐踏的人拉上來，把衣著光鮮、遍體生香的富人與衣衫襤褸、生活潦倒的窮人之間的鴻溝拉近一步。「出行」本應大大加速平等，成為民主的偉大載體，推動社會，擴展自由。行動就是一種頓悟：每多一個座位，就是救贖多一個靈魂。

血書

又或是，每少一個座位，就是一趟地獄之旅。印度公共交通系統管理不善，通勤的人像牲畜一樣擠在破爛的火車和巴士上根本司空見慣。如果說城市是孕育自由平等行動的民主實驗室，印度就是天天實驗失敗。「行動」本意是要改變人生、豐富人生，不是剝奪人生，但在現代大都會之一的孟買，「民主失敗」的血字昭然鐫刻在火車軌上。

東印度公司用鐵路打通七個島嶼的任督二脈，合成舊日的孟買；時至今日，它仍然在為印度的金融心臟泵血。世界第七大僱主——印度鐵路公司——正是自這座強大的西印度城市起航，時維一八五三年，全國首列客運火車由孟買城內開往塔那（Thane）郊區。人們在通車當日見證了它改變國運的重要意義，至今未忘，馬克思甚至預言鐵路的出現最終會摧毀種姓制度。通車日定為公眾假期。此後，市郊火車服務規模擴大了很多倍，被視為孟買城的生命線，連接各島與偏遠腹地，也把人民跟生計、社區和夢想連結起來。但在高峰時段坐孟買火車比較像是噩夢——車廂人滿為患，乘客被迫吊掛在敞開的車門邊，向致命的角度飄移。

像牲口一樣出行，冒著生命危險謀生，是孟買日常通勤人口自有記憶以來的常態。火車之致命、安全標準之低下，竟可令零死亡的一天（二〇一九年六月二十六日）成為值得標記的里程碑。第二天一切恢復正常，錄得九人死亡。[89]在二〇一七年，每日有八個人死在孟買的火車軌上，全年三千〇一十四個傷亡個案中（不包括出軌或撞車等火車意外），超過六百五十人是從行駛中的火車上掉下來跌死的，其中很多人懸在超速超載列車的車門邊上，一頭撞上電線桿就和死神碰個正著，其他人則是敵不過巔峰時間車上客量突然膨脹，純粹抓不牢所以掉落。

由於印度鐵路公司未能提供充足的列車與車廂，在高峰時段內，一個車廂的一平方米空間，也就是大約一個電話亭大小，可以擠進十六人。這種非人的人體擠壓有一個聽起來技術性且稍顯體面的官方名稱：「超密集壓縮負載」（super-dense crush load）。高峰時段達到的超密集壓縮負載可以讓最多容納一千七百人的列車運載五千人。然而，這不是血灑印度鐵軌的唯一原因。每年約有一萬五千人僅僅因嘗試橫過路軌而喪生，還有數以千計的人因此致殘或受傷。

一九八九年一個雨夜，薩米爾．扎維里（Samir Zaveri）在穿越鐵軌時失去雙腿。車站沒有行人天橋。接下來的幾年裡，他在乘坐殘疾人專用車廂時，再三遇到像他一樣在火車事故中失去肢體的人。本是一名小商人的扎維里，自此成為一名社運人士。他本已認命，認為自己的事故不過是不幸。「可是這麼多人？顯然是系統性的不公義，問題需要系統性地處理。」扎維里一邊說，一邊翻閱為採訪準備的文件，地點是他位於孟買南部熙熙攘攘的坦巴坎塔（Tamba Kanta）市場區的家居辦公室。他援引《資訊權法》要求取件，挖出堆積如山的官方數據和資料，經常據此將鐵路公司告上法庭，開展公益訴訟。

扎維里在社運生涯中有過一些驚人的發現。他揭破了鐵路警察詐捕橫過路軌的通勤者並處以罰款的騙案。這些腐敗的警員甚至弄了個假法庭，由警長扮演「裁判官」發放偽造的保釋保證書並批准「保釋」。扎維里還讓很多火車出軌事故的內部報告重見天日，揭露很多意外歸根結柢是因為連接鐵軌所必需的螺母及螺栓短缺。他每年整理鐵軌上死亡和意外個案的詳細分析資料，發現在二〇一九年，孟買有六百一十一人從行駛中的火車上墜落身亡，五百三十三人死於「一般疾病」（正確解讀為「在擁擠的車廂中窒息」），一千四百五十五人在橫越路軌時死亡，最後一項死亡人數如此之高，是因為火車站內通常沒有天橋。民主失敗老是常出現。就算有天橋，月台變更也往往在最後一分鐘才宣佈，引發路軌上的人踩人事件。扎維里的鍥而不捨地興訟，迫使政府下令在全印度火車軌道之間設置防護欄，但死亡事件並沒有停止。

二〇一二年，一個政府審查委員會將橫越鐵路造成的死亡稱為「大屠殺」，緊急促請當局在五年內取締所有鐵路平交道口，改為天橋或高架路。但似乎沒甚麼進展。五年後，埃爾芬斯通路（Elphinstone Road）車站一座殖民地時代鐵路天橋在人潮重壓下倒塌，造成二十二人死亡，數十人受傷。英國人為此偏遠十九世紀磨坊區建造的行人天橋年久失修，對一個服務二十一世紀熱鬧社區數百列火車、數十萬人的車站來說，早已不敷應用。人口多年來經過幾何級數增長，卻仍

89／'No Commuter Deaths On Mumbai's Local Train Network On June 26', PTI, 28 June 2019; 'Day after zero deaths celebrated, nine casualties reported on Mumbai trains', BusinessToday, 28 June 2019.

要任由一條英國人建的纖纖小橋擺佈。悲劇絕非意料之外，政府檢查報告、本地通勤人士的社交媒體帖文，還有公眾代表的多封信件，都一直在警告鐵道部，指橋體狀態惡劣，尖峰時間長期人多為患，相當危險。政府唯一的行動就只是把帶殖民色彩的站名從「埃爾芬斯通路」改為印度化的「普拉哈德維」（Prabhadevi）站。鐵道部長在內部通訊中暗示沒錢建新橋——儘管部門正在準備開展花俏的子彈火車計劃。人踩人慘劇發生前不過兩星期，總理莫迪和日本首相安倍晉三一同為印度首個子彈火車計劃奠基。這項計劃是莫迪的掌上明珠，連接其家鄉古吉拉特與孟買，耗資一百七十億美元，比當年全國修建國道的預算還要高出七成。90

車裂民主

在諸如更改地名等表面行政噱頭、因大白象工程壓倒必要服務而嚴重錯配資源等事件之間，埃爾芬斯通天橋倒塌是個寓言，說明無能政府專橫權力對社會生活造成的日常破壞。出行遇到無日無之的羞辱和不便，阻礙市民自由地獲取商品、服務及社交網絡，而這些都對追求各自選擇的生活策略至關重要。交通選擇既危險又不足夠，妨礙日常的流動性，帶來反民主效果：延續社會不公，將社群打散成無法集會、商議及行動的個體。印度的超載巴士也做到同樣的效果。

印度極度缺乏巴士服務——儘管巴士與民主註定走在一起。巴士是最民主的行動方式之一，因為每位乘客佔用的路面面積相比私家車小得多，而且提供了一種廉價的大眾出行方式，而非僅讓有經濟能力的人享受移動的便利。國營公共汽車之所以是最不平等的社會在初探民主路上的公共交通策略關鍵，就是這個原因。南非結束種族隔離後，約翰尼斯堡的城市規劃專家發起以交通為主導的市區計劃，以創造更有容乃大的城市，具體做法是縮短富裕白人商住活動核心與代表都市貧困的外圍黑人城鎮之間的距離。以往在種族隔離時期的約翰尼斯堡，歧視性房屋及交通政策精心培養出兩者之間的隔閡，現在才由各種項目打破，將分裂的城市重新編織在一起，其中包括設有專用巴士線（市長帕克斯・托〔Parks Tau〕稱之為「自由的走廊」）的公車捷運系統。哥倫比亞首都波哥大的快捷巴士系統名為「跨越千禧」（TransMilenio），同樣在一個極不平等的國家以成本低廉的巴士——市長安立奎・潘納羅薩（Enrique Peñalosa）稱之為「平等的象徵」——提供更便捷的日常交通，實現市區空間民主化。

在印度，巴士捷運系統實驗基本上都以失敗告終。社區人口稠密、交通管理機構缺乏協調、互相競爭的城市部門管轄權重疊，全都不利於設立及營運遍及全市的專用巴士路線。民主又輸一仗。唯獨在古吉拉特邦首府亞美達巴德，由於城市建設相對較少，快速巴士系統才有所發展。但即便在那裡，快速公車系統也沒為底層的三成人口帶來多少幫助，他們認為空調巴士貴得完全搭

90／Pooja Dantewadia and Nikita Vashisth, 'Mumbai-Ahmedabad Bullet Train To Cost 70% More Than Highway Budget', FactChecker, 15 September 2017.

不起。[91]

沒有健全的公車基建，加上車量短缺，一直是轉型至快捷巴士系統的主要障礙。德里每百萬人口擁有二百七十輛公車，孟買為一百八十輛。相比之下，北京每百萬人擁有一千七百一十輛，上海一千二百四十輛，首爾七百三十輛，聖保羅則有一千〇四十輛。總體而言，印度每千人僅有一點二輛公共汽車，泰國的相應數字是八點六輛，南非則是六點五輛。即使這個平均數字也因為各邦之間差異極大而頗具誤導性，富裕的卡納塔卡邦錄得三點九，窮得多的比哈爾則只有〇點〇二，即是一輛巴士服務五萬人。[92]

除了真正在忍受的人，實在很少人能想像印度巴士服務狀態之糟糕——有巴

圖十四：巴士短缺造成太多日常屈辱和危險。

士的地方是這樣。四百五十八個人口超過十萬的印度城市之中，只有六十三個設有正式公共汽車系統。根據政府自己的計算，印度現有巴士數量還不到實際需求的十分之一（圖十四）。全國需要三百萬輛，但實際數量卻只有二十八萬左右。在孟買和德里等大城市，由於資金不足，巴士數量其實一直在下降。私家車激增，導致交通擠塞更嚴重。根據TomTom二〇一九年交通指數，世界上最擁擠的城市有四個都在印度，由邦加羅爾居首，孟買居民則平均每年浪費十一天來塞車。

印度的火車型大眾運輸系統同樣不盡人意。有地鐵網絡的城市屈指可數，表現也遠遜全球其他地方。以擁有八百四十萬人口的邦加羅爾為例，其地鐵總長僅四十二公里。十三個城市只有共六百三十公里地鐵路軌，其中一半以上在德里。大多數地鐵線路，例如加爾各答和孟買的，都是單線地鐵，且全市七到八成人口根本用不上。即使在印度地鐵網絡最完善的德里，使用率與中國深圳等地相比也顯得相當不足。兩地地鐵大約在同一時間通車，車軌長度也相近，但以二〇一七至一八年的數字為例，深圳每公里載客量比德里多一萬人，相當於每年多運載

91／'Promoting Low-carbon Transport in India: Low-Carbon Mobility in India and the Challenges of Social Inclusion: Bus Rapid Transit (BRT) Case Studies in India', Centre for Urban Equity, UNEP, 2013.

92／O.P. Agarwal, 'Compulsion to Choice: How Can Public Transport in India Be Transformed?' EPW, 29 January 2019; Times of India, 'For 1,000 people, just 1.2 buses in India', 25 September 2018.

七億三千萬名乘客。[93]

較小的城市、鄉鎮和村莊根本沒有大眾運輸系統，國營公車更無立足之地，通勤者只能完全由不受監管的私人營運商擺佈。私營巴士網絡員工通常沒有工會背景，也沒有定期工作合約或薪金。他們的工資與載客量掛鈎，於是重度使用破舊巴士、超載、高峰時段為多載客而魯莽駕駛，事故頻生。由於巴士很少見，提供拼車服務的印度典型交通模式——機動三輪車——很多時成為城市界線以外、小型鄉鎮村莊的唯一固定公共交通提供者。印度四成二的城市人口住在五十三個人口過百萬的城市，其他五成八分佈在八千個「市中心」，人口各由五萬到一百萬不等。市區交通歷來主要向大都會城市傾斜，小城鎮和村莊的交通因而慘遭忽視，基本上是完全沒有公共交通，於是完全依賴技術上稱為「中間性公共運輸」（Intermediate public transport）的模式，包括共享機動三輪車及小貨車。

這些所謂「汽車」（autos）便宜、高效率，還能創造就業機會（全國估計有五百萬名汽車司機），但事實上是在徹頭徹尾的監管真空之中營運，因為政府不承認它們為正式的交通工具，基本視之為非法。國家既然已經大體上放棄自己的交通責任，民間於是常常出現為增加利潤而以危險方式改裝車輛來擴大座位數量、使用舊車及摻假燃料等做法，逼迫城市以外的人口踏上危險的通勤旅程。火車造成的死亡個案還算是有一些統計，但城市以外數十萬人被迫選擇危險和不健康的交通工具並因而受害，卻丁點數據都沒有。

惡劣的公共交通系統不僅奪去生命與肢體，或是導致損耗時間、錯失人生機遇，還會帶來其他社會成本。例如，在缺乏安全交通保障的情況下，女性未必願意考慮離家太遠的教育或就業機會。二〇一二年在德里發生的恐怖輪姦案中，一名女子和男朋友就是因為晚上看戲後找不到車，才會被哄騙上由一群色狼駕駛、在夜間四處遊獵的私人巴士。那時不過是晚上九點半，而且地點還是印度的首都。

由於缺乏安全可靠的公共交通設施，私家車和電單車（機車）的數量呈指數級增加。然而，除了逐漸壯大的中產階級外，這些交通工具對大多數印度人來說依然遙不可及。一九六一年，印度街頭行駛的車輛不到一百萬，二〇一三年已經飆升至超過一億二千萬輛[94]，近四分之三是電單車。同時，公共交通急劇減少，巴士佔車輛總數比例在一九五一年是一成一，二〇一六年跌至僅〇點八個百分比。孟買市政府研究發現，私人擁有的車輛從二〇〇一年每千人七十一輛升至二〇一七年的二百四十八輛，公共交通佔的分額同期由七成八降至六成半，市民因此被迫尋求個人單獨使用的交通方式。但是，剝削行動自由也等於剝削所有人擁有潔淨環境的權利。非牟利組織科學及環境研究中心（Centre for Science and Environment）計算出，在德里騎機車行駛十公里排放

93／Sriharsha Devulapalli, 'India's public transport challenge', LiveMint, 16 September 2019.
94／Sriharsha Devulapalli, 'India's public transport challenge', LiveMint, 16 September 2019.

的致癌微粒，是乘巴士走同樣距離所排放的十六倍，估計私人車輛為首都貢獻四成的有毒空氣。國家未能提供高效交通工具，構造出不公平的競爭環境，不單剝奪了數百萬市民獲得平等人生機會的可能，強迫他們使用危害生命的出行模式，而且那些擁有反民主式出行優勢的人天天製造有毒空氣，最終被迫暴露其中的也是尋常人家。

死亡陷阱

除了差勁的公共交通系統以外，精英主義政策和政府監管不力還以其他方式「阻頭阻勢」，阻礙民主。行人使用的走道要麼狹窄得危險，要麼根本不存在。存在的話，也是破損不平，不是被蠶食成為停車位，就是被小販或露宿者侵佔，迫得路人走在馬路上，和風馳電掣的汽車爭道。連續可行的行人路在主要城市不常有，小城鎮通常則是完全欠奉。對行人路的忽視反映城市規劃不善之餘，也揭示設計方向以駕駛機動車的道路使用者為先，步行或騎單車的市民為次。二〇一一年人口普查顯示，大約四成半的印度家庭擁有單車。大可以假設這個數目自此更大幅上升，尤其是政客最喜歡在投票時節向最低收入的群體派單車以收宣傳之效。但印度城市其實是單車禁區，對單車的普遍態度近乎敵對。

在哥本哈根、布宜諾斯艾利斯和巴塞隆那等城市，公共補貼和共享的單車是零碳城市規劃的核心。但在等級森嚴的印度，單車代表窮人阻著上等人的路。以加爾各答為例，二〇一二年，一百七十四條道路禁止單車通行，後來部分恢復，但大多仍然不准單車上路。對步行和單車的歧視，加重了窮人的社會負擔和限制。公共交通和馬路及行人路的狀況對窮人不利，也突顯了民選政府官員的民主失敗。他們在建設交通基建方面之差劣，與在維護設施運作方面，表現實在不相伯仲。例如，一條連接南德里和首都機場的二點七公里公路，花費五年時間、錯過七次期限，才終於在二〇一九年完成。當地媒體稱之為世上最慢的架空道路項目，每年建成不足四百米。基礎建設的質素同樣令人沮喪，看看印度各地破爛的行人路和佈滿凹坑的馬路便一清二楚。道路品質低下是印度道路交通意外發生得特別頻繁的眾多原因之一。印度以世界一個百分比車量包攬全球六個百分比道路交通事故，每年有近五十萬宗。政府數據顯示，二〇一八年，印度有大約十五萬人在路面意外中身亡，光是首都就佔十分之一。世界衛生組織估算的數字是印度官方公佈的兩倍。

道路交通事故數量異常高，也顯示出有法不執、貪污根深柢固等更廣泛的問題。這是一種導致人命損失、頭破血流的民主失敗。超速、酒駕、越線、衝燈，也是交通意外的常見原因。七萬二千名交通警管理兩億車輛，實地警力不足肯定窒礙執法。北方邦鋥光瓦亮的阿格拉至勒克瑙高速公路（Agra–Lucknow Expressway）上，六條行車線每年奪去約一千條性命，媒體冠名為「殺手大道」。全國範圍內，四分之一道路事故的肇事司機沒有有效駕駛執照，或是僅持有學習駕照。政府本身也承認，國內近三分之一的駕駛執照是假的。

規劃不善只會枉費人命，徒增屍袋。舉個例，德里至阿格拉的高速公路把村莊剖開兩半，但不提供行人過路處——又是機動車輛特權之一例。農民經常只是想去路另一邊的田裡，就此不幸身亡。南印度泰倫加納邦（Telengana）一條叫佩賈達庫恩搭（Peddakunta）的村落，鄰近連接南北印度的四十四號國道，被稱為「公路寡婦村」，幾乎所有男人都被公路索了命去。連村委總部也在路的另一邊，村民想完成最基本的政府文書手續，也得橫過路面。許多人就此死在高速公路上，包括一位打算就眾多公路死亡個案向官員請願的村民。

就像印度許多其他日常暴行一樣，公路上不斷滴落的鮮血已經變成常態，認為是無可避免的出行風險，而非民主失敗及社會生活受破壞的徵兆。在飽受叛亂困擾的前查謨和喀什米爾邦，截至二〇一七年的十三年間，交通意外比武裝暴力事件造成多近五成平民死亡，但引發的公憤程度卻遠不及恐怖襲擊。[95]在印度其他地方，死亡和悲傷同樣被「私有化」，彷彿不再是可以避免的公共問題。媒體偶爾報導個別事故時只是輕輕一筆帶過，可悲的交通基建所產生的受害人很快被遺忘，倖存者和親友的痛苦只能淪為向垂死民主大國呼救的無聲呼喊。

非暴力不合作運動

沒人聽到普拉卡希·比爾霍爾（Prakash Bilhore）的呼喊求救聲。

他十六歲，正在前往一所大學申請入學，不幸被路上的凹坑奪命。二〇一五年八月那天，孟買下了一整個早上的雨。就像大多數印度城市一般，孟買沒有印度河谷城市摩亨約達羅（Mohenjo Daro）公元前兩千五百年就有的——一個運作良好的排水系統。民主又又又失敗了。即是說，雨下得太大、時間太長，道路就會淹水，當天就是這個情況。普拉卡希坐在表哥的機車後座，兩人都沒看到腳踝深的積水下，有個五英尺乘十八英尺的凹坑在等著他們。沒有安全路障按法例規定標記出凹坑位置，從來都沒有。表哥在事故中生還，但普拉卡希送院不久就因內出血而死。三天後，市政府就把坑洞給填了。「就三天而已，如果他們早三天動手，我兒子就不會死。於是我就想，既然能救人一命，為甚麼不自己動手去填坑呢？」普拉卡希的父親得德洛·比爾霍爾（Dadarao Bilhore）這樣解釋他當年如何開展印度其中一個最獨特的非牟利項目。兒子過世後不到兩週，賣菜的比爾霍爾就開始一手一腳用石膏和水泥填補路陷。令他驚訝的是，越來越多人開始聯繫他，希望加入行列貢獻偉業。普拉卡希基金會（Prakash Foundation）團隊日益壯大，現時每月填平二十至二十五個凹坑（圖十五）。

人稱孟買「坑洞爺爺」的他，現時使用的材料更先進了，是一種即時瀝青混合料，比石膏和水泥貴，但有效得多。基金會甚至設計出一份「凹坑套裝」，鼓勵人們買來送禮，幫助拯救生命，

95／Athar Parvaiz, 'Road Accidents Killed 46% More People In J&K Than Armed Violence Over 13 Years', IndiaSpend, 8 August 2017.

圖十五：孟買「坑洞爺爺」比爾霍爾填補政府遺下的危險縫隙。

稱為「送坑」（Gift a Pothole）行動。同時，工程學生幫他開發出「認坑」（Spot a Pothole）應用程式，用眾包方式確認坑洞位置。下載程式的人只需要拍一張坑洞照片，加上地理標記，資料就會進入中央地圖系統，基金會隨即決定是否填坑、何時填坑。前戰鬥機機師、現職企業老闆的普拉塔普．比馬塞納．韋奧（Prathaap Bhimasena Rao），也在邦加羅爾營運一個類似的初創項目，名為「坑洞王」（Pothole Raja），客戶之中有好幾個是透過企業社會責任預算出資的大公司。只需要一個 WhatsApp 求救訊息，坑洞王團隊便會出動，只需少量費用即可解決問題。

根據官方估計，二〇一七年全印度的坑坑窪窪每日殺掉十個人。考慮到「因路陷而死亡」的技術性定義，可以確定官方數字過低，例如車輛為避開坑洞而突然轉向撞死途人，並不計算在路陷傷亡數字內。邦加羅爾的韋奧和孟買的比爾霍爾得出同樣結論：如果政府不能或不肯行動，那總得有人去做。民選政府失效或者乾脆不管時，公民就會介入，有時力量還巨大得很。達什拉斯．曼吉（Dashrath Manjhi）是比哈爾邦的一名農工，妻子在穿過繞山而建的狹窄小路去取水時身亡。此後二十二年，他獨力在山裡開鑿出一條三百六十英尺的通路，決心讓村民再也不用繞山才能到達另一邊。奧迪薩邦的賈朗達爾．納亞克（Jalandhar Nayak）僅用錘子、挖掘桿和鑿子，在兩年內就獨力在小丘上修建出一條十五公里長的走道，連接自己村莊與鎮上道路，以便自家孩子上學去。七十五歲的代塔里．納亞克（Daitari Nayak）手上只有一把鋤頭和鐵撬，在山上鑿出一條三公里長的水道，把水引到村裡灌溉，力保莊稼不致枯死。甘格達爾．魯特（Gangadhar Rout）花掉所有退休積蓄，完成政府本已開工但中途廢棄的河橋。這些看似是個人的英雄事跡——「印度愚公」啟發了寶萊塢長片《山人曼吉》（Manjhi—The Mountain Man）——但如此史詩式堅忍故事所象徵的，比起單純的「意志力勝利」要深遠得多。它們是民主失敗的社會應對機制。

近年來震撼巴西、智利和法國的民眾抗議活動，引發點都是對惡劣公共交通質素憤怒，加上對國家民主狀態深切不滿。法國抗議燃油（尤其柴油）加稅的黃背心示威，本質上是在表達小城鎮和農村地區醞釀已久的不滿情緒。法國大城市有「環保」的公共交通系統，鄉村和小鎮則不然。地方上缺乏像樣的公共交通，柴油就是為僅有的移動方式——家庭私家車——提供燃料的最常用、最便宜方法。二〇一三年巴西爆發的大規模示威，原觸發點是不滿公共交通價錢高昂，但迅速變成抵抗貪污腐敗、反對缺乏民主的全國吶喊。在智利，學生於二〇一九年在首都發起公民抗命運動，回應地鐵票價上漲三十披索。一個不平等得噁心的國家經歷了幾十年種族隔離式的公共服務、寡頭統治及貧窮工資，使這次運動成功動員了普遍的憤怒情緒，最終促成一場熱烈支持重新制憲的公投。

在印度，道路或火車事故會引發本地示威。投石、喊口號、擋路、警察衝進去驅散人群並「控制場面」，然後一切又恢復「正常」。早幾十年，車票加價有時引發政治方面的抗議；現在，由於多數印度人民已經放棄公共交通，有組織的抵抗已經很少見。社會已經疲憊不堪，除非發生架空道路或行人天橋倒塌之類傷亡慘重的災難，否則交通失靈事件很少成為政治號召的重心點。乖乖認命才是主流。就如大部分印度人一樣，千千百百個比爾霍爾和曼吉都明白國家不作為的必然性，都認識到管治機構的崩壞，但沒有就此罷休，沒有抗議也沒有暴動，只是介入去做政府沒有做到的事，實行被動的「軟對抗」。這是他們自己版本的非暴力不合作、堅持真理運動（satyagraha），是抗議「撞聾」管治機構暴行的一種無言吶喊。

第六章

一堵敗筆

向下過濾

十九世紀期間，印度次大陸人民首次面對英國正規教育的風格與內容。教育一直是個有爭議的詞，但對於說英語的殖民主而言，它無疑是件「帝國」的事。教育，等於英格蘭的私人資助獨立或「公立」學校，在各殖民地傳授為統治國內外而設計的思想。教育是為少數人而設的，旨在培育仁志兼備、有強烈在世使命感的白皮膚紳士，躋身政務官、教師、傳教士之列。它們是印度新機構制度的模範，例如一八七〇年代在拉賈斯坦成立、被譽為東方伊頓公學的梅奧學院（Mayo College）。教育代表牛津，由聖約翰學院院長西里爾．諾伍德爵士（Sir Cyril Norwood）和貝里歐學院院長、古典學者本傑明．喬伊特（Benjamin Jowitt）等傑出人士領導。

對他們而言，教育就是透過由菁英開辦、為菁英服務的小學、公立學校和菁英大學來培養最高的英國傳統。教育意味著組建一個硬朗、熱愛欖球、有共同基督教與愛國價值觀及榮辱規範準則的富人社群。受過教育的人都是傲慢自信的，認為自己天生比所謂「平民」更優秀，確信自己適合統治世界，是「柏拉圖模式中的一群『哲王』，準備為公家服務、管理帝國」。[96]

在印度這顆帝國皇冠上的明珠，甚至有一個理論，叫「向下過濾」（downward filtration）。托馬斯・巴賓頓・麥考利（Thomas Babington Macaulay）是總督威廉・本廷克（William Bentinck）任命的公共教育總務委員會主席，他在一八三五年的著名論文《教育紀要》中明確地解釋：

> 向較高階層提供高等教育，比對庶民施以初級教育更為合宜……如今應培育一眾我等與平民間仲介之士，雖有印度血脈肌膚，但具英倫趣味見解及德行智識之階層……於其同胞間傳揚我等賦予之學識……教育終將徐徐滴灌至平民百姓。

96／Gary McCulloch, 'Empires and Education: The British Empire', in Robert Cowen and Andreas M. Kazamias (eds.), International Handbook of Comparative Education (Dordrecht, Heidelberg, London and New York 2009), pp. 169–79 [170]; see also J.A. Mangan, The games ethic and imperial- ism: Aspects of the diffusion of an ideal (London 1986); J.A. Mangan (ed.), 'Benefits bestowed'? Education and British Imperialism (Manchester 1988); 'Eton in India: The imperial diffusion of a Victorian educational ethic', History of Education, 7, 2 (1978), pp. 105–18.

一八一三年，英國政府責成東印度公司制定教育印度人的政策，作為將其印度特許統治權延續二十年的條件，公司才發覺自己身陷前所未見的渾水，麥考利也由此必須與教育問題糾纏。殖民地利益在於塑造「政府公務員」而非公民，意味教育的覆蓋範圍有限。例如，一八五八年到一八九三年之間的三十五年中，五所印度大學共培養約一萬五千名大學畢業生，即每年不到四百三十人，而印度當時人口約為三億。十九世紀後半葉及二十世紀初，印度土邦地方統治者花費的人均教育支出實際上是英屬印度的兩倍，後者在一八六〇年至一九一二年間的公共教育支出為世界最低。[97]

英式教育，無論是在印度教徒還是穆斯林之間，都是一件上層階級的事情，方法和目標都是柏拉圖式的。「教育出能管理帝國的『哲王』」這種理想適合英國人，是因為帝國風格教育徹頭徹尾反對任何形式的權力下放式民主。柏拉圖這位雅典哲學家曾警告說，教育必須教導人們，民主（demokratia）是個華而不實的蹩腳發明，是人口之中最低階、最被誤導的部分——「人民」（demos）——一種腐敗的統治形式。毫不出奇地，後來的民主思想家反擊了柏拉圖和整個「教育就是培育少數統治階級」的觀念，其中最重要的思想家仍然是約翰·杜威（John Dewey，一八五九—一九五二），他教授和指導過安貝德卡——終身反對社會歧視的社運家，也是印度憲法的主要設計師。安貝德卡原是「不可觸摸」的達利特人，是教育拯救了他。他一九一三年到一九一六年的三年間在紐約哥倫比亞大學師承杜威，並在杜威身上看到一個自然而然的智識盟友。杜威一九一六年寫就的《民主與教育》仍然是公認的經典，[98]它提倡用全新方式思考民主。民主是一整套生活方式，其賴以奠基的原則是：透過各種社會聯繫而走在一起的個人與群體，應當具有平等的價值；教育則是令任何民主社會成員都能彼此平等地交流利益、關切、恐懼與希望的過程。

從最廣泛的意義上來說，杜威將教育視為社會改革和民主平等的基石，認為教育遠遠超出學校、大學和其他正規機構之事，不應該簡化為「疏離而死板、抽象而呆板」的學習，或使之淪為製造「世界仔」或「自私自利的專業人士」的過程。正規教育和廣義的教育都涉及從年輕人開始培養人們「對自身力量的社會意識」。「專制統治」國家「教出一些人做主、其他人為奴」，這是教育的對立面。教育與民主妥妥貼貼地走在一起，兩者都反對等級制度和社會束縛，拒絕接受主人，抵制「階級、種族和國家領土的壁壘」。杜威認為教育具有道德目的，因為民主要發揮作用，就需要一個由知情、明智的公民組成的強健社會。

97／L.E. Davis and R.A. Huttenback, Mammon and the Pursuit of Empire:The Political Economy of British Imperialism, 1860–1912 (New York: Cambridge University Press 1986); Syed Mahmud, A History of English Education in India 1781–1893 (1895).

98／引文出自John Dewey, Democracy and Education: An Introduction to the Philosophy of Education (NewYork 1916 [1925]), pp. 9–10, 95, 47, 387, 48, 53, 144–45, 86, 98, 101, 357, 115.

新的曙光？

英國人的精英教育政策意味著當他們離開時，印度的學校教育非常少，成人識字率只有一成二。殖民政策將印度推入文盲的黑暗深淵，同時在十九世紀末、二十世紀初，世界其他地方越來越多人開始接受學校教育。截至一九三一年，不足五分之一的印度男性和十分之一的印度女性能夠讀寫。論學校教育年期，印度與美國及德國等早期領先國家的差距，由一八七〇年的兩年以下躍升至一九五〇年的七點八年。[99]

隨著印度獨立並正式承諾實行民主，人們大抵期望新國家重視教育，特別是因為獨立運動曾以普及、免費、義務的教育為目標，視之為政治解放之路。獨立後不久，一份政府報告訂下目標，一九六〇年前實現六至十一歲年齡組別的普及教育，一九六五年擴展至十一至十四歲。這項建議構成憲法「指導原則」第四十五條，規定十年內達成十四歲以下的普及教育，但由於出現所謂「土生的愚昧無知」，「反映上層階級及種姓懷著偏見反對大眾教育」，這個年輕國家在普及學校教育以兌現民主承諾方面，基本沒有做出甚麼成績來。[100]

一九五一年啟動的第一個五年計劃反對開辦新的小學，而是基於「兒童應通過自負盈虧的手工藝來學習」的落後原則，推行所謂「基礎教育制度」。這實際上是甘地式的教育觀，與安貝德卡的相反，後者認為識字才是初級教育的首要目標，並主張全民免費義務初級教育。建國初期對普及教育的矛盾心理後來成為常態，歷屆政府都虔誠地宣稱需要普及教育，但要實行任務時卻半心半意。隨後的幾十年，私人資本的角色與日俱增，進一步加深了享用優質教育的階級差異。

一九五六年開始的下一個五年計劃再次規定「整個基礎教育必須在基本路線上重新定位」，但只是讓人對基礎教育手段和目的更加困惑，令用於建立適切的學校系統的公帑分配更加不足。一如前述，儘管此時由蘇聯式五年計劃所勾勒的印度經濟生活通常稱為「社會主義」階段，但印度建設公共衛生及教育等基本服務的方式卻跟社會主義完全沾不上邊。印度政策制定者苦於策劃並實施連貫一致的基礎教育政策之際，蘇聯已在大力投資全民學校教育。

教育投資低得令人沮喪，情況成為常態以後，多個政府機構又開始強調需要把 GDP 最少百分之六用於教育，其中最著名的是一九六七年的葛塔利教育委員會（Kothari Commission on Education）報告，提案迅即由國會通過，正式立法。自此，各政黨在選舉宣言中一直恭順盡責地承諾增加教育指出，不過數字始終徘徊在 GDP 的百分之三左右。莫迪政府承諾在二〇三〇年之前將教育開支提高至兩成，但他自二〇一四年執政的這些年來，並沒帶給人們多少希望。實際上，

99／Latika Chaudhary, 'Colonial investments in education in India', VoxDev, 11 August 2017.

100／Jean Drèze and Amartya Sen, An Uncertain Glory: India and Its Contradictions (London and New York 2014), p. 25.

教育佔政府支出從二〇一四至一五年度的四點一四個百分比跌至二〇一九至二〇年度的三點四個百分比，其中大部分撥款甚至沒有用於教育本身。政府有顆掌上明珠，項目名為「拯救女兒，教育女兒」（Beti Bachao, Beti Padhao），旨在推廣女童教育，其五成六預算用於廣告，大部分是莫迪自己做主角。

提供充足的教育，使人們能夠追求更好的經濟機會，過有尊嚴的生活，拓寬其社會視野，培養對世界的好奇心，是任何民主國家最基本的責任之一，尤其是在一個年齡中位數約為二十八歲、十三億人口中有三分之二正值十五至六十四歲工作年齡的國家。印度處理教育政策極不稱職，與亞洲其他大型經濟體形成鮮明對比，其中許多並不自詡有資格稱為民主國家，但表現卻好太多。二十世紀初，日本大刀闊斧地全面改革教育體系，在三十年內幾乎完全消除了文盲，此一壯舉奠定了後來工業及社會轉型的基石。受到日本例子的啟發，所有主要亞洲經濟體自此視教育為發展的必要工具。印度也照辦煮碗，但不過是紙上談兵：一九四九年憲法通過後十年內「為所有兒童提供免費義務教育」的崇高目標，最終花了五十二年才成為基本權利，由此可見一斑。又過了六年，《兒童免費暨義務教育權利法》（Right of Children to Free and Compulsory Education Act）才成為可興訟的法律，而且還是社運人士曠日持久地爭取普及教育的結果。

進展，但……

拖延的結果是，印度現有三億一千三百萬文盲，佔世界未識字人口四成。印度文盲之中六成是女性，此性別差距是世界平均數兩倍，在七十年所謂民主統治下一直持續存在。研究這些數字必須注意幾點，其一是地區之間的巨大差異。教育位列憲法「並行清單」，即是受到聯邦及邦政府雙重管轄，有些邦分比其他的更真心實意追求普及教育的目標，成果矚目，但印度全國整體趨勢則令人擔憂，例如，每百名入學的學生中只有七十人完成學業。[101] 例外的情況是有的，更是值得注意，因為它們就是現成證據，證明改善基本社會服務就是一項具有民主化效果的可持續減貧策略。

以喀拉拉邦為例，歷任國王採取支持教育的政策，再加上後來傳教士的努力，當地在獨立時是個識字率異常高的邦分。不出所料，其人類發展水平在其後數十年繼續上升。喜馬偕爾邦（Himachal Pradesh）借鑑喀拉拉邦的經驗，在二十世紀七〇年代初積極推動普及基礎教育，當時邦內仍然貧窮。四十年間，喜馬偕爾邦從極其落後和貧乏的社會，蛻變成為擺脫赤貧的先進邦分。在七〇年代和比哈爾邦一樣窮的坦米爾那都邦也踏上類似的道路，透過普及教育政策擺脫貧

101／Vignesh Radhakrishnan, 'What is the dropout rate among schoolchildren in India?', The Hindu, 4 January 2019.

困，這要歸功於傳統上被剝削的低種姓人口的政治動員，使其以往不得享用的醫療及教育等服務最終得以普及。坦米爾那都是首個引入小學免費全校午餐及免費早期托兒服務以提高入學率的邦分，兩項政策均已成為全國標準。

要分析印度的教育趨勢，還有一點要先旨聲明：儘管情況不盡人意，但印度實際上比獨立前已經進步了。成人識字率從一九四七年的一成二躍升至二〇〇一年的六成半，到二〇一一年人口普查時則為七成四。一九五一年，六至十一歲年齡組別兒童入學率僅四成三，現已超過九成七，學校和大學數量也同樣倍增。

數字必須謹慎處理。印度在教育機會和品質方面的奮鬥遠未結束。隨著教育逐步私有化、公立學校持續資金不足，良好教育之路逐漸變得與購買力密不可分。絕大多數學生因貧困和弱勢而無法支付教育費用，被迫選擇免費但破敗的公立學校。結果，雖然入學率表面上增加了，但提供給窮人的公家教育整體質素其實正在下降，國內本已嚴重的社會鴻溝又再加深。

全球和國內的調查都匯報了驚人的學習缺陷。一項全國家庭調查發現，經過五年的學校教育，只有五成一的十至十一歲學生能閱讀適合七至八歲孩子的文本，比十年前的五成六要差；相比二〇〇八年的三成七，僅兩成八能做簡單除法運算。非牟利教育組織布拉罕（Pratham）發表的二〇一八年《年度教育狀況報告》（Annual Status of Education Report）指出：「必須理解的是，我們連基本識字和算術都有困難，意味印度不僅沒有創造出充分識字的人口，而且我們大多數人口都是功能性文盲。」

基礎設施薄弱，例如缺乏適當的建築或洗手間、缺乏教師、教員缺勤嚴重、沒有供應旨在留住學生的午餐，以及政府監管不力，都是水準下降的一些原因。另一些調查顯示，五分之一公立學校全校只有一名教師。在教師兩成一缺勤率、學生三成三缺勤率的情況下，任何一對師生同時在校的機率約為五成，即是每年有效的上課天數為一百天。由於任何一所公立學校都大約有一半時間沒有任何教學活動，因此學生實際上平均只接受五十天教學，是在正常運作的學校教育系統中所得的四分之一。[102]一些調查估計此平均數值甚至更低，大約在四十天左右。

公立學校教師嚴重短缺，進一步限制了學生和老師偶遇的機率。據政府自己的智庫尼提阿育估計，教師短缺數字達到一百萬。政府刻意任由職位空缺，要招聘時就選擇用廉價的短期合約，湊合著僱用願意收取常規政府薪金打折價、資歷較低及未經培訓的教師。投入教師培訓的努力微乎其微，培訓經費大幅減少。合資格的教師即使獲得全薪聘用，也被迫將大部分時間花在非教學活動上，例如處理其他政府職責和維護午餐登記冊等行政雜務，甚至監督烹飪。很多時，按政府薪資標準及服務條款聘用的「正規」教師都懶得上課，甚至都不去學校，北方邦一名政府教師最

102／Drèze and Sen, An Uncertain Glory, p. 120.

近被發現同時在二十五所學校「工作」吸金。打「正規」政府工的教師付出少量費用，外判給其他人代為到校上班，自己則出去私人輔導有財力的學生來賺錢，這種情形不在少數。

皮南瓦恩的班級鬥爭

哈里亞納邦皮南瓦恩鎮（Pinangwan）「官立女子高級中學」教授八百五十位學生的四位「正規」老師就沒能享受這樣的奢侈了。官方給學校的「分配」是二十四位教師。自從學校被拆遷，迫使他們搬到對面馬路的初中，這兩三年來不論師生，過的都是地獄般的日子。臨時教師沒錯是有幾個，但十三人這個總數還是遠遠達不到要求。歷史老師穆克什．庫瑪（Mukesh Kumar）說：「我們全都要教額外的課，包括自己不熟悉的科目，人人超乎想像地超負荷工作。」校長一職懸空近十年，高級教師輪流分擔行政負荷。學校沒有專職的英文、物理、化學和生物學老師，也沒有科學實驗室，也沒有電腦，或者說沒有能用的電腦。學校確實曾購入二十台電腦，但由於沒有電腦室，所以貨品從未拆箱，電腦科是用教科書來教的，修課的學生無一碰過電腦。

學校門口招牌上印地語的「高級」一詞是新塗上去的，蓋住了本來的「初級」，也就是那所要騰出空間接收額外學生的學校。在新校舍裡，八百五十名高年級學生擠進分配到的四個課室，其中只有一個課室有書桌，六七位女生共用四人書桌，其他三個課室的人則是席地而坐。由於教室不敷應用，走廊和外面佈滿灰塵、未經鋪砌的爛地也用來上課。季風和盛夏期間不可能在戶外上課，很多課不得不取消。

學校沒有非教學人員，女生值班看守大門、掃地，在客人來訪時端上茶水，但底線劃在廁所——廁所已經變得太不堪，不堪到她們清理不了。「廁所淤塞，太可怕了，我們必須出去。」標準班十二年級的穆斯坎·阿爾維（Muskan Alvi）列舉同學在學校面對的問題時如是說。挑戰相當明顯，課室本應容納四十人連桌椅，但現在超過一百人同時坐在地上（圖十六），還有老鼠到處亂竄。但最令穆斯坎生氣的是缺乏科學老師：「政府似乎決定好了，因為我們是女生，就都應該唸文科算了。」她一邊說，同學紛紛咕噥著同意她。

標準班十二年級是高中最後一年，大學入學則根據十二年級後的期末公開考試成績決定。基本上，學生餘生的軌跡就取決於這關鍵的兩年。有能力的家長可以安排外面的補習輔導來補充學

圖十六：哈里亞納邦皮南瓦恩鎮「官立女子高級中學」沒有書桌，有時甚至沒有課室。

校學業——幫助學生預備醫科和工程入學的「訓練班」是印度最大的產業之一，但是，負擔得起的家長也就不會把孩子送去讀公立學校。皮南瓦恩這所女子學校位處哈里亞納梅瓦特（Mewat）地區，毗鄰德里，主要居民是穆斯林拉傑普特人（Rajput），一個有戰士淵源、曾改信伊斯蘭教的印度教族裔群體。此區是邦內窮縣一員，也是如此多學生入讀這所免費公立學校而非附近兩所私營學校的原因之一。

從皮南瓦恩開兩小時的車，去到一個迥然不同的世界，可以一睹公立學校能成甚麼樣子。羅斯大道 SBV 高中（Rouse Avenue SBV Senior Secondary School）座落德里市中心，隨時可以與國內一些頂尖私立學校爭一日之長短。德里的平民黨（Aam Admi Party）政府喜歡炫示這樣的學校，以證明其對教育等基本服務的承諾。學校擁有整潔的教室、藏書豐富且配備冷氣的圖書館、健身房、最先進的實驗室、寬敞的禮堂、設備齊全的洗手間和充足的教師；校長是全職的，辦公室寬敞有冷氣，還有前廳和內置會議空間，坐得下全部四十八名教師。十一年級學生設有兩班「職業班」，分別以「保安」和「遊覽和旅行」為主題，讓學生熟悉這些專業。前者備有金屬探測器及警報系統，甚至各種槍枝型號的複製品，雖然在學校出現顯得稍微格格不入，但氛圍比擺設地圖和貨幣的「遊覽和旅行」教室刺激得多。

德里政府花了一年時間翻修這所建於五〇年代初的學校，而且顯然花了很多錢——一千五百萬盧比，校長達文德拉博士（Dr Davindera）高興地報告說。學校很多事跡是印度其他地方的公立學校無法想像的，把幾名教師送到新加坡培訓只是其中之一。所有十一及十二年級標準班以電腦投映授課，學校還為學生安排「開心課」，這項新猷包括冥想、練習、小組討論、幽默小品、講故事、室內遊戲及角色扮演，全部為紓緩焦慮而設計。課程明顯對商科學生拉克什・拉斯托吉（Laksh Rastogi）很有幫助，他說，父母說要送他去公立學校時他氣餒極了，「現在他們就是要我去讀私校，我也不去」。

羅斯大道 SBV 高中的成就很罕有。即使是不富裕的印度人也盡量不送孩子去公立學校，拚著省吃儉用還是想孩子讀私校，儘管低端私校其實就只比低檔公立學校好一丁點。公立學校的可悲狀況，令以往只限城市上層和中上階級受惠的私人辦學，在農村地區也越來越受歡迎，低成本私校於是如雨後春筍般湧現。二〇一〇至一一學年到二〇一七至一八學年之間，公立小學入學人數減少二千三百九十萬，私立小學新學生則增加二千一百二十萬。政府估計現時印度農村的就學兒童，每四個就有一個上私立學校。總體上，估計印度超過一半的學校學生付錢接受小學教育，因為國家已經背棄承諾，不願實現安貝德卡普及學校教育的民主願景。即使離開學校體制，分析三十五歲以下學生情況，也有五成三的人自付教育費用。[103] 結果就是，社會群體之間的學習差距

103／'Key Indicators of Household Social Consumption on Education in India', NSS 75th Round, National Statistical Office, Government of India, July 2017 to June 2018.

一直擴大，分野純粹由收入等級劃出。印度最貧窮的一成人口之中，每有一個大學畢業或以上學歷的人，就會有一百二十七個不識字。支出最多的階層之中，受過中等教育或以上的人口比例是最低支出階層的八倍。[104]教育完完全全屬於付得起錢的人。九〇年代以來的經濟改革將趨勢加強了，國家逐步退出教育，越來越撒手交託市場力量去管，對印度民主社會基礎的破壞顯而易見，公立和私立學校學生的差距越來越大。二〇〇八年，公立學校五年級學童有五成三能閱讀二年級程度文本，私校則是六成八，這一成半的差異到了二〇一八年，已經增加到兩成一，私立學校學生又勝一籌。[105]

階級、課室、種姓

從獨立初期開始，高等教育的優次順序就遠高於擴展基礎教育。其他亞洲主要經濟體透過普及基礎教育來創造公平的競爭環境，印度的理念則是把高科技本土化以支持國家主導的重工業化計劃，期望最終擺脫貧困。想法固然造就了傑出表現的核心，例如著名的印度理工學院（Indian Institutes of Technology），但卻嚴重窒礙初級教育的增長。這個基本政策取向一直延續到今天：截至二〇一九年的六年裡，政府對高等教育的資助扣除通脹後實際增長了兩成八，對學校教育則少花百分之三。私立學校和大學優勢日增，配合以高等教育為政策重心的堅定信念，創造出一個分級分層得很不尋常的教育體系。許多印度高校、大學和專科專業學院提供媲美世上頂尖水準的教育。矽谷不少業務是由著名的印度理工學院和印度管理學院（Indian Institutes of Management）畢業生營運的，印度的醫科學院數十年來為英國國民保健署源源不絕地提供醫生，世界各地院所和大學的其他科系也常吸納印度教育制度的優秀產物。以優秀成績為本的競爭性考試確實提供了一定程度的社會流動性，來自貧困背景的優秀孩子考入人人夢寐以求的學府，情況並不少見。報紙經常報導貧困學生單憑努力進入頂尖院校的勵志故事，但這些比較傾向是例外，而不是常態。

這些功成名就的學生，門檻遠遠高於其他人，僅僅就是因為早年沒有公平的競爭環境——儘管「擇優」一直掛在口邊。當國家不牽頭製造邁向平等的機會，「優等」就大多會與學生的社會階層掛鉤。特權階級憑藉其教育資源和社會網絡，可以身處更有利的位置，在「應試主義」這個「標準化、量化成績優秀度的二十一世紀信仰」系統中獨佔鰲頭。[106]我們可以相當肯定地假設，皮南瓦恩女子學校沒有一個人以後會成為矽谷科技集團的掌舵人。利潤導向的教育體系實際上就

104／Oxfam, 'When schools continue to exclude, can education reduce caste discrimination in India?', 3 April 2015.
105／Annual Status of Education Report (ASER), 2018.
106／Lani Guinier, The Tyranny of the Meritocracy: Democratizing Higher Education in America, Beacon Press (13 January 2015).

是一種使窮人保持原樣的玩意，冒犯著任何以平等為前提、宣稱信奉平等的政治制度。

美國這個「世界上最古老民主國家」有研究表明，父母處於收入分配最頂層一個百分比的孩子，進入長春藤聯盟大學的機率比父母是收入底層兩成的高七十七倍。最極端的例子是普林斯頓大學，七成二學生來自收入最高的五分之一家庭，只有二點二個百分比來自底層。SAT 大學入學紀錄顯示，自一九九八年來，父母受過良好教育的學生分數上升五分，父母只有兩年制副學士學位的學生，分數則下降二十七分。[107]

在印度，付費教育同樣延續經濟差距。儘管政府為初等教育提供資金，但殘餘的種姓歧視和與種姓相關的貧困，仍然將許多未來公民拒諸課室門外。樂施會估計，印度超過六百萬名失學兒童中，七成半是達利特人（三十二點四個百分比）或穆斯林（二十五點七個百分比）或阿迪瓦西人（十六點六個百分比）。其他調查得出的入學率數據顯示，公立小學名冊上主要是最貧窮和低種姓家庭的孩子，因為註冊入讀私立學校的仍然偏向是高種姓、富人和城市兒童。公立學校是教育及財富水平較高的家庭的最後選擇，主要為那些無法承擔私營教育的人提供服務。八成三的達利特人兒童、七成八的阿迪瓦西兒童和八成三的窮人兒童就讀公立學校，根本毫不出奇。[108]階層和種姓幾乎是一致的：在計算收入及健康、教育、營養、資產和生活水平等其他指標後，五成的印度部落人口可歸類為「多維貧窮」，各三成三達利特人和穆斯林也是如此。[109]相反，只有一成半高種姓印度人面對多維貧窮的境況。達利特和部落家庭收入分別比全國平均家庭年收入低兩成一和三成四，而上層種姓家庭的收入比平均值高出近四成七。[110]由市場主導的教育體系必然傾向排擠社會邊緣群體，公開考試據稱是擇優的精英主義行為，但幾乎從來不見阿迪瓦西或達利特人高中狀元，實在絕非巧合。[111]

儘管當今印度基於種姓的社會排擠遠沒有獨立前那麼嚴重，但約兩成七印度家庭仍然實行不可觸摸賤民的制度，在印度北部和中部更超過四成。[112]當地與種姓有關的暴力事件司空見慣，對低種姓婦女的性侵犯尤其嚴重。廣泛的社會不公現象也被帶到課室——課室往往是複製破碎社會生活的場所。貧困和邊緣群體因為貧窮而進入公立學校，往往又因為貧窮和歧視而遭排斥。達利

107／Raj Chetty et al., 'Mobility Report Cards: The Role of Colleges in Intergenerational Mobility', NBER Working Paper No. 23618 (July 2017); Paul Tough, The Years That Matter Most: How College Makes or Breaks Us (New York 2019); Louis Menand, 'Is Meritocracy Making Everyone Miserable?', The New Yorker, 23 September 2019.

108／'Politics and Society Between Elections', Azim Premji University and CSDS-Lokniti, 2018.

109／出處為聯合國開發計劃署及 Oxford Poverty and Human Development Initiative 製作之二〇一八年全球「多維貧困指數」（Multidimensional Poverty Index）。

110／Nitin Kumar Bharti, 'Wealth Inequality, Class and Caste in India, 1961–2012', World Inequality Database, November 2018.

111／Nitin Kumar Bharti, 'Wealth Inequality, Class and Caste in India, 1961–2012', World Inequality Database, November 2018.

112／Amit Thorat and Omkar Joshi, 'The Continuing Practice of Untouchability in India: Patterns and Mitigating Influences', Economic & Political Weekly, IV, 2, 11 January 2020.

特人和阿迪瓦西人學生很少能坐在前排，他們經常被迫在學校幹粗活，例如打掃廁所，並受到老師和其他學生的羞辱。低種姓孩子因為不准接觸學校用具，所以中午吃飯時被迫分開坐，用從家裡帶來的盤子盛著剩菜吃，情況並不罕見。近年達成的出色入學率被貧困、低質公立學校教育、民主失敗和持續社會分裂的惡性循環所抵銷。公立學校約一半學生在八年級前輟學，大多來自受輕視的社群。結果，有受教育和無受教育者之間的階級和種姓分化，在往後較高等的教育中得以複製，令高等教育更加偏向較富裕、來自城市和較高種姓的學生，忽視來自農村、較窮及較低種姓背景的潛在學生。

樓上、樓下

如果說是國家未能提供平等的初級教育機會引發了這樣的差異，那麼私人資本在高等教育中日益重要的角色，則牢牢地鞏固了它。四成大學和七成八高等院校現在是私營的，導致特權群體不斷繼續控制高價值服務業工作，例如商業管理人員、專業人士及資訊科技創新人才，邊緣社群則被貶謫至經濟價值鏈低端。結果是社會缺乏流動性——這對任何民主制度都是一種威脅。

嘗鼎一臠，窺豹一斑，看數字足見大略。印度都市人口之中，來自最底層五分之一的年輕人只有百分之六接受高中以上的教育，最富有的五分一人口則有三成一，來自這個階層的學生攻讀法律的機率比最窮的兩成高十七倍。[113] 達利特人僅佔印度大學生的一成二，阿迪瓦西人只有四個百分比；政府發放的高等教育貸款約七成由較高種姓學生受惠，阿迪瓦西人只拿到三個百分比，不是因為政府主動歧視低種姓，而是因為社會高層人士更有可能投資得起時間和金錢並掌握必要的技能，以追求更高的學業成就。

不難理解，在同類國家中，印度人最不可能突破出生時的教育和收入階層。世界銀行報告稱，在巴西、中國、埃及、印尼和奈及利亞等六大發展中經濟體之間，印度的教育流動性最低。世界經濟論壇在另行研究後發表《全球社會流動性報告》，將印度排在八十二個國家中的第七十二位。印度貧困家庭的成員需要經過七代才能達到平均收入水平，在丹麥只需要一代人的時間。

教育分配不均和質素低下，最直接的影響體現在千百萬印度人的就業前景，他們被迫從事低薪工作，沒有足夠資源確保營養充分、健康良好、孩子教育受保障。跨代貧窮循環侵蝕著印度民主制度的社會基礎。根據全球教育商業聯盟（Global Business Coalition for Education）、教育委員會（Education Commission）和聯合國兒童基金會的數據，按現時的學習軌跡，過半（五成三）印度學校學生將無法習得二〇三〇年就業所必需的教育及技能。世界銀行將印度列為面臨學習危機

113／National Sample Survey Organization (NSSO), 71st round, 於二零一四年一月至七月調查所得；二零一七至二零一八年，從 National Statistical Office (NSO) 按班級資料的分析則出於 Roshan Kishore and Abhishek Jha, 'Mapping education inequalities', Hindustan Times, 1 August 2020.

的國家之一，指出印度無法完成簡單兩位數減法的二年級學生比例是世界上最高的；無法辨認短文任何一個單字的二年級學生比例最高的十二國之中，印度居次，僅落後於馬拉威（圖十七）。

與公共衛生領域一樣，印度在教育方面的差劣表現，令人嚴重質疑那些發現「教育與民主之間在事實上強烈相關」的研究。[114]中國學生現在在經合組織三年一度的國際學生能力評估計劃（PISA）中，在七十九個國家和地區之間表現最好。印度只在二〇〇九年參加過一次，在七十三個國家中排第七十二，僅僅超過吉爾吉斯坦。

分級課室

印度社會基礎早受破壞，有數百萬學生是全家第一個上學的成員。要解決這些家庭家中無人指導及財務上難以負擔外來輔助的問題，需要國家採取更積極主動的角色，資金匱乏、組織混亂的公立學校則是恰恰相反的存在。公立學校佔所有學校的七成二，但資金不足和管理欠佳，意味

114／Edward L. Glaeser, Giacomo Ponzetto, and Andrei Shleifer, 'Why Does Democracy Need Education?' NBER Working Paper No. 12128 (March 2006).

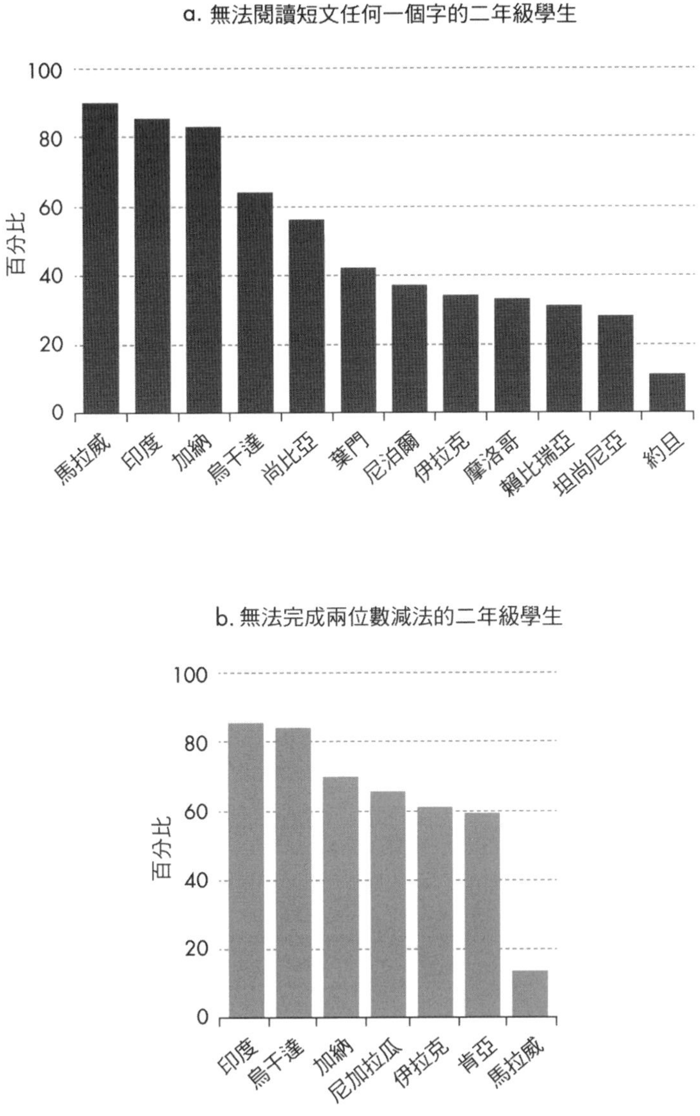

圖十七：二年級學生無法完成簡單閱讀或數學任務的比率。

能避則避、避之則吉。高質素、聯邦政府資助的公立學校不是沒有，但都是保留給特定目標群體的，例如政府僱員或軍人子弟。現實情況是，對於印度的各種學校模式，例如官辦學校、政府資助但私人營運的學校、聯邦政府特別資助的學校、宗教學校、低成本私校、中檔私校、高檔私校和國際學校，政府制定過政策專門鼓勵其多重發展，結果卻只是令教育更加不平等。

這種分級教育制度反照出印度頑固僵化的社會階級制度。最貧困的孩子入讀免費的公立學校，來自印度社會最高階層的孩子越來越多上國際學校和其他精英學校，社會上其他人則夾在中間。從好的學校畢業後，那些受了良好教育的人（通常較富裕、種姓較高、住在城市）在入讀優秀的公家資助高等院校方面，已經贏在起跑線，醫科和工程等專業學位情況尤甚。若仍未能考上公立院校和大學，也可以簡簡單單付錢報讀國內外私立學府的心儀課程，攻讀法律、醫學、管理、文科等學系。相較之下，主要來自貧困、低種姓和農村家庭的免費公立學校畢業生只能從事體力勞動或低級工作（如果有的話），或是退而求其次去考門檻低、就業前景差的低排名學院，修讀人文學科學位。研究表明，農村背景且必然大多來自公立學校的學生入讀工程學院的機會很低。多個不利條件並存，例如貧窮加上農村背景，或阿迪瓦西加上農村背景，或達利特加上農村背景，將這些機會減至近乎零。[115]

印度農村社會的另一個限制是電力、道路連接和網路普及等物質基礎設施供應相對較差。肺炎疫情封鎖期間，許多地區的教育機構轉為遙距教學以避免實體集會，印度由此明顯感受到數位鴻溝。調查發現，六成公立學校學生無法參加網課。[116] 全國各地都錄得自殺事件，起因是一些學生沒有數位設備或穩定的網路連線（或者其供應有限），於是跟不上進度而陷入絕望。二〇二〇年十一月，德里著名的什里拉姆夫人學院（Lady Shri Ram College）學生、十九歲的愛絲維婭・瑞迪（Aishwarya Reddy），在南部泰倫加納邦家中上吊自殺。她母親是裁縫，父親是汽車機械技工，自己則在大學預科考試中取得九十八點五個百分比的成績，突破巨大的社會障礙，躋身印度頂尖學院之一，攻讀主修數學的學位課程，但封城絞殺了她的夢想。家裡的經濟狀況雪上加霜，之前承諾的政府獎學金也從未到手，她負擔不起線上課堂所需的手提電腦和穩定的互聯網連線，學業也就落後了。家人已經抵押房子來資助她的學業，妹妹也輟學，為愛絲維婭節省家裡有限的資源。內疚和焦慮變得難以承受。她在遺書中寫道，無法再忍受自己成為全家的負擔。

自上而下的指令式教學設計主導著教育制度，令孕育出愛絲維婭悲劇的鬥獸場更加殘酷。對這種教科書為主、競爭性測試為導向、無法增強個體特徵或社群參與的制度，杜威很早就開始批判了。在印度，泰戈爾（Rabindranath Tagore）同樣嘗試過實踐基礎廣泛的教育，旨在讓學生在

115／Anirudh Krishna, 'Examining the Structure of Opportunity and Social Mobility in India: Who Becomes an Engineer?' Development and Change, 45, 1 (2014).

116／'Myths of Online Education', Azim Premji University, September 2020.

與大自然和社會和諧協調的氛圍中得到全面發展。印度與世界其他地方一樣，最終採用杜威和泰戈爾所反對、以課程為基礎的大眾教育制度，它是一個精心設計的優勝劣汰體系，定輸贏的是「成績優異度」，以熟讀統一課程的技巧高低來衡量。印度逃不過用人唯才的「擇優」精英主義常態，教育上精心策劃的排名次過程未能緩解社會不平等。[117]公開考試決定院校及大學入學資格，其所謂競爭的外衣掩護著學校教育系統，容讓它向社會優勢群體送上特權，複製固有的階級及種姓等級制度，造成《經濟學人》稱為「世襲精英統治」的現象。

相比以往，積極的平權行動和更普及的教育讓更多來自社會邊緣群體的學生接受高等教育，但迎接他們的是較高種姓老師同學的敵意，認為不值得讓他們透過留位機制霸佔寶貴的高教院校學額，犧牲更優秀的「普通類別」（較高種姓）學生。來自邊緣社群留位配額的學生，奮力填補自身寒微高中的標準與精英院校要求之間的差距，期間遇到的騷擾和壓力可能會將他們推向崩潰邊緣。不少來自低種姓和低收入背景的學生輟學，有幸躋身頂級工程和醫科院校的那些，在校自殺率也不符比例地高。[118]就算克服重重困難完成高等教育，社會生活不平等仍然會如影隨形緊跟不放。針對私營機構的研究顯示，公司用「國際視野」和「家庭背景」作為聘用標準，不利貧窮和低種姓應聘者。應徵私營機構職位的達利特人收到公司回電的可能性低三成三，穆斯林更是低六成六。[119]「流利英語」是這些間接篩選機制中最基本的條件之一。

對於來自公立學校或低檔私校的大專學生來說，最大的障礙之一是以英語為中心的高等教育體系。在一個沒有天然通用語言的語言多元國家，英語作為首要語言，既象徵身分，也拉高地位，加深世襲的社會分化。低端的、公立的學校通常以方言授課，私校和精英官校則多數以英語為教學語言。由於英語能力是入讀公家資助和私立精英高等教育院校的必備條件，且在就業市場上具有溢價，通常決定一個人的人生機會，因此對英語教育的需求非常強烈。寶萊塢戲劇《起跑線》（Hindi Medium）捕捉了這種動態，描繪非英語家長如何不顧一切要把孩子送入英語授課的名校。精密的甄選制度對父母的篩選比對孩子的篩選更為嚴格，富裕階層和上層種姓因而更容易得到英文學校的入場券。較富裕邦分的學生也是。國家統計局的數據顯示，比哈爾邦只有百分之六學生接受英語教育，泰倫加納邦則是六成三。進入頂尖英語授課學校的學生，父母通常是上過類似學校的富裕中產或中上階層，孩子通常也就繼續壟斷人人垂涎的公私營院校及大學席位。他們也出國接受高等教育，因為英語能力幫助他們在國內外穿梭遊弋，物色這些機會。印度就這樣製造和維持自己的「英語種姓」——印度種姓中最高尚的一層，壟斷著通往權力世界、世襲特權和舒適生活的道路（圖

117／Nicholas Lemann, The Big Test: The Secret History of the American Meritocracy (New York 1999).

118／Yashica Dutt, Coming Out as Dalit: A Memoir (Aleph Book Company 2019).

119／Sukhadeo Thorat and Paul Attewell, 'The Legacy of Social Exclusion: A Correspondence Study of Job Discrimination in India', Economic & Political Weekly (13 October 2007); Surinder S. Jodhka, 'Caste and the Corporate Sector', Indian Journal of Industrial Relations, 44, 2 (October 2008), pp. 185–93.

十八）。

政府試圖平整教育戰場，讓其他人加入這個專屬俱樂部，但笨拙的政策可謂毫不討好。《兒童免費暨義務教育權利法》宣佈規定私立學校兩成半名額應保留給經濟困難階層的孩子，對貧窮階層根深柢固的偏見一觸即發。憤怒的家長、精英學校管理人、教師發動訴訟、抵制和抗議，導致法規執行受制。更糟的是，政府常常沒有退還私校報銷的貧困學生開支，例如學費、校服、書簿及考察等其他活動使費，致使很多私校乾脆完全杯葛計劃，現在很少印度精英學校遵守規定了，就算有，弱勢學生突然被植入到富家子弟之間，也常常被殘酷地提醒他們在這些上流社會環境中有多麼劣勢和不受歡迎。毫不出奇的是，《教育權利法》的規定導致輟學人數激增，對長久以來的不平等格局也幾乎沒有產生任何影響。

圖十八：「英語種姓」壟斷通往權力和名望的道路。

印度於二〇二〇年七月推出「新教育政策」，誓言要打破英語種姓障礙，放棄英語作為小學教學語言，「盡可能」以地區語言代之。聽起來很激進，實際上並沒有。公立學校本就大多以方言授課，私立學校則不甚可能停止英語教學，因為家長之所以喜歡私校多於公校，正正是因為它們採用英語授課。所以，一切依然如故。從根本上不利於無權勢、農村、貧窮和邊緣人士的學校教育體制樂此不疲把人分層分級，繼續撕裂印度社會生活的紋理結構，受過教育的英語精英繼續是精英，劃分階層的課室會繼續滋養和保護統治階級的社會特權。

就像英國人從未離開過一樣。

第七章 新的奴隸主義

大遷徙

桑托什・庫瑪爾（Santosh Kumar）和兩個朋友決定上路逃離昌迪加爾城（Chandigarh）回去北方邦戈勒克布爾縣（Gorakhpur）村裡的那一夜，加入了數百萬移工徒步穿州過省的行列。這就是二〇二〇年封城的開始。莫迪僅提前四小時宣佈即將封城，引發一場社會災難。大量臨時工一夜之間失去生計，絕望之際開始逃離城市，搭順風車或騎腳踏車——但更多時只是徒步幾百公里——回到遙遠的他邦，回去鄉間的親友和社區之中。他們懷裡揣著孩子，頭上頂著微薄的家當，讓人不禁將之與上次大規模移民相提並論：時維一九四七年，印度次大陸上的獨立和分治引起宗派騷亂，人們因而逃竄流散。

桑托什、拉克什・庫瑪爾（Rakesh Kumar）和巴格萬・達斯（Bhagwan Das）三人都三十出頭，同樣來自勒克布爾一個叫羅華（Rohua）的村莊。他們沒有加入第一波史詩式逆向遷徙，只是希望情況會好轉，三人於是把自己關在合租的昌迪加爾一房貧民窟家裡，半餐半餐地將就著捱日子。但幾週後，莫迪就宣佈延長封城。他們打散工的鋼鐵廠已經關門大吉，不再發工錢。據估計，像桑托什這樣的農民工中，有九成六沒有拿到政府配給，九成人已不再收到工資。[120] 儲備的現金正在枯竭，他們作為家裡唯一的經濟支柱，開始恐慌起來。桑托什與妻子通話，已經聽得出她很擔心兩個分別六歲及四歲的年幼女兒。錢和糧食庫存充其量只夠再維持一個月，然後呢？三個人決定最好的辦法是回家與家人團聚，節省城市租金，在村裡尋找本地工作。於是，四月的一個晚上，他們備足了餅乾和水，出發去羅華。

他們走了九天九夜，中間偶爾短暫休息，才回到村裡。桑托什和朋友在旅途中倖存下來，但許多人卻沒有，有的在途中倒下累死，許多人被輾過。桑托什還很幸運，沒有像許多移工那樣在途中因違反封城令而遭到警察暴力對待。十六名民工被貨運火車輾死，原因是要躲避奉命封鎖高速公路、積極執法的警察，於是選擇沿著火車路軌步行回家。夜幕降臨，他們以為火車因封鎖而停駛，筋疲力盡地在鐵軌上睡著，第二天早上，軌道上只剩下他們沾滿血跡的拖鞋和未吃完的烤餅。

120／‘21 Days and Counting: COVID-19 Lockdown, Migrant Workers, and the Inadequacy of Welfare Measures in India’, Stranded Workers Action Network, 15 April 2020.

以往隱形的移工突然被冠狀病毒迫出貧民窟，湧上高速公路，一雙雙眼睛穿透黃金時段新聞報導，凝視著封城期間庫存充足、天天和看Netflix和在家工作的單調無趣搏鬥的印度人。印度非正規勞動力的困境從未如此明顯過（圖十九）。

印度嚴酷的勞動條件根深柢固，只是被慶賀百萬美元企業招聘的頭條新聞所掩蓋。這些來自另一個印度及其向上流動的中產階級的故事，遮住了絕大多數印度人無法逃避的工作生活現實。封城期間的移民危機終於把現實殘酷地暴露人前：印度嚴重缺乏安全、有意義、能為民眾及家屬提供足夠報酬過上體面社會生活的有酬工作。童工和債役工十分普遍，大量女性若非被擠出勞力市場，就是仍然拼命抓緊有酬的傭人活，大批低薪非技術工人承受債役、屈於臨時工作。失業現象很普遍，數以百

圖十九：二〇二〇年三月突然宣佈封城，移工逃離德里。

萬計成年人被迫賦閒，正式歸類為「非就學、就業或培訓」（Not in Education, Employment or Training），印度和盧旺達正是此種人口比例最多的國家。[121]總體失業率早在瘟疫爆發和封城之前就一直穩步上升。即使在預期的全球自動化浪潮到臨之前，印度每年開始尋找全職工作的人數（八百萬人）估計也是職位空缺的四倍。[122]二〇一九年，包括工程學畢業生及工商管理碩士在內大約三千五百人，應徵南部城市哥印拜陀（Coimbatore）市政府刊登的街道清潔工工作；前一年，九萬三千人，包括三千五百名博士和五萬名大學畢業生，申請應徵北方邦警務處六十二個勤務人員空缺，職位本來只要求標準五班（小學畢業）的教育程度。

與其說是要理解有薪工作在印度社會基礎中扮演的角色，倒不如說真正要看的是有薪工作的**短缺**。這實在是一項挑戰，尤其是根本沒有適當的語言來捕捉其動態，「失業」、「臨時工」等詞都不足以反映醜陋的現實。三十年的穩定經濟增長，為做足準備應對環球經濟需求的一些中產和上層階級開闢出新機遇，讓這「一部分人先富起來」。具全球競爭力的薪資待遇、豪華公寓、頂級健康保險、出國度假和給子女的一流教育，是這些向上流動階層的標準配置。但絕大多數印

121／'Technical Brief No 3: Young People Not in Employment, Education or Training', ILO, 2020.

122／Santosh Mehrotra and Jajati K. Parida, 'India's Employment Crisis: Rising Education Levels and Falling Non-agricultural Job Growth', Working Paper, Centre for Sustainable Employment, Azim Premji University, October 2019.

度勞動力的故事卻截然不同，那是一個在非正規經濟的陰影下運作、佔整體經濟九成的故事，裡面勞工法例不適用，行政腐敗、法律困局、無法無天的情況比比皆是。故事記敘了工會持續衰落、工人權利被侵蝕，連正規經濟產業也快速非正規化，還有各種奇招百出，以令勞動市場「彈性靈活」為名，行臨時和合約工合法化之實。這些做法共同造成了大量的工錢奴隸，全國估計有一億移民工人從事廉價而艱苦的非正規工作，而他們也不過是印度「奴工」制度的冰山一角。

印度憲法承認獲得維生工資的權利，早在一九四八年就頒布了《最低工資法》。此後，最高法院在多項裁決中強調需要確保「有尊嚴工作」的最低門檻，並裁定向工人支付低於最低工資的報酬相當於「強迫勞動」。因此，最低工資不僅是工作報酬的指標，而且實際上是對工薪階層貨幣需求的估算，也就是滿足其家庭開支、保持身體健康、有尊嚴地生活、子女教育、應急需要的資金總額。簡而言之，最低工資是為了過體面生活而工作所賺取的金錢價值。相反，法院認為不給付最低工資的工作是有辱人格的，是對本已在社會生活其他層面遭遇羞辱的工人落井下石。

二〇一九年，聯邦政府將各邦每日「指標性」最低工資定為一百七十八盧比，相等於二點五美元，而國際貧窮線為一點九美元。這個最低工資水平還不到政府自己一個小組建議的體面生活工資的一半，也沒有按商定好的原則，把體面社會生活的消費需求計算在內。然而，即使是這個微不足道的生存工資數字也不怎麼可能被採用，因為非正式合約工比例很高，使得國家規定的最低工資在很大程度上無關緊要且難以執行。早前有研究發現，三分之一的受薪工人不在最低工資法例涵蓋範圍內。國際勞工組織近期的數據顯示，印度人是全球過勞程度最高的勞工，也是亞太地區除孟加拉以外法定最低工資最低的國家。

如果不給付最低或體面的工資就相當於「強迫勞動」，或者說是奴隸制，那麼印度奴隸真是無處不在，但印度的奴隸制可遠遠不止「沒有最低工資」這般簡單。新的奴隸制是不幹活就捱餓，所以不得不幹活。奴隸制是強迫切除子宮以提高生產力、沒有如廁時間、十五小時輪班、全家從事無報酬工作，以及奴隸主的性掠奪。奴隸制是在磚窯、紡紗廠、花崗岩採石場和錫棚工廠裡做極度累人的工作。有時在其他地方，新的奴隸制是狗屎一般的工作，像是倒夜香、在垃圾中篩選金屬廢料、工錢微薄的散工、在紅燈區賣淫，或是沒有集體談判權的臨時工。儘管新奴隸無處不在，卻大多是隱形的。印度的發展故事裡，他們連小角色都算不上；故事是屬於軟件工程師、消費者、億萬富豪的。苦命民工馬拉松式的歸途上，有著另一個故事，一個極端勞動不平等、工資奴隸舉步維艱的故事。他們身處的所謂民主國家，每年全國創造的財富有近四分之三歸最富有的百分之一人所有，而這百分之一人所擁有的財富，是底層七成人口財富總和的四倍。[123]

123／樂施會估算。

民主與奴隸制

民主與奴隸制之間的關係一直充滿矛盾。以雅典為首的古希臘集會民主主張公民尊嚴平等，但卻以奴隸制為食，多用途奴隸在公民家庭中是典型的存在。不過，雅典奴隸的日常生活受到民主實踐的調節，這種矛盾體現在打擊傲慢羞辱的法律上，以及對待某些奴隸的習俗中（一些奴隸有資格獲得工資並儲起以贖身）。儘管如此，古希臘集會民主並未能解決奴隸制與民主之間的矛盾，只能留給美國之類的現代代議制民主，使用更嚴厲的手段來處理。

跨大西洋的反奴隸制運動，加上一場內戰，終結了制度化奴隸制的合法性。針對所謂「奴隸主權勢」而贏得的道德勝利除了增強民主情緒，也開始廢除那些建基於奴隸制的習俗和制度。這些變化加起來的影響在於將代議制民主推向新的、充滿挑戰的方向。儘管遭遇許多挫折，反奴隸制情緒在勞動市場層面蔓延的程度仍然十分驚人。自十九世紀中期開始，在接下來的一個世紀裡，廢除「薪資奴隸制」的政治呼聲震撼各地民主制度，這一時期的傑出歷史學家卡爾．波蘭尼（Karl Polanyi）總結了原因：「容許市場機制完全主宰人類及其自然環境之命運、乃至購買力之大小及應用，會導致社會解體。」

所謂「勞動力」這種商品，不能任意擺佈差使、無限制使用甚或不加使用而不影響個人——個人恰好就是這種特殊商品的眞正擁有人……若將文化制度的保護罩從人類身上剝下，他們就會因為暴露於社會氣候而消亡；他們會淪落為邪惡、歪曲、犯罪、饑荒等嚴重社會錯亂的受害者而死去。[124]

這就是說，代議民主受到一種新式奴隸制的詛咒，而且找不到快速或簡單的解咒辦法：一面是人人平等的民主願景，另一面是唯利是圖的資本主義經濟因為其「創造性破壞」及貪婪的特性而虐待工人，於是，挑戰就在於如何調和兩者之間的矛盾。希臘議會民主限制商品生產和交易；成年男性公民在公共場合見面時，自視為宗族的高階受益者，享用婦女和奴隸在下層生產的生活必需品。政治壓倒經濟。「經濟」有其獨立的積累法則，要經濟無止境增長就必須尊重和重視這些定律——但議會民主人士壓根不相信存在「經濟」這回事。在世界各地，現代代議制民主同樣採取反對痴戀經濟生活的立場。對平等和「一人一票」的追求，引發出廢除奴隸制和賦予婦女與男性平等公民權的抗爭，又廢除了民選代表的財產門檻。代議制民主幫助人們開始一個迄今尚未完成的進程：將兒童從濟貧院和工廠解放出來。代議制民主為獨立工會、和平糾察隊和致力於結束薪資奴役、反對囤積居奇的政黨提供了空間。工廠安全監察機構和衛生局成立，地方政府迫於壓力，開始提供下水道、垃圾清運及乾淨的自來水。

124 ／ Karl Polanyi, Origins of Our Time: The Great Transformation (London 1945).

北大西洋地區法國、德國和瑞典等國家的這些創新經驗有據可查，較鮮為人知的是二十世紀初何塞．巴特列．奧多涅斯（José Batlle y Ordóñez）領導的烏拉圭政府，其倡導的福利國家改革堪稱典範。在西屬美洲範圍內，他們首次證明可以利用代議政府制度來創建更平等的社會——實際上可以說是在民主的社會基礎上建立一種代議民主。雖然很多僱主心懷怨憤，強烈反對，巴特列還是竭盡全力爭取八小時工作日、失業保險、夜間工作限制、退休金和有執法的職業安全標準，做得相當成功，重點是確保「勞動力」這個虛構的商品不被任意擺佈差使、濫用或不加使用，目的是鋤強扶弱，遏制市場力量的魔爪，換取更大的民主平等，以此防止因暴露於社會氣候而造成的死亡。在巴特列的指導下，政府大舉介入教育，實施免費和普及的高中教育，不限制女性就讀大學。巴特列一再表示，教育是「所有人的權利，不分社會階層」。[125]

失去的年月

如此大刀闊斧改革勞動市場、加強社會保障，印度共和國從未有之。與大多數二戰後提供全民醫療保健、教育和其他福利權以重建民主的大西洋地區國家不同，印度雖然走上選舉民主之路，但其中並無福利國家對自家公民社會生活的保障。因此，印度與大西洋和東亞地區不同，其福利國家很大程度上只是作為憲法「國家政策指導原則」中的美好承諾而存在。「指導原則」與「基本權利」不一樣，它是一套管治指南，但不能在法庭上強制執行。事實也證明了這一點。由於無法訴諸法律行動，「原則」淪為對國家紙上談兵的崇高指示，包括人民有權獲得公正和人道的工作條件、「充足」的謀生渠道及失業時的公共援助。封城不到一週便出現的食物及就業恐慌、後來好幾個月的瘋狂逆向移民，都讓七十年「指導原則」的絕佳招牌臉上掛不住。

在資本主義興起後實行普選權和選舉民主的國家，選民以財富再分配和工會為先的民主偏好緩和了資本主義的制度和實踐。相比之下，印度的民主大冒險跟官僚式、國家領導的工業化同時發生，獨立後的前二十年，重點是資本累積（增加生產資本存量）、採用機器時代技術、進口替代（國內製造代替國外入口）及在出現預算赤字時利用印度儲備銀行墊支。以國家為最大企業家並賦予特權的策略，帶來了自莫臥兒帝國終結以來的首次增長：一九五二到六五年間，經濟從很小的基數平均每年增長四點〇九個百分比。但引人注目的是，印度缺乏社會補貼及將社會從貧困中解放出來的福利權。印度做不成凱恩斯主義福利國家，只有數以百萬計的人民生活在令人心碎的貧困中，依賴稀缺而低薪、等於一種新形式奴役的工作，而自獨立至八〇年代間三十年來以不多於三點五個百分比慢速爬升的經濟根本與其毫不相干。

125／ José Batlle y Ordóñez (writing anonymously), 'Instruccion Para Todos', El Día (4 December 1914); 詳盡敘述見於 John Keane, The Life and Death of Democracy (London and New York 2009).

新奴隸制某些部分可以追溯到少數士紳集中把持土地的一段歷史，以及殖民時代發生的去工業化過程。在重商主義貿易關稅的幫助下，廉價英國進口貨泛濫，摧毀鄉村經濟，印度工匠階層為英國工業化付出了沉重的代價，隨之而來的印度去工業化大大增加了貧困無地的農業工人數量。獨立後懶懶散散的土地改革對緩解無地人民慘況作用甚微，儘管有各種與土地改革相關的政治言論，但目前印度約有五億人沒有土地，而九成六擁有土地的農民只是擁有一小塊。[126]隨著時間的推移，因繼承而導致的土地擁有權分散，加上土地生產力下降，導致工資停滯不前，使小地主和無地勞工陷入更深的債務。由於缺乏針對資產匱乏家庭的有組織信貸制度，債款主要從地主階級借得，為債役和苦役勞動創造出肥沃土壤。幾十年來，負債率一直在上升。二〇一三年，農戶的債務對資產比率比一九九二年高出六百三十個百分比以上，收取高額利息的專業放債人持有的農村債務比以往任何時候都多，從二〇〇二年佔總債務十九點六個百分比增至二〇一三年的廿八點二個百分比。[127]水資源緊張等因素使農業勞動力進一步陷入困境，由於周圍的農活減少，經通貨膨脹調整後的農工酬勞幾乎沒有上漲，債務越積越多，廉價而絕望的工人大軍蜂屯蟻聚，不斷壯大。

印度從未出現過那種由國家驅動、以私人資本和社會再分配為後盾的「外向型戰略工業化」運動，這種工業化促成所謂的東亞奇蹟以及後來中國的全球崛起——從生產力低下的農業和城市非正規產業擠壓出的大量低成本剩餘勞動力，推動了持續的工業化進程，透過創造就業和傳播繁榮幫助這些經濟體實現轉型。印度做不到這種邁向製造業主導型經濟的轉型。相反，印度奉行自給自足加上國家主導重工業化的政策組合，唯以失敗告終。官僚系統推動的產業政策結合任人唯親的本地私人資本，形成高腐敗低效能的「許可證治國」（Licence Raj），導致製造業受到限制，氣氛疲軟低迷。一九九〇年代初，各邦政府選擇經濟自由化，從農業經濟直接轉向以服務業為主導的經濟，但對就業市場的作用無甚可觀。

服務業目前佔 GDP 的六成三，但僅貢獻約兩成半的就業。由於服務業對教育和技能水平要求較高（在缺乏像樣的普及教育等福利機制的地方，這類人員很稀缺），所以只能容納整個勞動力的一小部分，對於本可以工廠工作為有酬就業來源的其他勞動人口來說，就沒甚麼幫得上忙的地方。在自由化近三十年後，製造業在印度歷史上的小角色仍然沒有改變。目前，製造業對 GDP 的貢獻約為一成六（中國和韓國為兩成九），自一九九一年以來沒有變化，且僅僱用約一成二勞動力（中國為兩成八，韓國為兩成半）。[128] 於是，大部分勞動力仍然陷於生產力較低的農業活動、

126／'Draft Report of the Committee on State Agrarian Relations and Unfinished Task of Land Reforms', Ministry of Rural Development, 2013 引述二〇一三年 NSSO 有關土地持有之報告。

127／Sandeep Kandikuppa, 'To What Extent Are India's Farmers Indebted?', The Wire, 30 November 2018; Sanjukta Nair, 'As Formal Farm Credit Grows, So Does Hold Of Moneylenders. Here's Why', IndiaSpend, 5 January 2018.

128／Sher Singh Verick, 'The Puzzles and Contradictions of the Indian Labour Market: What Will the Future of Work Look Like?' IZA Institute of Labor Economics, IZA DP No. 11376, February 2018.

臨時工作以及直接或變相失業的困境。

為了彌補普遍存在的失業問題，並保障獲得有意義工作的權利，印度於二〇〇五年頒佈一項法律，確保每個農村家庭至少有一名成員從事至少一百天的體力勞動。莫迪長期以來一直批評此《聖雄甘地國家農村就業保障法案》（Mahatma Gandhi National Rural Employment Guarantee Act），認為是「國大黨六十年來滅貧失敗的活見證」。他上任首年就在議會嘲笑國大黨說：「你不得不派人去挖溝然後付錢給他們。」但即使是他也不得不依靠這項公共工程計劃，因為帶薪資的工作繼續供不應求，而且在數百萬農民移工在瘟疫封鎖期間逃回家鄉之前就已是如此。

社會基礎

歷屆政府近年的舉措未能大規模創造新的就業機會。二〇一四年，莫迪政府推出雄心勃勃的「印度製造」計劃，吸引外國製造商在印度開設工廠，以實現製造業佔 GDP 兩成半的目標。但事不從人願，舊的模式沒有改變。印度民選政府沒有建立到民主制度和先進製造業長足發展所需的社會條件。

這種民主失格或會令未來幾十年的印度經濟更加縛手縛腳，尤其是自動化程度提高，同時對受過教育的工人需求增加。要強調的一點是，日本、韓國和馬來西亞等國家在工業成功的同時，也進行了土地改革，從而刺激內需並重新分配收入，促進國內外投資所尋求的政治穩定。為鼓勵外國投資者轉移技術，這些經濟體還在教育、衛生、道路和電力方面做了大量的國家投資。全民識字政策提高了生產力並促進社會平等，重視女性教育則減低生育率，人口壓力減輕，受過教育的勞動力供應增加。以出口為重點的製造業增長，也有助這些國家提高生產力，在全球層面取得競爭優勢。精心協調的社會和工業政策帶來高經濟增長率，反過來又為國家提供促進平等的財政資源，避免通常伴隨市場資本累積而出現的嚴重不平等現象。[129]

相反，印度模式卻是健康、教育和物質資本長期投入不足。大多數印度工人不僅相對缺乏適應複雜新技術的能力，而且最高生產力只維持六點五年，而中國為二十年，巴西十六年，斯里蘭卡十三年。落後的物質基建為拓展市場技能增加障礙，農村地區兒童經常因為缺乏電力、適當道路、便利的公共交通和網路連接而輟學，女孩輟學率高於男孩，後者仍然可以移徙並繼續學業，但女孩則礙於社會習俗而不能離家太遠接受教育。

人工智能實現自動化的步伐加快，是為「新工業革命」，本已弱勢的群體在其中面臨巨大的

129／Joseph E. Stiglitz, 'Some Lessons From The East Asian Miracle', The World Bank Research Observer 11, 2 (August 1996), pp. 151–77.

社會風險，七十年來政策的步步錯著、整體的民主失敗，更使風險加倍嚴峻。能找到令生命有意義地進展的好差事、繼而逃離新奴隸制的人更少了。這還不止，好工作也更可能流向勞動人口之中更有特權的一群。由於國家未能減輕與身世有關的不利條件，也沒有促進社會生活民主化，工作就不再是傳播繁榮和扳平生活機會的載體，而是奴隸制度延續的媒介。

一段時間以來，自動化對勞動力的影響已經顯而易見。一九八〇年代初，一千萬盧比的投資為有組織的製造業創造約八十份工作；到二〇一五年，數字在計算通貨膨脹後已降至不到十個。[130] 隨著即將到來的自動化浪潮再度提高生產力，即使製造業整體有所增長，非技術性製造業工作崗位的重要性也將進一步下降。關於就業的新研究已經開始揭示此勞動市場趨勢。二〇一一至一二年度及一七一八年度之間，印度歷史上首次出現總就業人數下降，幅度為九百萬人。[131]

農業也是造成就業下降的原因之一。該六年期間，約三千七百萬名工人離開農業，但沒有被疲軟的製造業大量吸納到有意義的勞動形式之中。女性受到的打擊更大，因為男性主導的社會壓力和女性相對較低的教育水平使其難以參與競爭，搶佔製造業內有限的工作機會。此期間約有二千五百萬名婦女離開勞動力隊伍，與環球趨勢完全反其道而行。論女性勞動參與率，世上只有葉門、敘利亞、伊拉克、約旦、阿爾及利亞、伊朗及埃及這七國比印度更低，而印度本身的婦女勞動參與比例已降至兩成一的歷史新低，在比哈爾等邦甚至低至百分之九。由於被擠出農業生產，又沒有製造業的機會，婦女被迫尋找低端的非正規工作，例如去城市中產階級家庭裡做家傭，那邊的婦女越發追求自己的事業，並將家務勞動的苦差外判給新搬來城裡的家庭。

窮途末路

來自破爛鄉村的新移民從來不缺。醫療條件差、教育患寡患不均、低強度飢餓和環境衰竭——農業難民盼著逃離長達數十年的社會緊急狀況。過去十年，印度讓二億七千一百萬人脫貧，但數據上仍有三億六千五百萬人身處其中。據估計，一億一千一百萬印度人可歸類為長期貧困，即總人口約十分之一。對他們來說，貧窮是遺傳的。近期的尼提阿育數據顯示越來越多人加入貧窮行列，均貧現象將無數人迫上窮途末路。他們廉價、情急、無一技傍身，勞工標準及法例執行不力的非正規產業對之虎視眈眈。對窮人來說，這種無人監管、陰影模糊的經濟創造九成以上的工作機會，像是桑托什・庫瑪爾和兩個朋友在昌迪加爾找到的工廠臨時工。

根據二〇一一年人口普查，庫瑪爾家鄉的羅華小村落中，登記為「從事工作活動」的人口中，有八成實際上從事「維持不足六個月生計的邊緣活動」。得不到良好報酬的工作、受奴隸般

130／'State of Working India 2019', Centre for Sustainable Employment, Azim Premji University.

131／Mehrotra and Parida, 'India's Employment Crisis'.

的工作條件所迫——羅華和庫瑪爾就是這種現象的例子。庫瑪爾回鄉前在製造鐵門和鐵架的工廠上班；他本來因為家貧而輟學，工廠卻要求他在繁忙的六天工作週裡，從操作成型機、焊接，再到打磨和搬運，做盡一切工作，酬勞是每月八千盧比，相當於一百美元，但沒有工作保障，因為不論他的工作還是工廠本身，在紀錄上都從不存在。像他僱主那樣的小型公司都會嘗試保持小規模以逃過官方視線，避免因為繁瑣的勞動法而大幅增加業務成本。

為赤貧人士提供非正式工作，往往不過是奴隸制的委婉說法罷了。全球奴隸制指數（The Global Slavery Index）估計八百萬印度人生活在現代奴隸制中，數目是世界最高；超過一千八百萬人過去五年曾在某時某刻生活在現代奴隸制之中。就算按最高法院對債役勞動的定義，即任何低於最低工資的工作，這也只能說是大大地低估了實況。

奴隸勞動是刑事罪行，但很普遍。奴隸被營救的報導經常出現在報紙上，但人們不視之為重大醜聞。就像印度那一千零一十萬童工一樣，他們無處不在到根本引不起眾怒。封建印度基於種姓的勞工奴役歷史悠久（現已取締），加上無地窮人經濟困境持續，反而緩和了對奴隸式奴役的憤怒，因為任何工作都比其他著落要好一些。印度赤貧人口通常是被趁火打劫的「勞工承包商」趕入奴隸制的，這些現代奴隸往往是短期移民，因缺乏社會支援網絡而容易被迫接受剝削式的工作條件。每年如此遷徙的千百萬人之中，窮人、無地人口、低種姓和阿迪瓦西人所佔比例特別高。舉個例，在主要依靠移工運作的磚窯產業，債役和兒童奴役現象十分普遍。工人並非按日計酬，而是以全家為單位受僱，按產量逐件計酬。家庭在業務開始時會獲得一筆預付款項，尾款則根據產量扣除預付款額計算，不過會先扣起，直到通常八至十個月的合約期完結，期間很少甚或完全不支付酬勞。工人淪為私有財產，任憑窯主擺佈，乞討著像樣的最終報酬。成年人平均每天至少工作十四個小時，孩子也出力幫助家人達到生產目標，在盛夏製磚旺季，在烘烤爐地獄般的酷熱之中，柔弱的小身軀和磚塊一同烤得堅硬。

磚窯工人是印度奴隸制的象徵。他們的收入遠低於最低工資，被迫生活在非人條件之下，蝸居在狹窄且不衛生的空間，電力、清潔食水和廁所有限，甚至根本無法使用，小孩無法上學，婦女遭受性侵犯的風險很高。然而，農村失業現象是如此嚴重，以致磚窯成為印度許多無地和邊緣農民萬不得已的謀生手段，估計僱用約二千三百萬人。

圖二十：建築業危險工作與工資奴役現象十分猖獗。

奴隸般的殘酷工作環境在其他產業也很普遍，從紡織廠到農業和建築業，不一而足（圖二十）。在馬哈拉什特拉邦的馬拉特瓦達地區，收割甘蔗的移民農工被發現大規模接受子宮切除術，因為他們無法承受因經痛和陰道分泌而失去工錢的後果；缺乏衛生設施的旱地工作場所，不衛生和長達十六小時無間斷工作的不人道工作條件，也可能導致生殖器感染，導致收入損失。因此，一個又一個村莊的婦女寧可把子宮完全拿掉。和磚窯的例子一樣，整個家庭被勞務承包商僱用，承包商提前付款並要求補償任何誤工損失。接受預付款項實質上就是把全家人鎖定在抵債勞動安排之中，驅使他們不惜一切，逃避退還預付款額的威脅。[132]

工作致死

做奴隸是危及生命的「工作」。十九世紀馬克思主義把印度工資奴隸制描述為「從被殺工人的頭顱裡喝花蜜」的掠奪者，這個天花亂墜的描述今天聽來可能有些誇張，但為了牟取暴利而主動或被動地殺害貧民勞工的現象卻實在普遍。[133]殘酷的奴役不僅存在於磚窯，也存在於坦米爾那都邦的紡紗廠和馬哈拉什特拉邦的甘蔗農場等行業。僱主利用合約工作，通常是把工作外判而非直接僱用，將自己的責任降至最低，並在工人和環境安全方面都走捷徑。因此，即使在監管較周全、理應監督較好的工業場所，職業死亡也屢見不鮮，光是在古吉拉特邦，二〇一三年到一八年之間就有九百八十九人死於工業意外，其中大部分發生在國內一些最大企業所營運的工廠。較小的廠房和工作場所很多，卻不為政府部門察覺和監管，簡直就是殺戮戰場。二〇一九年十二月，德里一棟大樓二樓一家無註冊的造紙廠發生大火，掐滅了四十三條人命，市首席消防官告訴媒體「德里有一半地方都是這樣」。[134]

根據政府數據，二〇一四年至二〇一六年間，印度各地工廠事故造成超過三千五百人死亡、五萬一千人受傷。全球勞工組織估計每年受害人數要高得多，達到四萬八千人。英國安全協會（British Safety Council）計算出只有五分之一的印度勞動人口受現有健康與安全法律框架保護。另一些研究估計，印度每年發生三千七百萬宗職業意外。[135] 印度價值一千四百億美元的建造業是該國僅次於農業的第二大就業創造者，貢獻 GDP 近十分之一，僱用四千四百萬人。但它也是最

132／Prateek Goyal, 'A slaughterhouse for wombs: District Beed, Maharashtra', News Laundry, 31 July 2019: https://www.newslaundry.com/2019/07/ 31/a-slaughterhouse-for-wombs-district-beed-maharashtra; Patralekha Chatterjee, 'Hysterectomies in Beed district raise questions for India', The Lancet, 20 July 2019.

133／'Karl Marx on India', New International, VIII, 6 (July 1942), p. 192.

134／Vijayta Lalwani, 'After 43 people die in factory blaze, fire official says: "Half of Delhi is like this"', Scroll, 8 December 2019.

135／Paivi Hamalainen, Jukka Takala, and Kaija Leena Saarela, 'Global estimates of occupational accidents', Safety Science 44 (2006).

致命的行業，平均每日發生三十八宗致命事故，[136]從高處墮下、觸電、牆壁或棚架倒塌佔業內死亡事故的四分之一。全國三分之一的季節性移民在行內領著奴隸級的工資當「奴工」。

鑑於印度建築工地、工廠和其他工業單位的運作方式，我們大可斷言這些估計數字都遠遠低於實數，社會危害和損傷的規模要大得多。目前根本沒有追蹤這些事故的準確數據可供參考，有登記的工廠數量只是實際工廠數目的一小部分，連政府也沒有完整或一致數據去說明低工資奴隸制這個無組織產業的確切規模。每當意外發生，負責人就會靠賄賂受害者親屬、政府官員及警察來「擺平」事件，這就扼殺了媒體關注之機，失去迫使當局開展職安調查的壓力，監督機制失靈引致民主失敗又添一例。警方即使真的立案，也只記錄死亡案件，所以無法確定後來傷重不治的受害者人數，也沒有方法統計在危險工作場所染上疾病致死的個案。正如國際勞工組織所言，「執法是如此薄弱，以致國際勞工組織的印度致命和非致命事故估算，與印度政府向組織報告的數字之間存在巨大差距」。組織估計，光是**記錄在案**的印度工廠死亡人數就比歐洲數字高出二十倍。[137]

印度的飄零族

全球有組織勞工衰落，現在廣泛稱為「飄零族」（precariat，又稱「流眾」、「殆危階級」、「不穩定無產者」或「蒲公英族」等）[138]的人口相應崛起，印度工人危險的工作環境正是其寫照，印度的新奴隸制也正是此趨勢的極端版本。飄零族是全球勞工階層現象，他們長期生活在經濟不確定性之中，對人生了無意義的工作換了又換，特徵是收入不穩、長期負債，並缺乏非薪資、由權利賦予的國家福利。在全球勞工階級中，他們處於福利國家為之建立、工會為之行事的傳統工人階級之下。印度社會福利匱乏，超過九成工人在非正規產業工作，工作生活的社會基礎歷來衰敗已久，組織工會的空間縮小，更進一步使社會生活和工作條件惡化。像在其他地方一樣，有組織工業勞動者作為社會尊嚴和民主化最有力的現代推手之一，其力量在印度遭到系統性的侵蝕。一九四五年以後，工會主義幫助發達的西歐經濟體縮小了薪資差距；印度有組織勞工的力量可能也有過同樣效果，但自七〇年代中期開始，工會成員人數一直減少，工會力量也被母黨剝奪（印度的工會都有政黨背景）。[139]經濟自由化開始以來，工會的勢力和社會影響力急劇減弱，工會密度（定義為工會成員及組織佔全體勞動人口的百分比）從一九九三至九四年度到二〇一一至

136／Dilip Kumar Arvindkumar Patel and Kumar Neeraj Jha, 'An Estimate of Fatal Accidents in Indian Construction', in P. W. Chan and C. J. Neilson (eds.) Association of Researchers in Construction Management, Vol 1, 32nd Annual ARCOM Conference, 5–7 September 2016, Manchester, UK.

137／Jagdish Patel, 'Difficulties of recording and notification of accidents and diseases in developing countries', ILO, 12 March 2019.

138／Guy Standing, The Precariat: The New Dangerous Class (London 2011).

139／Henry S. Farber, Daniel Herbst, Ilyana Kuziemko, and Suresh Naidu, 'Unions and Inequality Over the Twentieth Century: New Evidence from Survey Data', NBER Working Paper No. 24587 (May 2018).

一二年度之間驟降近百分之五，錄得廿八點八個百分比，現時則為十三點四個百分比。[140]勞動收入佔 GDP 比例一直下降，跌幅遠高於世界其他地區，截至二〇一七年的七年之間，國際數字從五十二點二個百分比小幅度下降至五十一點四個百分比，印度同期則從五十六點八個百分比劇跌至四十九個百分比。[141]

規模本已很小的正規產業架構也越來越多使用非正規勞動力，集體談判由是迅速成為過去式。一九九九年到二〇一一至一二年度短短十年內，正規產業的臨時僱員比例從三成八躍升至五成一。[142]政府近期一項勞動力調查顯示，只有不到一半的工作年齡人口受僱，其中只有大約兩成半的人固定獲得薪金或工錢，再其中超過七成人沒有工作合約，逾半不合資格領取有薪假期或社會保障福利。[143]政府自己也越來越多僱用非正式人員，使新奴隸制現象越演越烈。

回到戈勒克布爾

二〇二〇年瘟疫為強者提供了機會踐踏僅餘的勞工權利。職位流失十分普遍，一年之間有五分之一的受薪職位蒸發[144]，在此情況下，聯邦政府二〇二〇年九月推出新的勞動法規，讓公司輕而易舉地將長期職位轉型成定期合約安排，公司不再需要將合約工作外判給其他公司，可以直接自行僱用臨時員工。好幾個邦政府選擇廢除煩人的勞動法，以幫助企業擺脫經濟衰退。邦法律允許企業強迫僱員實行十二小時輪班，又廢除最低工資及提供通風、廁所、休息時間、照明、防護設備、食堂和急救的要求。北方邦的措施最「大刀闊斧」，暫停執行三十八部勞動法規之中的三十五部，甚至規定其他邦需要獲得許可才能僱用來自北方邦的員工。

北方邦和比哈爾邦這兩個最不發達的邦，是印度國內其中兩個最大的移工輸出地。移民，尤其是長途移民，從來都不是一個容易的決定，因為人們當然不願意離開自己的社區去工作。為勢所迫而移民去當「奴工」，是家鄉僧多粥少而絕望的表現。在北方邦的戈勒克布爾市，總是有很多令人絕望的事情。二〇一七年，由於政府未能支付氧氣供應費用，導致六十三名兒童在醫院死亡。蘇尼爾・辛格（Sunil Singh）曾領導右翼青年民兵組織「印度教青年軍」（Hindu Yuva Vahini），後來與民兵創辦人兼人民黨現任北方邦首席部長、愛煽動民眾的牧師政客同鄉約吉・阿迪亞納斯鬧翻，辛格表示：「戈勒克布爾各個村庭，家家戶戶都有成員在外地工作，因為這裡

140／'India Wage Report: Wage policies for decent work and inclusive growth', ILO, 2018.

141／Soumya Kanti Ghosh, 'Profits And Wages In The Covid Era: Looking Under The Hood', BloombergQuint, 21 December 2020

142／Susmita Banerjee and Nabanita De, 'India's Informal Employment in the Era of Globalization: Trend and Challenges', IOSR Journal of Business and Management, 20, 4, Ver.III (April 2018).

143／Radhicka Kapoor, 'Understanding India's Jobs Challenge', The India Forum, 10 September 2019.

144／Aunindyo Chakravarty, 'Middle class takes a hit', The Tribune, 17 January 2021.

除了犯罪之外，工作的數目是零。」

戈勒克布爾社會生活的衰敗對阿迪亞納斯和辛格等政客而言並非壞事，周圍總是有足夠多的青年血氣方剛，無所事事，等著適合自己的勇武差事，讓發達的四肢派上用場。身披橘黃裝束的青年軍幹部手持刀劍棍棒，以針對穆斯林的私刑暴力聞名，首領經常被控暴動及縱火，但這反倒有助阿迪亞納斯及其青年軍提升知名度，足以迫使人民黨任命其為人口等同巴西的印度最大邦首席部長。青年軍巔峰時期有一百五十多萬成員，二〇一七年阿迪亞納斯就任首席部長時，每日有超過五千人申請入團。他新官上任需要淡化過去的暴力作風，青年軍於是開始減緩招募新志願者。

戈勒克布爾縣人口三百萬，但只有一所工程學院兼大學。蘇尼爾．辛格指出，這就是失業和憤怒不滿滋生的原因，失業幫助壯大印度教青年軍隊伍。「如果在戈勒克布爾開始一場表演，就一定會有觀眾，因為這裡沒人有更好的事情可做。」所以辛格才開始了自己的表演，叫做「印度教青年軍婆羅多」（Hindu Yuva Vahini Bharat），是一隊全新的民兵組織，繼承阿迪亞納斯私人軍隊的遺風。新的組織跟它的前身一樣，不愁招不到小弟，畢竟城裡沒甚麼其他地方在招人。

持續失業導致勞動參與率下降，因為越來越多找不到工作的人乾脆停止找工作，其後果超出就業市場範圍，造成更廣泛的社會經濟影響：十五至二十九歲年齡層的年輕人基本上淪為閒人，趨勢並不限於北方邦。印度的「非就學、就業或培訓」（NEET）人數從二〇〇四至〇五年度的七千萬人增加到一七一八年度的一億一千五百萬以上，覆蓋上述年齡層超過三成人口；中國的相應數字為十一點六個百分比，巴西為兩成。截至二〇一一至一二年度的十年之間，印度 NEET 人口數目每年增長約兩百萬，此後每年增加五百萬。[145]聯合國認定的印度 NEET 青年比率更高，達到四成。這些都是全國平均估值，在北方邦等落後邦分，問題更為嚴峻。

給我一個專制君主

歷史學家和統計學家利用大量國家樣本進行的研究顯示，個人失業經驗往往轉化為政治犬儒主義和對強勢領袖的渴望。[146]說好了會平等，得來的卻是奴役，人們就很容易結案陳詞說民主優柔寡斷、滋生太多爭論、不屑於議會和選舉繁文縟節的領袖才更可取。毫不出奇，民眾對專制統治者和強大國家的嚮往，在印度依然存在。社會衰敗的受害者感受到的腐蝕式憤恨，正中每一層每一級政府專制者下懷，讓他們乘機譁眾取寵，捕獵民怨作素材：例如對穆斯林的反感，就被各種形態的印度教青年軍所利用。

145／Santosh Mehrotra, 'India Does Have a Real Employment Crisis—And it's Worsening', The Wire, 6 February 2019.

146／Duha Tore Altindag and Naci H. Mocan, 'Joblessness and Perceptions about the Effectiveness of Democracy', NBER Working Paper No. 15994 (May 2010).

加入政治梯隊是對奴隸工資和社會衰敗的生活的一種逃避。對於失去尊嚴的人來說，屈辱可以用零錢、政黨電單車、乃至執法者的縱容來撫平。他們應得的補償就是得到地方權力網絡的保護，就是可以向小生意榨取保護費，就是有權把屈辱轉嫁他人。「入伍」政治梯隊令人安心，讓人感受到一絲權力的氣息。受過教育的人特別容易墮入其中，他們以往被教養成更有抱負、更抵制現代奴役生活的人，因而也更容易受失望和不滿所困。印度失業數據顯示，與其他群體相比，擁有碩士學位的人失業的可能性是尋常人的兩倍不止，因為他們對奴役勞動更有抵抗力，也有能力等待更合適的職業空缺。[147]受過教育的失業青年數量不斷增加，這些人正好成為政黨和政客私人軍隊的原材料（圖二十一）。

在印度，尤其是在選舉時節，年輕人揮舞

圖二十一：政黨很容易招募到無業青年。

著武器和黨旗組成單車隊和汽車隊，是很常見的景象。成千上萬在工作日大白天閒逛遊蕩的年輕人，很容易成為專制政治的打手和走卒，正是他們，讓印度選舉成為世界最大表演——為政治領袖集會、拉票、打鬥、殺人、送命，都是因為這些頭目能讓現金和權力唾手可得，而不是因為他們能發表宣言，許下富足未來的承諾。招募心懷不滿的年輕人無疑能為政治注入活力，它充當了有酬就業，帶來改善的希冀與期望，但它也把鋒利的武器交給了地方和國家的專制強人，也就是像阿迪亞納斯一樣的政治煽惑者——是他們用行動證明，「缺乏有意義工作」是已經身受千百次社會割裂的民主國度身體上一道道深長的創口。

147／Anand Shrivastava, Rosa Abraham, and Amit Basole, 'State of Working India 2019', Azim Premji University.

殺害人民

第八章　不投票就……

矛盾人生

一九四九年十一月，安貝德卡在起草印度獨立憲法的制憲會議上發表最後一次演講，詳細闡述了新主權國家面臨的危險。他指出，民主對印度來說並不完全是新現象，他舉例說，古代王國曾建立過權力制衡機制，公元前三世紀的佛教結集成員自各地區代表選出，以類似議會投票的程序解決哲學爭端。他悲嘆，這個黃金民主傳統，印度已經失去過一次，以後還有可能再次葬送。他警告說，「這個新生的民主國家很可能保留著形態，但讓位給獨裁統治」，因為印度正在進入的是「矛盾人生」，夾在新建立的政治民主制度與根深柢固的社會不公之間，「除非有社會民主作基礎，否則政治民主不能持久」。要保護政治民主，印度就要迅速消除社會和經濟生活裡面那種「劃等分次的不平等」。

七十年過去，大規模的社會不公開始令「世上最大最成功新民主國家」的老派印度故事站不住腳。「印度故事」已經成為童話，遮羞布底下的社會現實欲蓋彌彰：印度一直受困於一場長達數十年、未經宣佈的社會緊急狀態。這種情況應該視為對世界各地民主人士和民主國家的警告，說明如果政府未能培養公民的平等地位與社會尊嚴，將會出現甚麼後果。即使在最後演講前，安貝德卡也早已警告過，印度民主只是「本質上不民主的印度土壤上一抹新漆」，但他仍然樂觀地認為印度憲制民主會有助減少歷史遺留下來的不平等。積極的看法並沒有持續太久——他試圖改革印度教屬人法並編纂成文法規，遭到印度教保守派猛烈抨擊。英國廣播公司一九五三年訪問他，問他是否認為民主會在印度行得通，他立即回答：「不會。」民主行不通，「原因很簡單：我們的社會結構跟議會民主完全不能相容」。[148]

精采絕倫

獨立後的印度，歷屆政府福利政策計劃不周、半心半意，無法為千百萬有投票權的公民提供

148／Vineeth Krishna, 'Can you be a true democracy & let go of caste, Ambedkar asked Indians. We are yet to reply', The Print, 29 April 2018.

社會支援，隨後又奉行新自由主義政策，將本已飽受不公的人民打入無情的市場經濟，讓他們註定失敗。隨著印度民主的社會基礎不斷崩潰，其治理機構也被撕裂、扭曲，切割雕刻成一種奇怪的專制政府。領導它的，是腐敗而狡猾的統治者，打著「民主」和「人民」的旗號，剝削窮困人民、破壞民主機構，卻又通過選舉所賦予的合法性，最終贏得人民默默順從甚或積極支持。

選舉是民主的核心和靈魂。在其最佳狀態下，選舉是公眾激動振奮的時刻。以前不了解自己力量或被排除在政府之外的選民，突然感受到政治權力的氣息，感覺自己可以改變現狀，無權無勢的人準備與權貴顯要交換位置。以往堅實牢固且理所當然的一切開始如雲如煙，消失得無影無蹤。人們的期望越來越大，謠言如烽煙越點越高，每個人都在猜測會發生甚麼、不會發生甚麼，沒有人實際上知道未來會怎樣，所以目光都集中在票站、投票率和最終結果身上。然後，民選政府產生，從而在實踐中印證了一個原則——當年即將上任的美國總統約翰．昆西．亞當斯（John Quincy Adams）的名言謂：「對善意的絕佳保障以及防止濫權的最好保證，在於普選的自由、純潔和頻密程度。」[149]

自獨立那一刻起，選舉就捕捉了印度人的想像力。一九五一年十月開始的第一次議會選舉歷時六個月才完成，當時就定下了基調。自首次投票盛會以來，選舉已成為公共生活的主宰，一些觀察家甚至稱印度政治制度為「選舉政治」，選舉就是一切的終極結局，政治分析就聚焦在投票趨勢、波動、陰謀以及競選活動的唇槍舌劍。印度的選舉盛事集合了世上最多的人同時行使普選權，活動色彩繽紛、喧鬧歡騰，誠為一場精采絕倫的表演。選民投票率很高，而且相比全球標準，社會最邊緣的一群人比富裕的中上層階級更愛去投票，投票就是價值，投票就是尊嚴。印度選舉甚至催生出全新的「選舉旅遊」產業，吸引世界各地熱衷參加慶典的遊客，跟來親身見證盛大印度婚禮的「婚禮遊客」可謂異曲同工。他們觀選之熱烈，印度和外國記者都大為驚異，這些遊客就是喜歡痴戀印度選舉，視之為世上最浩蕩的表演。

將選舉視為民主的定義標誌，是一種痴迷，這種痴迷有個缺點：沒有承認在過去半代人中，投票已不再是民主制度的專利。在白俄羅斯、伊朗、俄羅斯、越南，以及海灣地區、中亞等地的國家，執政寡頭對選舉情有獨鍾。這些新的專制主義國家並沒有廢除選舉，而是實行內含嚴重操縱和腐敗的「幽靈選舉」。[150]選舉對統治者來說有重要的功能，為預先批准的候選人提供擔任更高職位的機會，並允許一定程度的多黨競爭。統治者收買選票、恐嚇對手、篡改結果、炮製聳人聽聞的媒體風波、偏頗地劃分選區邊界、竄改選民名冊、誤計選票，甚至讓選票離奇消失。儘管如此，選舉還是為政治體制帶來了一種「民主」的感覺，有時確實使人們感受到生活有所改善。選舉還

149／John Quincy Adams, 'Inaugural Address' (4 March 1825), in The Addresses and Messages of the Presidents of the United States, Inaugural, Annual, and Special, from 1789 to 1846, vol. 1, ed. Edwin Williams (New York 1846), p. 577.

150／John Keane, The New Despotism (Cambridge, MA 2020), pp. 98–109.

有其他政治上有用的功能：選舉為管治階層之間的異見人士提供了一定的迴旋餘地；選舉競賽有助清算舊賬、解決爭端，也給政權內不滿的政客提供低成本退出的選項；選舉可以創造機會發掘願意為政權服務的新政治人才，可以向支持者和潛在支持者施恩布德，可以充當公眾不滿和反對的預警探測器；選舉也是讓反對派陷入窘境的好手段，因為反對黨幾乎肯定敗選，慘受沉重的分裂與士氣低落之苦。最重要的是，新專制國家的統治者利用選舉來玩弄臣民。選舉是用以贏得臣民自願奴役的活動，當公民在這種情況下投票時，他們所做的就不僅僅是投下一票，而是認了「政治主人」，授以權力，結果把自己也賣了。五光十色的選舉狂歡是為政權大權在握誌慶，實際上在用類似「選舉合約」的東西，給臣民一個機會表現得好像很信服政權那樣。新的專制主義昭告天下：世上可以存在**沒有**民主的選舉。

天翻地覆

有些人相信印度選舉是世上最盛大的表演，也是「民主是活生生的現實」的證明，這種信念還受到另一個想法的挑戰。印度選舉有醜陋、腐敗和暴力的一面，相關報導和了解相對較少。這不是說每次選舉都是腐敗的，或者每次選舉都受到行兇、槍枝和炸彈的污染，但也並非每次選舉都以和平拉票、公開辯論或建立執政聯盟為要，並非每次選舉都能確保權力和平轉移。選舉可以也確實被金錢和暴力所扭曲，剝奪它作為民主代表和問責的公平手段的功能。選舉腐敗和暴力的嚴重程度因邦而異，但其中一些，例如東部的孟加拉邦（亦稱西孟加拉邦），選舉一直以來都離不開血腥。對希瑪．帕文（Hema Parvin）來說，二〇一九年全國大選也不例外。麻煩始於她小屋外的幾聲槍響。幾分鐘之內，十幾個年輕人手持手槍，跑進貫穿貧民窟的狹窄小巷，向巷子兩旁的房屋隨機投擲小型炸彈，又向天開槍。他們踢開民宅大門，聲嘶力竭地大喊大嚷，威脅人們離開。大多數人驚慌失措地跑進屋裡，不幸擋住兇徒去路的人都遭到無情的毆打。在接下來的十五分鐘左右，這群人走遍巷子裡每一戶人家，把居民趕出來，用槍指著他們的頭。二〇一九年六月的那個下午，帕文的世界發生了翻天覆地的變化。

帕文二十多歲，職業是裁縫。她住在毗鄰坎基納拉（Kankinara）黃麻廠的貧民窟定居點之一，距離孟加拉邦首府加爾各答約三十公里。那天，當暴力降臨她的貧民窟時，她家人大約有五分鐘時間拿起所有能拿的東西就跑。整整一個星期，他們在附近一所學校避難，該校已成為臨時避難所，收容在選舉後新一波暴力事件中同樣被趕走的人。沒人敢偷偷溜回貧民窟。自從上個月全國大選爆發黨派衝突以來，整個地區就變成了戰場。每天都有朋友或熟人在街頭毆鬥和社區巷戰中傷亡的新消息，躲在學校裡的人也得知家裡遭到有系統地洗劫。由於學校裡已經擠滿了逃避暴力狀況的人，帕文和家人於是動身去鄰近的比哈爾邦。很久以前，她的祖父從比哈爾邦來到坎基納拉黃麻廠工作。今時不同往日。孟加拉地區分省得出印度教徒佔多數的西部和穆斯林佔多數的東部，後者歸屬巴基斯坦，印度西孟加拉邦也由是誕生，是印度的工業重鎮，當年黃麻還不是一個垂死的產業。加爾各答前身是英屬印度的首都，在帝國的餘輝中仍然沒有黯淡下來。

三個月後，當帕文一家終於回到家裡時，裡面已經空無一物。襲擊者拿走所有能拿走的東西，並毀掉了剩下的一切。帕文幾個月後就要結婚了，早前和母親千辛萬苦地將有限的嫁妝裝在兩個袋子裡。袋子現在不見了，床褥、電視、冰箱、米，甚至餐具、燈和風扇也是。帕文認識暴徒：「他們是住在附近的印度教男孩，其中一些在工廠做兼職，有些則失業。他們想嚇唬我們，想搶劫。」一條巷子接著一條巷子，都是同樣的故事。六十歲的哈茲拉特．卡童（Hazrat Khatoon）自從十年前丈夫在工廠失業後，一年中大部分時間都在齋浦爾做移民家庭傭工。她說，襲擊者甚至拿走了她擁有的十四件紗麗。「我現在穿借來的紗麗。」莎巴娜貝居姆（Shabana Begum）的兒子薩希爾（Sahil）已經不再上學，因為他們把他的書燒了。

二〇一九年六月的選舉暴力事件爆發，正值印度人民黨以新一股政治力量的姿態，開始進軍當地草根國大黨統治的這個邦。多虧印度人民黨的印度教選民動員策略，在這個近三分之一人口是穆斯林的邦裡，暴力政治鬥爭呈現出一種族群色彩。大路對面，距離帕文家小巷約十分鐘路程的另一個街區，卻是另一番景象：印度教徒被穆斯林襲擊者迫著逃生。阿尼爾．庫馬爾．古普塔（Anil Kumar Gupta）的電子產品小店位於穆斯林社區一小群三十二所「印度教徒住宅」其中一棟單層房屋，在選舉當天遭到突襲和破壞。一群穆斯林男子衝入房屋共用的庭院，威脅他們不要投票，強行闖進每戶人家，有板有眼地洗劫。古普塔說：「他們認定印度教徒會投票給人民黨。」但在這裡，兇徒下手的動機除了族群和政治狂熱，還有盜竊搶掠。他們迫走印度教徒以後，當晚又回來掠去找得到的任何物件。很多居民再也沒有回來。古普塔租不起其他地方，一個月後就回來了。他的妻子是心臟病患者，選舉後兩天就死於這次創傷。

戰地孟加拉

帕文和古普塔身陷的處境，是孟加拉地區近年政治動盪的地獄交火之中。自二〇一一年以來，西孟加拉邦由很受歡迎的本地領袖瑪瑪塔・班納吉（Mamata Banerjee）管治，她在九〇年代末脫離國大黨，成立草根國大黨。當年，左派政府為工業用途徵用耕地，她就在其引發的公眾不滿情緒之中上台，結束邦內由印度共產黨（馬克思主義）領導的左派聯盟長達三十四年的統治。她麾下的黨和政府基本上都以她為中心，創造出邦內罕見的個人崇拜氣氛。她的巨幅畫像裝飾著高速公路和街角，她微笑的面容閃耀在報紙的政府廣告中。塗成草根國大黨白色和藍色（也和她的招牌藍邊白紗麗相匹配）的房屋可獲市政稅收特別減免，所有政府建築和公共基礎設施，如醫院和橋樑，都塗成白色和藍色（圖二十二）。瑪瑪塔・班納吉人稱「迪迪」（Didi，孟加拉語中「姐姐」之意），身邊一堆阿諛奉承的黨派領袖爭相拜倒在她腳下表忠，但她的鐵爪強權開始受到印度人民黨威脅。強勁對手現身挑戰固有秩序，勾起一場腥風血雨。巴特帕拉（Bhatpara）及坎基納拉地區在暴力爭權戰之中成為眾多戰場之一。

孟加拉地區的暴力政治衝突，可以追溯到聖雄甘地及追隨者將印度獨立抗爭轉變為非暴力主導的群眾運動之前。當年未分省的孟加拉地區是激烈反抗英國統治的核心地帶，多次針對英屬印

圖二十二：瑪瑪塔・班納吉巨型紙板是她個人崇拜的一部分。

度的武裝叛亂和襲擊，還有宣揚激進民族主義的青年組織，就是在此發源。一九四〇年代中期開始，孟加拉地區還見證了左派勢力持續領導的農民運動。國家與地主階級之間、政治運動人士之間的武裝衝突循環往復，養成一種歷史慣性，只知以炸彈、槍枝和私人軍隊為政治地盤爭奪戰的首選武器，而非靠紙團和民主游說成事。

在獨立後的二十年裡，國大黨在孟加拉地區的統治不受挑戰，但在一九六七年，左翼勢力和國大黨一個分裂派系結盟，結束了國大黨的權力壟斷，那一年是現代印度歷史的轉捩點。國大黨開始在全國失勢，在當時的十六個邦中（印度現有二十九個邦），只有八個邦的立法機構由國大黨以絕對多數票繼續掌權。經過幾年的政治動盪，國大黨於一九七二年在西孟加拉邦重新掌權。這次選舉的特點是國大黨大規模操縱選票和恐嚇選民，「將數千名反對黨工作人員趕出當地，利用警察和暴徒製造恐怖統治」。[151]

暴力已開始成為孟加拉地區政治生活的主流。國大黨面臨的最大威脅是極端激進的「納薩爾派」（Naxalites）。他們的思想靈感來自毛澤東，喜愛的口號之一是「中國的主席就是我們的主

151／Partha Sarathi Banerjee, 'Party, Power and Political Violence in West Bengal', Economic & Political Weekly, XLVI, 6 (5 February 2011).

席」，但已與選擇參加選舉的共產黨決裂。納薩爾得名自孟加拉地區的納薩爾巴里村（Naxalbari），是派系在一九六七年試圖發動農民武裝起義之處，行動旨在向無地者重新分配土地並推翻政府。一九七一年，當局對納薩爾派展開大規模殘酷鎮壓，所以當國大黨在一九七二年重新掌權時，梯隊中已經充斥著幫助該黨以武力打壓對手、恢復政治霸權的兇徒。在新任首席部長、國大黨人金牌律師悉達多・尚卡爾・雷（Siddhartha Shankar Ray）的領導下，這些暴力分子伙同警察，不僅摧毀了納薩爾派勢力，而且在剷除左派勢力方面也發揮了重要作用。謀殺、半夜敲門、「被失蹤」、羈押酷刑和「清算小隊」殺人成為常態，反對派遭到恐嚇、街頭暴力和非法逮捕。稱為「貢達」（Goonda）的受僱打手成為孟加拉地區政治的中流砥柱。

與甘地夫人關係密切的悉達多・尚卡爾・雷・代表著一種更廣泛、遍及全國的政治犯罪化趨勢。國大黨因甘地夫人和舊大佬之間激烈的派系爭鬥而衰弱，最終於一九六九年分裂。又大又老的黨所剩下的一切，很快就轉型成甘地夫人圈佔的地盤，由少數與她關係密切的人發號施令，黨內民主蕩然無存，馬屁精開始取代群眾領袖。組織虛弱的國大黨失去人們所熟悉、團結各種社會聯盟的能力，尤其是以往長期受壓的社會群體開始力陳自身關切與利益，催生出政黨競爭，國大黨更加無法再以傳統的方式爭取支持。於是，就有了拉攏壞人的必要，他們可以招募到刀槍武裝的追隨者，即使沒有以民主服人的開明嚴謹程序，也能帶來勝選的效果。同一時間，地方治理機構，尤其是警察部隊，開始屈服於黨的意志，反過來又刺激了政黑二道越走越近——對警察的政治控制逐漸加強，為罪犯提供了避風港，使其逍遙法外。這種政黑聯袂的高潮是一九七五年的緊急狀態，正是悉達多・尚卡爾・雷的心血結晶。

一九七七年，在經歷了二十一個月的緊急狀態後，他在西孟加拉的管治因民眾對國大黨強烈反彈而結束，但其血淋淋的掌權歲月遺風依舊，暴力成為選舉不可或缺的一部分。國大黨失卻西孟加拉邦的同時也首次在德里失利，左翼聯盟由印度共產黨（馬克思主義）牽頭，在西孟加拉邦一舉掌權，執政歷時三十四年之久。他們早年間的土地改革、以三級制地方政府自治體系下放權力等較成功的措施幫助鞏固了政權，但基層改革令國內政黨路線兩極分化，犬牙交錯地爭奪著有限的基礎服務。在邦內農村，各個政黨壟斷「蛇齋餅糭」，把選舉變成連番亂鬥的戰場。與政黨的聯繫可以是有沒有水井用、有沒有病床躺的天差地別。共產黨時期，企業為逃避政府支持的激進工會主義而退場，全邦於是逐漸去工業化，對基礎社會服務的競爭更加明顯。

一九六〇年，西孟加拉和馬哈拉什特拉是印度最富有的其中兩個邦，但到一九九三年，前者人均產值相比後者下降超過三分之一，其對印度工廠總產值的貢獻從一九九〇年的百分之六點二下降到二〇一一至一二年的百分之二點四五。[152]黃麻產業是受影響最大的產業之一，數百家工廠關

152／Amartya Lahiri and Kei-Mu Yi, 'A Tale of Two States: Maharashtra and West Bengal', UCLA, October 2004; Manish Basu, 'Study looks into why West Bengal's trade unions are now weaker', LiveMint, 22 October 2014.

閉。邦內缺乏經濟機會和社會發展前景，靠「選對人」來確保得到公營基本服務變得尤其重要。一位不願透露姓名的縣級草根國大黨領袖表示，這種情勢的長期後果是「從出生證明到死亡證明，一切都取決於地方自治政府，使得孟加拉農村地區的政治競爭成為生死攸關的大事。」政治已經成為生存問題，人們為自己的政黨殺戮和送命。每到選舉期間，西孟加拉邦部分地區變成名副其實的戰區，當新挑戰者出現且威脅現狀時更是如此。數十年經濟衰退和社會結構的破壞，催生了大批年輕失業男子，社會上流前景渺茫，願意棄德從賊，淪為政黨打手。

二〇一一年，共產黨的連勝史終於被班納吉打破，她複製上一手的共產黨那種獎勵忠誠、蹂躪其他人的技倆，意圖大權獨攬。她說不上是第一個用武力挾持選舉的政客，她是把這門藝術帶到了新的高度。她不像前任的共產黨人那樣有專屬的幹部基礎，所以選擇減少依賴政治動員，多靠帶有蠻力色彩的蛇齋餅糉，邦政治內部暴力蔓延。根據國家犯罪紀錄局統計，一九九九年至二〇一六年間，西孟加拉邦平均每年發生二十宗政治謀殺。班納吉領導的草根國大黨明目張膽地展示武力，由此「贏」得二〇一八年地方自治政府選舉的九成席位。執政黨幹部在公開巡遊舞刀弄槍，與選舉相關的暴力事件造成超過二十五人死亡，數十人受傷。他們去反對派集會搞破壞，誰膽敢提名人選和草根國大黨打對台，也會被他們襲擊，但兇徒總是逍遙法外。六萬多個地方自治席位中，草根國大黨在無競爭的情況下「贏」得三分之一，因為反對黨根本連派員參選都不准。

正如左派遇到對手班納吉一樣，她也遇到了自己的對手，就是印度人民黨。莫迪的政黨證明自己會以毒攻毒，但一場場龍爭虎鬥讓西孟加拉經歷了一場前所未有的政治較量——一場圍繞宗教路線而非政黨政治分歧的競爭。坎基納拉學校教師德巴喜斯．帕爾（Debasish Pal）說，他從未見過這種暴力：「過去，政黨之間是有恆常的幫派戰爭，但不會觸及我們平民。今次就不同了。」

確實不同。印度人民黨在西孟加拉邦缺乏既定的政治基礎，只能依靠其印度教民族主義母組織「國民志願服務團」（Rashtriya Swayamsevak Sangh）一眾支部結合而成的後援機器。人稱 RSS 的服務團於一九二五年成立，以所謂印度教特性（Hindutva）原則起家，尋求同質化、多數主義的印度教文化與政治秩序，其中以印度教徒比起其他人要更為平等。其使命宣言稱，現有的多元民主模式允許「姑息穆斯林」，視印度教徒為「二等公民」。今時今日的 RSS，從長期位居服務團「傳教士」的莫迪及他本人壓倒性的優勢身上，看到糾正歷史「不公義」的絕佳機會，實現把印度凡俗共和國改造為印度教國家的目標。RSS 在龐大的志願者和聯盟組織網絡幾乎遍佈各行各業，上至貿易機構和合作組織，下至工會和學生會，且在北部和西部各邦尤甚，這也是人民黨觸及範圍不斷擴大的一個重要因素。「薩哈」（sakhas，即營地）是 RSS 實行意識形態誘導的最基層組織單位，志願者每日清晨在薩哈集會進行體能操練，開展與印度教大業的終身連結。印度全國有約六萬個薩哈，西孟加拉有約一千八百個。

數十年來透過薩哈、非正式學校、健康營、自助團體、專業培訓計劃以及宗教和文化聚會深耕細作的志願服務，得出一個與印度教世界觀一致的社區組織者和追隨者的豐富網絡。[153] 人民黨利用這個右翼生態系統，成為替代班納吉的唯一選擇。隨著邦內國大黨、共產黨與其他政黨衰落，這些黨派很多工作人員及領袖紛紛移師人民黨。莫迪如此受歡迎，加上該黨看似無限的財力，更是增加了人民黨的吸引力。補充好彈藥的人民黨邦支部靠積極針對穆斯林來動員印度教徒，策略在政治上頗為見效，卻危害社會安寧。人民黨指稱班納吉迎合穆斯林選票、忽視印度教選民，這樣的控訴實際就是將政治權力之爭轉化為日常宗教大戰。在坎基納拉，就像帕文和古普塔察覺所得，以前跟政治無關的印度教徒和穆斯林突然感覺到一隻無形之手襲來，將他們推去人以群分、暴力熾熱的選舉政治。

看不見的暴力

孟加拉地區的政治和暴力問題很嚴重，但絕非特例，它映照出印度選舉政治越來越腥風血雨。但墮落並不止於此。「自由公平」選舉的最高原則，是健康政治生活一項恆久且不可撼動的根基，但各種創新、狡猾的實地做法則與之背道而馳，其中一種常見技倆是流行已久的「搶攤」：有黨派背景的打手上門強佔票站，在選票上蓋章給己方投票。這種選舉策略以前很常見，直到二〇〇四年引入電子投票機、紙本選票失去作用才一併消失。在票站實地種票仍有發生，就是把會按對按鈕的人偷偷送進票站，但做法遠不及以往猖狂，純粹是因為這樣暗渡陳倉需要精確而隱密，掣肘甚多，實用性大打折扣。

還有更巧妙的操作，其一是封鎖常用作票站的學校和大學建築的通路。在大多數印度村莊，因為控制本地權力機關的統治集團壟斷了學校等公共財產，所以學校往往位於上層種姓地區。選舉期間不允許低種姓選民在高種姓地區來來回回（就算是平日也很難）一直是種常用的技倆，相當於「無聲搶攤」。諸如此類的做法在一九八九年碰了釘，事緣已經打響名堂的曼達爾委員會（Mandal Commission）提出為落後種姓開展新一輪平權行動，開始打破上層種姓在選舉政治的主導地位。這次轉型並不和平，比哈爾邦的拉魯．普拉薩．雅達夫及北方邦的穆拉亞姆．辛格．亞達夫（Mulayam Singh Yadav）等新興落後種姓領袖策略性使用暴力及公然為罪犯撐腰，以求對抗上層種姓對權力架構的牢牢掌控，意味著暴力搶攤及激烈衝突取代「無聲搶攤」等舊有技倆。印度民主社會基礎內裡的結構性不公義開始受到實體抵抗，選舉於是越發嘈吵、喧鬧、暴力。

多年來，選舉暴力的許多驅動因素已然改變。一些以往特別容易發生暴力事件的邦分，例如比哈爾邦和北方邦，在引入新的電子投票技術、舊式偷票策略變得多餘之後，暴力也隨之減緩，但並沒有完全消失，只是變得不那麼明顯。二〇一九年大選期間，武裝衝突地點及事件數據項目（The Armed Conflict Location & Event Data Project）從三月十日到五月二十五日錄得印度各地共上報達

153／Snigdhendu Bhattacharya, 'How one-teacher Ekal schools helped the spread of Hindutva in rural West Bengal', The Caravan, 10 October 2020.

三百二十七宗死亡個案，數字乃對照媒體報導及義工網絡回報所得，念及大量選舉暴力事件未能記錄及上報，實際狀況應遠比報告數字駭人。再者，這些正式數字只著重實際肢體暴力，無法揭示那些大部分是遠離票站才發生的恐嚇和威懾類暴力（圖二十三）。

不流血政變

人們通常比較關注肉眼可見的暴力，其實這就遮蓋了背後更陰險的脅迫形式。政黨採取的策略之中，有兩種特別有效，一是利用恐懼來阻止敵對政黨的潛在支持者前往投票站；社區內的白色恐怖，足以把選民嚇得不敢出門，整個操作不一定會導致人命損失，而且發生在遠離票站的地方。第二種方法更加有效，就是嚇走對手派出的監察投票代理人。在票站內代表政黨的監票代理人，加上管理及監察選舉流程的票站主任，是確保選舉自由公正的關鍵。票站主任是來自

圖二十三：西孟加拉邦比爾普姆的投票從來都充滿暴力。

另一選區的政府僱員，個人資料自然在當局手上，執政黨要施壓不是甚麼難事，當事人如果察覺到人身安全威脅，就更容易就範了。各黨監票代理人在場，確保大黨不能讓其代表滲透票站，控制投票機（以前是票紙和票箱），繼而接管投票程序。

倘若執政大黨不忌諱泥漿摔角，任何黨派要打破其束縛，最艱難的任務是要找到人當監票代理，確保他們選舉當天出現在票站好好留守，面對對手所使出的恐懼戰術臨危不亂，眼都不眨一下——這可不容易。大黨送進去的不止是自己的監票代理人，因為他們還會扶持「偽候選人」，不是以獨立名義出選便是來自大黨自己資助的小黨。如是者，大黨就可以在投票當日也派出相應的「偽監票代理人」。特別緊張的投票日裡，槍聲和遠處的轟炸聲交織，敬業的反對黨監票代理人和誠實的票站主任可能會發現自己身在票站內，旁邊圍滿偽裝成選民的執政黨人和好幾個正式上聲稱來自其他黨派（但實際為執政黨效力）的監票代理人。他們如何應對這種官方數據不算為「暴力」的威脅，可以左右席位變動並決定成王敗寇誰屬。

然後還有在投票站以外恐嚇選民。做法的範圍很廣，從政黨工作人員騎自行車簡單家訪，友好地提醒他們投票給「正確的」黨，到更直接的要脅站隊。電子投票消滅了「搶攤」等某些形式的暴力，但就因為有機會暴露選民投票意向，而令政黨恐嚇選民的花樣更多。以往紙本投票，所有選票會在開票前混合在一起，政黨無法確知各地票站誰人投票給該黨；電子投票則可以使用累加總和機器，將不同投票機記錄到的票數混合起來，達到同樣效果。儘管公眾一再要求並向法院請願，選舉當局仍拒絕使用此技術，以致地區政黨工作人員很容易從統計數字猜測到誰給黨投了票、誰沒有。「我們會知道你投了誰」並不是空言恫嚇。

二〇一九年選舉期間去西孟加拉比爾普姆縣（Birbhum）動盪的博爾布爾（Bolpur）選區一趟，便可知重度警力也無法戰勝這些選舉舞弊手段。在比爾普姆，已經下台的印共（馬克思主義）地方領袖被「以彼之道，還施彼身」，自嚐著惡果，聲聲抱怨派監票代理駐場是多難的事。當時，人民黨作為後起之秀表現更優異，繼而觸動草根國大黨的神經，派人突襲那些他們認為會轉投人民黨的社區。在草根國大黨豪華的博爾布爾市縣總部，黨的地區大佬阿努布拉塔·蒙達爾（Anubrata Mondal）看著電視直播監控形勢。記者在選舉前一天晚上就開始大舉包圍黨辦公室，當時選舉委員會對他實行監視，命令聯邦警察看守他直到選舉結束，又沒收他的手提電話防止他影響選舉（圖二十四）。

蒙達爾長期以來擔任班納吉的黨內副手，曾是勇敢地反建制、抵抗共產主義統治的樣板人物，現在卻成為執政草根國大黨野蠻權力及組織技能的代言人。以前他還會極力掩飾無敵權力所賦予的傲慢；今次這個選舉日，他在黨辦公室寬敞的會議室裡被記者團團圍住，反而裝都不裝。他刻意給他的票站職員打電話（手機不是他自己的，技術上不算犯規），詢問票站主任是否有「允許」投票進行得「足夠快」。這個意味深長的問題，他當著鏡頭前問了，沒有人不明白其中的意思。幾天前，他自吹自擂說能「把選舉搞定」，公開宣佈如果票站主任讓草根國大黨「弄到」每個投票站五六百張選票，黨可以幫助維持選舉期間的和平，說法掀起了一場風波。蒙達爾並非不知道如此明目張膽宣佈偷票，可能會引起官方報復或引發眾怒。事實上，回報遠比風險大。光天化日下，上演一齣「翻手為雲，覆手為雨」，看似是愚蠢魯莽之舉，但其實是在特地公告天下，表明他和黨不是鬧著玩的。

孔武有力

政治學家米蘭．維什納夫（Milan Vaishnav）解釋過，犯罪行為是印度政治不可或缺的工具，代表僭改規則的能力。[154] 印度社會基礎搖搖欲墜，政

154 ／ Milan Vaishnav, *When Crime Pays: Money and Muscle in Indian Politics* (New York and London: Harper Collins, 2017).

圖二十四：二〇一九年全國大選前一天晚上，西孟加拉執政黨強人阿努布拉塔．蒙達爾。

府又未能提供基本服務，創造出的狀態就是，選民對能按規則獲得公義或公共財產不寄厚望。事實上，人們認為規則是一種障礙，是制度失靈的失敗產物。候選人漠視法律還能逃脫制裁，是辦事能力的表現。蒙達爾在電視直播中炫耀自己無視規則，其實就是在宣傳自己向選民如約交貨的能力。出於同樣原因，人民黨邦領袖迪利普．果施（Dilip Ghosh）公開威脅要打斷草根國大黨黨工四肢再殺死他們。當社會生活退步、管治機構陷入困境時，民主問責就會消失，政治變成保護費敲詐，競選活動跟街頭毆鬥並無二致。

調查發現，五成印度人會尋求村委會或市政區民選代表的幫助，以獲得公共服務或完成官辦事務，例如確保供水或保證入院和入學。[155]國際透明組織（Transparency International）的全球貪腐趨勢指數（Global Corruption Barometer）顯示，所謂民主國家之中，利用人際關係獲取公共服務的比例以印度最高（四成六）。由於國家未能提供足夠的社會服務，選民於是尋找強人來替代國家政府，寄望他們填補政府福利能力的不足並實現一定程度的社會正義。既然選民將不廉潔視為有能耐，那麼惡行就變了德政。

對黑道政客及其提供基本服務的能力，選民之間是有分歧的，分歧的根源在於基本社會服務不足以及隨之而來的政黑合流。中產和上流階層有更好的機會和更多的資源，即使在基本服務供應不善的情況下還是會有辦法解決需要，他們是對政界犯罪行為表示憤怒的一群；不太幸運的一群則不太會因為政客犯罪而惱怒，這某程度上就解釋了為何不老實的政客數量不斷增加，民主失敗和專制統治又為何會在一個逐漸破裂的社會的底土層下如此盛行。二〇〇四年，完全直選的下議院有約兩成四議會成員身負刑事訴訟（選舉規則要求自我申報），二〇〇九年上升至三成，二〇一四年三成四，二〇一九年達四成三。如果計算「嚴重」刑事案件，即謀殺、企圖謀殺、綁架、強姦及其他針對婦女的罪行等控罪，數字就更殘酷了。二〇一九年大選勝選人之中，大約兩成九身負嚴重控罪，是二〇〇九年的兩倍。一名國大黨喀拉拉邦議員面臨二百〇四宗刑事控罪，包括過失殺人、侵入住宅、搶劫及刑事恐嚇等案。喀拉拉邦九成議員有刑案在身，其次是比哈爾邦，為數八成二。

面對這種規模的犯罪風潮，選舉委員會和其他機構要努力淨化選舉並樹立選舉誠信，可謂一場惡鬥。最高法院於二〇一九年二月頒下命令，強制要求政黨公佈身負刑事控罪的候選人姓名。最高法院指出，「獲勝能力」並不是允許有污點的政治人物競選公職的充分理由。一年後，選舉委員會告訴最高法院，其指令無助遏制政治的罪惡化，應要求政黨不要派出有犯罪背景的候選人參選。不過選舉計算是如此冷酷，這種想法也只是一廂情願罷了。

155／Shreehari Paliath, 'Indians Depend On Political Bodies, Social Networks To Access Govt Services', IndiaSpend, 6 August 2018 報告來自 Azim Premji University 及 Lokniti (Centre for the Study of Developing Societies (CSDS)) 對八個邦二十二個議會選區之研究數據。

除了強人的吸引力，以及他們在效率低下、腐敗重生的管治體系中搞定事情的能力之外，殘酷的事實是，讓罪犯參與政治好處多多。他們帶錢來，帶得又多又快。印度大多政黨早已不再是以群眾為基礎的組織，而是以寡頭的形式運作，無法從有組織的幹部和支持者處籌集資金。政黨深知真金白銀的吸引力難以抗拒，尤其是選舉變得越來越貴，因此，犯罪分子已成為印度政治生活中不可或缺的一部分。黑幫將犯罪事業與政治職位結合起來，越來越大力地排擠政客。選舉到來，監獄往往成為在囚大佬的黨辦公室。還有其他令人堪憂的鬧劇，例如惡名昭彰的黑幫頭目「紅山」蘇里亞（'Red Hills' Surya），二〇二〇年八月加入人民黨坦米爾那都邦分部，主辦一場大型活動期間，突遭警察搜查，居然順利逃脫。回想當年，他也不過是眾多被招安入黨的梁山好漢之中最新近的一個。人民黨一位靦腆的邦發言人後來解釋說，其他政黨也有領袖身負刑案。

犯罪聯繫能帶來額外好處，例如會接觸到大量無所事事的年輕人。大筆資金湧入政壇，黑金、貪腐、裙帶主義猖獗。需要在短時間內拿出大量個人現金的候選人往往在土地等錢財豐厚的產業特別活躍，因為一旦當選，他們可以拿簽發牌照的監管權力換到財務上的好處。政客由此成為建築業的關鍵玩家，玩法還不止向建築商施惠以換取金錢，他們固然可以透過親朋好友等常用代理人或是更加創新的交易方式來隱藏在業內的利益，但綜觀大城小鎮，政客兼營建築商或是建築商兼職政客已成常態。最終結果就是罪犯、政客、企業家融為一體，形成新的政治階層，幾乎跟俄羅斯與土耳其等新專制國家的政治寡頭比肩而立。

維什納夫在六年內研究了近六萬名候選人，發現金錢和政治實力之間存在顯著關聯。他發現，面臨嚴重刑事控罪的候選人擁有顯著的財富優勢，在全國選舉獲勝率是「身家清白」候選人的三倍，邦選舉則是兩倍。[156]另一項證據是千萬富翁（crorepati，指身價超過一千萬盧比的人）候選人數目急升。根據選舉監督機構「民主改革協會」（Association for Democratic Reforms）統計，二〇一九年當選的議會議員有四成三有刑案在身，千萬大亨數字從二〇〇九年的五成八高升至八成三。犯罪活動助長了政府政策失敗、管理不善和貪污腐化，過程無疑肯定是專制的：競選公職繼而對他人行使政治權力的人，越來越多犯罪分子，也越來越有錢。在這個以選舉盛況聞名的國度，孔武有力的富人政治寡頭贏得輕輕鬆鬆。

156／Vaishnav, When Crime Pays.

第九章

金錢統治

默然抗爭

二〇一九年四月：候選人特曼娜・辛哈德里（Tamanna Simhadri）在家中休息，那是一棟沒有窗戶的磚塊和水泥建築，也是她競選活動的作戰室。特曼娜的競選總部位於安得拉邦維傑亞瓦達市（Vijayawada）繁忙的拉比佩特區（Labbipet）附近一條狹窄小巷裡，看起來異常荒涼。沒有多少人喜歡在維傑亞瓦達四月正午高達攝氏四十五度的炎熱天氣中冒險出門，但畢竟是選舉季節，她畢竟也不是尋常的候選人。在這個南部城市的芒格阿拉吉里（Mangalagiri）選區，特曼娜挑戰的是安得拉邦太子納拉・洛克什（Nara Lokesh），其父是首席部長兼反對派要員錢德拉巴布・奈杜（Chandrababu Naidu），在印度政治王朝的蒼穹之下，洛克什要有多藍血就有多藍血。他除了是安得拉邦任期最長（十四年）的首席部長之子，也是三屆首席部長和執政泰盧固鄉黨（Telugu Desam Party）創始人拉瑪・拉奧（N.T. Rama Rao）的外孫。

今天也不是隨便例行公事的一天。競選活動剛結束，兩天後就是選舉日，四十八小時的「冷靜期」已經開始。法律規定候選人此時不得舉行競選活動，他們應該墊高了腿好好休息，在投票之前從競選活動最後一役之中恢復過來。但實際情況不是這樣的，現在才是最重要的競選工程開始之時——帶著禮物和金錢去接觸選民。選票明買明賣會受到法律制裁，所以要夠奇技淫巧，經由信得過的人把好處傳遞到選民手中，盡可能榨取出忠誠歸邊的諾言。政黨會將此事盡量拖延到最後一刻，以便選民在投票時都記得候選人何等慷慨大方。多數選舉經理已經深信這才是選戰最關鍵的一環，說印度人認為既然所有政客都是騙子，那麼誰的戰利品分成給得最多，票就該投給誰。聽起來很犬儒很憤世嫉俗，但千千萬萬人和大多數政黨都認為這個做法根本天公地道。競選圈裡常言道：花錢不一定拿到選票，但不花錢就肯定拿不到選票。

二〇一九年這次與全國大選同時舉行的邦立法議會選舉中，安得拉邦兩個主要政黨據報向每位選民分發了三千至四千盧比不等。政治學者對投票換錢的現象有各種解讀，一些人視之為一種粗糙的恩庇主義，選票變成價高者得的商品，選民則放棄追求正當的民主代議；其他人認為選票換錢是更複雜的互利交易，旨在贏得選民及區內關鍵人物支持，鞏固地區勢力。所謂區內關鍵人物就是政治中介人，金錢和禮物通常就是透過他們輸送出去，換取選民承諾歸邊。[157]無論如何，近幾十年來，在名為「選舉」、實為「針對性營銷」的商業項目中，這種最後衝刺已經成為各黨最大開支之一。宴會尤其有用，據說最後幾天飲飽食醉的選民反應特別正面。

特曼娜的一房住家兼辦公室冷冷清清，甚至黨工都沒一個，似乎對選戰「營銷」了無牽掛。「我不在乎輸贏，但像我這樣的人需要站出來，表明我們希望現狀有所改變。」她解釋說，像她這樣既非百萬富翁亦非權貴子弟的人，很需要參選，否則一切都永遠不會改變。「難道我們就要像畜生一樣活著，在他們的競選活動中扛着他們的旗幟，讓他們永遠統治我們？」特曼娜是在乎的，很在乎，但她最多就只能這樣了，既沒辦法向選民派冷氣機，也不夠錢向媒體買曝光為參選造勢，只能在印度喧鬧腐敗的選舉盛宴中，發動一場默然的道德抗爭（圖二十五）。

特曼娜是一位跨性別女性，逃離了保守的家庭來到城市，改變了宗教信仰，一生以來都是一場漫長的抗爭。「這是我必須反抗的另一個不公義。」她首先嘗試在當地一個政黨從低做起，但發現他們只想派有錢的人去參選。「對他們來說完全是一盤生意，花一百萬競選公職，在任上賺個一千萬。」特曼娜隨後開始在一個小型非牟利組織工作，花了區區五萬盧比（不足七百美元）印傳單。在約兩百位自願助選的朋友和熟人幫助下，她步行著挨家挨戶拉票。「有時天氣太熱，我走不動了，朋友會借我一輛車。」

157／ Frederick Charles Schaffer, Elections for Sale: The Causes and Consequences of Vote Buying (Boulder, CO 2007); Lisa Bjorkman and Jeffrey Witsoe, 'Money and Votes: Following Flows through Mumbai and Bihar', in Devesh Kapur and Milan Vaishnav (eds.), Costs of Democracy: Political Finance in India (Oxford 2019).

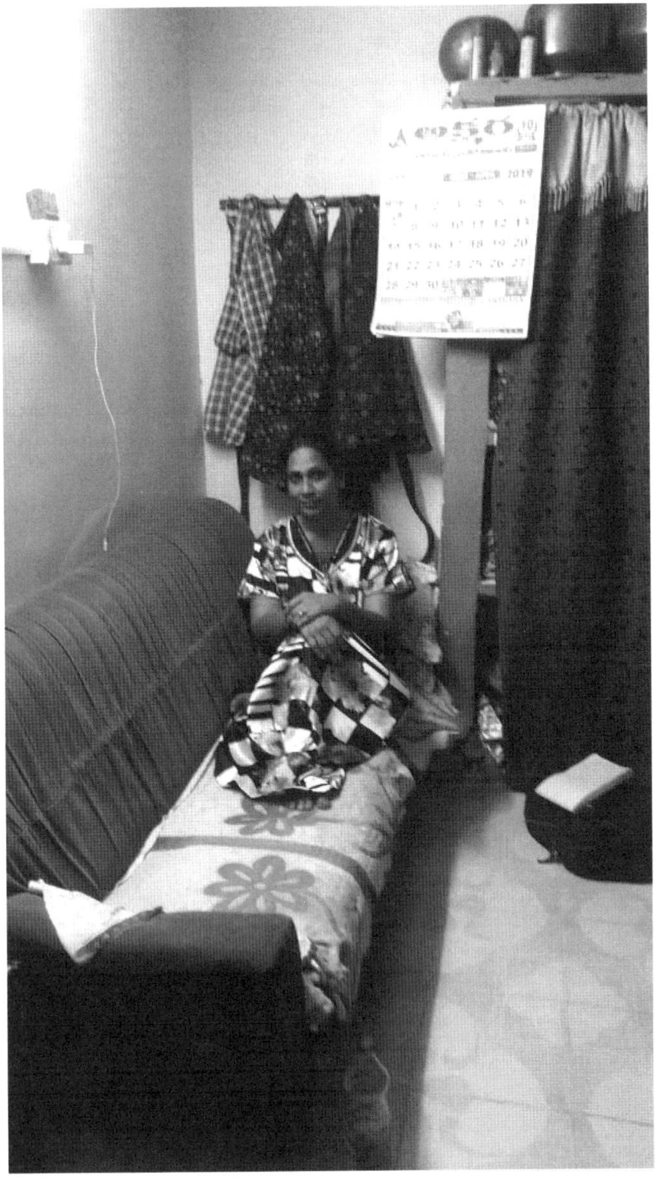

圖二十五：特曼娜．辛哈德里在維傑亞瓦達盛夏酷暑的艱苦選戰後放鬆下來。

錢啊錢

在維傑亞瓦達的另一處，她的對手洛克什剛結束競選活動，全身淹沒在黃色的海洋中，那是黨的顏色。他父親的泰盧固鄉黨有數千人上街遊行，最後再展示一次實力。數百輛自行車、貨車和私家車載滿黨工，引領遊行隊伍蜿蜒穿過大街小巷，癱瘓市內交通。像這樣的集會所費不菲：選舉意味著「蛇齋餅糉」，「支持者」的時間和精力不是白花的。在維傑亞瓦達，市價是每人五百盧比，他們也希望得到茶點和交通，作為一路勞苦的回報。物流後勤通常包括最高領導人坐的直升機和接送黨工及取酬支持者的競選車隊燃油費，佔據開支一大部分。透過媒體「製造話題」花的錢也不遑多讓。

媒體報導的運作原理很簡單。「一個政黨假裝最活躍、表現得像在領先，就足以讓人相信它最有可能獲勝，而這往往會轉化為實際的支持和選票。」寫這句話的是希瓦姆．尚爾卡．辛格（Shivam Shankar Singh），在政治動物王國，他屬於一門稱為「選舉顧問」的新品種。[158]社交媒體為競選活動添上全新一筆開支，因為需要有專門小組確保黨在所有數碼平台都獨佔鰲頭。印度的數據保護法規很弱，數據經紀人付點錢，就可以從SIM卡經銷商和電訊公司處收割大量電話號碼，政黨隨後購入用以發送精準投放的訊息，其規模和強度在其他民主國家完全前所未見。WhatsApp群組對於建立一團忠誠追隨者並確保他們口徑一致尤為重要。人民黨推廣的自家程式稱為「納倫德拉．莫迪App」（NarendraModi App），亦稱「納莫App」（NaMo App）。傳統媒體廣告也有了變化，付費新聞很常見，有專門的媒體策劃人為候選人安排付費新聞「套餐」，負責其「外展」工作，還會讓負面報導消失。特別優秀的策劃人甚至會幫忙盡量減少有關對家候選人的報導。

近幾十年來，印度和其他國家一樣，選舉成本呈幾何級數增加。空穴來風未必無因，印度不單走上社會科學家所云對選舉狂熱痴迷的「選舉政治」（pesphocracy）之路，整個選舉制度正在變成「金錢統治」——chremacracy。此詞衍生自一個不怎麼雅緻而且相當過時的希臘單字，chrema 是金錢、「需要」、「使用」之意，kratos 則是「統治」，合起來可以描述一種金錢不但說話有分量、還會決定事情的政治。選舉成本增加有好幾個原因。自一九九一年私有化及市場競爭開始，印度經濟規模已增長八倍，國家富起來了。選民人數也增加一半以上，選舉競爭加劇，加入角逐的政黨和候選人比以往任何時候都要多；由於權力下放鄉鎮，民選職位數量也幾何級數增長，從大約四千五百個飆升至近三百萬個。既然有錢使得鬼推磨，無錢便是推磨鬼，那麼印度競選活動的總資金數額同樣出現天文數字的增長，也就不足為奇了（圖二十六）。

媒體研究中心（Centre for Media Studies）報告稱，二〇一九年議會選舉是「舉世有史以來最昂貴的選舉」，花費高達六千億盧比（七十二億美元），超過二〇一六年美國總統和國會競選的

158／Shivam Shankar Singh, How to Win An Indian Election (India: Penguin Random House 2019).

六十五億美元，[159]意思是人均收入僅為美國百分之三的印度在選舉上支出比美國多，平均每個席位花費近十億盧比；高達總開支四分之一的金額，約一億兩千萬到一億五千萬盧比，是以現金和禮物的形式直接送給選民的。估算數字基於「前端」可追溯的成本和支出，「只是冰山一角」——中心總監瓦桑提將軍（General P.N. Vasanti）如是說。「想像一下冰山下面有多深多寬，可以怎樣損害我們的民主。」[160]

確實，地球上每個民主國家都要面對選舉集資的挑戰，沒有競選融資方法的民主制度既無法想像，也毫不可行。然而，在五十二個所謂民主國家中，印度是政府不資助政黨經費或沒有適當監管政黨財務的七個國家之一，其他榜上有名的國家是塞內加爾、牙買加、波札那、模里西斯、瑞士及拉脫維亞。一項有關五十四國選舉黑金監管及執法質素的研究計算出印度

圖二十六：天價競選開支將戰場範圍縮小到只限富有的候選人。

得分為三十一分（滿分為一百分），排行倒數第十二。[161] 一些政黨急需現金支付不斷增加的選舉成本，對他們來說，枱底交易是競選融資的常態。雖然候選人開支有白紙黑字的嚴格限制，但資金軌跡根本無法核實，所以不論是籌措或是花用競選資金實際上都沒有上限；由於沒有獨立審計，政黨於是可以無限量花錢而不受監管。選舉委員會本應是印度民主的守護者，不過監督權力有限。儘管表過態又做了些出色的工作，它相比墨西哥國家選舉機構（Instituto Nacional Electoral）等姊妹機構，卻是助長了民主失效。政黨行為不軌，委員會甚至無權註銷其資格。

候選人和政黨想方設法繞過漏洞百出的監管制度。印度共和國成立之初的幾十年裡，國大黨在德里和各邦擁有絕對的權力，背後加上嚴密控制的經濟環境下精心設計的「許可證治國」商業牌照和監管制度，使得國大黨可以輕鬆獲得大量企業資金。但國大黨開始在幾個主要邦分選舉失利後，甘地夫人擔心親商界的敵對黨派會蠶食企業資金的大餅，乾脆全面禁止企業捐款，而且沒

159／Abheek Bhattacharya, 'India's $7 Billion Election', Foreign Policy, 23 April 2019.

160／Shemin Joy, 'Rs 60,000 crore spent during LS Polls 2019: Report', Deccan Herald, 3 June 2019

161／Ingrid Van Biezen and Peter Kopecky,'The State and the parties:Public funding, public regulation and rent-seeking in contemporary democra- cies', Party Politics, 13 (2007), pp. 235–54; 另見 https://data.moneypoliticstransparency.org 所載之 Money, Politics and Transparency Campaign Finance Indicators 項目結果。

有改用制度化的資助模式來替代，於是，邁向公帑資助選舉經費的趨勢在很多民主國家（尤其歐洲）出現，但在印度則從未紮根。雖然甘地夫人的兒子拉吉夫（Rajiv Ghandi）在一九八五年出任總理期間再次將企業捐款合法化，但政治與「黑金」或無憑證資金之間的關係已經穩穩確立了，金錢統治成為生活常態。隨著經濟繼續受到國家高度控制，政治競爭加劇，企業有很實際的理由不公佈資助哪個政黨。

自九〇年代中期以來，強制政黨披露賬目的法院頒令和行政措施都更嚴格了，但匿名捐款仍佔政黨財政的一大部分，印度選舉委員會完全無權處罰藐視規則的政黨，政黨賬目也完全不受政府審查。二〇〇四至〇五到二〇一一至一二年間，六個全國政黨籌得的款項中，超過七成半來歷「不明」。在此期間執政的國大黨九成收入來自現金捐款，人民黨則是六成七左右。[162] 政黨不必透露一定數額以下捐款的來源，所以會將大筆秘密捐款分拆成小份小份，偽造賬目來逃避披露要求。

選舉債券

二〇一八年，莫迪政府推出選舉債券，本就不明不白的政黨財政制度以量子級數向絕對金錢統治大躍進。這種工具容許個人、企業和信託及協會等其他法人實體不具名向政黨輸送無限量金錢。新措施之下，任何人都可以透過國有的印度國家銀行（State Bank of India）購買指定金額的免稅無記名債券，然後存入政黨的註冊銀行帳戶。捐款人毋須披露捐款數額，收款方也不用申報金主身分。選舉債券名義上是為了透明度，但就將印度本已渾濁不堪的競選融資體系攪和出一潭黑水。有了選舉債券，印度本土和外國公司，甚至是除了把資金在司法管轄區挪進挪出之外幾乎不做其他事情的空殼公司，現在就可以徹底匿名地向印度政黨放送無限現金。債券之所以匿名，據稱是為了讓公司可以資助非執政黨而不怕招致政府報復，是當時推銷債券的賣點。不過連這個所謂的優勢，後來也證實是假的，政府原來可以查出債券買家的身分。不出所料，二〇一九年選舉，九成半的債券捐款都落入執政人民黨手中，而在二〇一七一八財政年度，選舉債券總額的九成八由人民黨袋袋平安。

當年，「財源廣進」扶植了國大黨，如今，與雄厚資金的連繫同樣使民主競爭的天秤向人民黨傾斜。人民黨貴為新的政治霸主，佔據著印度七大政黨收入總和近四分之三，光是從各種渠道收到的捐款就超過後面六個黨總和的兩倍半，令印度人民黨在組織、競選活動和一般宣傳方面都火力十足，花費遠超對手。人民黨官方 Facebook 專頁有超過一千六百萬人追蹤，是公司在印度的最大廣告商，親人民黨的專頁在二〇一九年大選前夕貢獻廣告總收益超過七成。再前一年，四個

162／T. Ramachandran, 'Most funds of national parties from "unknown" sources', The Hindu, 29 September 2013 引述 Association for Democratic Reforms (ADR) 及 National Election Watch 之數字。

163／Nitin Sethi, 'Electoral Bonds Are Traceable: Documents Nail Govt Lie On Anonymity', Huffington Post, 21 November 2019.

邦選舉臨近時，人民黨是印度電視廣告的領軍品牌，播放次數為二萬二千零九十九次，比屈居十大廣告商次席的 Netflix 多出一萬次。[164]

透過選舉債券籌集的資金中，超過九成來自面額一千萬盧比（十四萬美元）的票券。很明顯，這些捐款人都不是尋常的政黨支持者。以群眾為基礎的政黨生自十九世紀的種種鬥爭，當時政黨發起運動向人們提供識字和工作機會，主張男女平等而有尊嚴地同享投票權，以吸引數以百萬計的積極支持者。對老一輩而言，各處的政黨已經今非昔比，徒具空殼。[165]今時今日，政黨被奪舍，變異成沒有靈魂的機器，更加急需另覓資金來源。在印度，政黨的恩客顯然主要是有錢人，通常是想暗中交換政治條件的企業實體或商界人士。不是說選舉債券開創了「競選融資」勾結「企業遊說」的濫觴，畢竟企業要想從政客身上拿好處，從來都會找到新穎的方式將資金變成選戰的籌碼，押下最佳投注，可以是用一箱箱現金，也可以是更複雜但同樣無法追查的捐獻。可是，選舉債券給「收買影響力」的行為鍍上制度架構的光環，並把選舉融資推上亙古未見的規模。選舉債券是金錢統治的一支強心針，是政治寡頭的遊樂場，是鞏固政商大佬枱底合作的閃亮新媒介。印度雖然經歷幾十年所謂經濟自由化，但國家政府仍然緊握政策槓桿，行使巨大公權力，左右企業興亡。對印度企業而言，競選捐款不僅僅是在買影響力，還是一份份的保險。

即使是最大的企業集團也不能倖免於忽發奇想的政策，所以有必要兩邊下注，對沖反覆無常的國家權力，看強大的塔塔家族就知道了。塔塔（J.R.D. Tata）是印度商界高人之一，也是獲得印度頒發飛機師執照的第一人，一九三二年創立了全國第一家商業航空公司「塔塔」，印度獨立前一年更名為印度航空。六年後，尼赫魯政府決定把印度航空國有化，但邀請塔塔本人留任公司主席。之後二十五年，人稱 JRD 的塔塔將印度航空培育成一家穩賺不賠的地區龍頭，並啟發了後來的國泰和泰國航空。但在一九七八年，一年前在反緊急狀態投票中上台的莫拉爾吉・德賽政府連通知都沒一聲，就把 JRD 從公司主席之位撤了下來。一九八〇年甘地夫人重新執政，重新委任 JRD 為印度航空董事會成員。九〇年代市場開放後，當時已交由 JRD 繼承人拉坦（Ratan Tata）營運的塔塔家族看到機會讓集團重投嚮往已久的航空業，於是和新加坡航空結盟，推出國內航空公司。詎料法律一夜之間大變，外國航空公司不得持有國內航空公司任何股份，塔塔一夕夢碎，在印度土生土長的捷特航空（Jet Airways）卻振翅高飛。捷特在一九九三年開始營運，這也是 JRD 去世的一年，遺下他一個擁有航空公司的夢未能實現。直到二〇一四年十二月，JRD 去世近二十

164／Kunal Purohit, 'Inside Facebook's BJP bond: Key Tie-ups With Modi Govt, Its Special Interests', article 14, 26 August 2020; 'Analysis of Facebook ads prepared by the fact-checking website Alt News', 9 March 2019; 'BJP is Leading Advertising Brand on Indian TV', The Wire, 23 November 2018.

165／Peter Mair, Ruling the Void: The Hollowing of Western Democracy (London and New York 2013); Paul F. Witeley,'Is the Party Over?'The Decline of Party Activism and Membership across the Democratic World', Party Politics, 17, 1 (March 2009), pp. 21–44.

載後，塔塔家族終於獲准與新航聯手運營塔新航空（Vistara）航班。捷特於二〇一九年停業，同年，印度政府宣佈出售嚴重虧損的印度航空——就是JRD一手創建、卻被國家接管致殘的那家。

國策一言興家、一言喪家，比JRD和塔塔小得多的個人和企業，他們的財富就是這麼大起大落。監管上的微小調整，或者文件上一句簡單附註，可以是企業成與敗那一線之差。從農村開挖水道的最小型承包商，到建造機場、橋樑和高速公路的全國最大企業集團，每個商人都明白向掌控國家權力的人效忠是何等重要。國家政策制定和實施得宜（或者不得宜），是為了養肥企業來養肥政治，選舉債券只是鞏固這種共生關係的最近新猷。其他更原始的捐款形式也能讓政黨在不承擔任何責任的情況下集資，用來掩護大筆競選捐款的小額現金捐助毋須披露之餘，企業捐款上限也撤銷了。以往一家獨立公司最多可用公司三年平均利潤的百分之七點五作政治捐款，並按要求在年度財務報表中詳細申報。莫迪政府取消了這個上限，同時廢除詳細申報企業競選捐款的要求。《外國捐款監管法》（Foreign Contribution Regulation Act）通過後，以往被禁的海外捐款也放寬了，多種外國組織現在可以合法提供政治捐款。人民院二〇一八年未經辯論就通過議案，政黨之前數十年收受的外國資金可以豁免審查。執政人民黨和在野國大黨此前被德里高級法院判處非法收受外國資金罪成，這次雙雙支持修正案。

就像政治暴力一樣，資金的黑箱操作扭曲了選舉民主的精神和制度，而且惡果無法逆轉。選舉開支規管不善造成資源分配不當，使得選舉和政府被特殊利益集團牢牢掌控。人們無法得知政策是按誰的吩咐決定的，確是對「一人一票」原則的莫大諷刺。金錢統治欺騙了千千萬萬想用選舉為自己出一口氣的印度選民。中世紀歐洲的窮人和受壓迫的人每年宗教嘉年華狂歡節樂在其中，可以嘲笑權貴、向主人扔麵粉泥污，籠統來說就是顛覆既定的道德世界。印度人的想法異曲同工，認為投票就等於尊嚴，是一個跟上面平起平坐的機會。這就是過去六十年來女性投票參與度增長遠超男性、窮人投票比富人多、地區選舉投票率最高的關鍵原因。[166]但是，當金錢可以買到選舉，人民對選舉「扯平」的信念就會受到侵蝕。他們被迫面對政治日漸不平等的事實，認識到一人一票的實際意思就是富人決定一切。[167]一旦出現黑箱作業且規管不足，選民不單在政策問題上發言權不及大金主，而且根本被蒙在鼓裡，政策為何做成特定的模樣，又為何有特定的一群受益人，選民都沒有簡單直接的渠道得知。如果說民主的一個重要大原則是按公眾的選擇來公開分配資源，那麼透明而公平的競選財務制度就肯定是將人民意願轉化為行政行動的核心要素，嚴重受損的選舉財政制度會扭曲而且違背選舉的根本意義。民主就是，決定誰人執政的工具是公眾共同擁有的。金錢統治把公共財產變成私人特權，就是扼殺民主的幫兇。

私人資金控制選舉政治，蠶食著代表制的質素，因為它扭曲了選擇的空間，「自由選擇」的

166／Mukulika Banerjee, Why India Votes? (Routledge 2014).

167／Larry M. Bartels, Unequal Democracy: The Political Economy of the New Gilded Age (Princeton, NJ 2008).

體制被顛覆成引導式挑選。政治學家尼蘭詹・席爾卡（Neelanjan Sircar）研究二〇〇四、〇九、一四年三次大選近二萬二千名議會候選人的數據，發現有競爭力（即很有機會獲勝）的候選人之中，較富有的候選人勝選機率較高，這就令政黨有很強的動機去挑選有錢的人出選，捨棄較有才華但缺乏資源的有志之士。他的研究發現，有競爭力的政黨挑選的候選人比其他候選人富裕約二十倍，而富裕的候選人勝選機率比其他人高約一成。[168]就此三場全國大選的另一項研究表明，按個人資產計算最貧窮的兩成候選人勝選率只有百分之一，最富有的兩成則是兩成三。[169]

由於印度環境特有的原因，金錢統治有利於有錢的政客或擁有更多**個人**資源的候選人，不是光光能「找到」很多資源的那種。這個區別很重要，因為候選人的個人財富會敗壞自由選擇和公共政策。在加拿大等民主國家，來自個人或政黨義工的外來資金有嚴格限制（任何個人或組織捐款不得超過一千六百二十五加元，競選公職的候選人不得向自己的競選活動捐獻超過五千加元），候選人被迫尋求不同的資金來源，不得不與各種利益團體合作，這反過來又擴大了候選人的支持基礎，迫使其制定政策時考慮更廣泛的受益群體，增加候選人的民主問責，減少籌款貪腐的動機。在這種監管狀況下，自行出資競選的候選人事實上往往表現不佳，因為單人匹馬行動或是只有少數幾個捐款人，代表民意基礎較小。

在印度，情況恰恰相反。政黨活躍成員人數減少，選舉的頻率和激烈程度增加，競選活動變得更花俏，選舉成本也變得越來越高。勤於黨務的幹部買少見少，而且今時今日他們期望受薪工作，而非要自掏腰包貢獻黨的財政。黨內民主不足，導致大多數政黨淪為世襲王朝和政界大佬的采邑（二〇一四年當選的議會議員有兩成二來自政治家族）。他們對派誰出選有最終決定權，可以是選前僅僅幾週才決定，使得候選人根本沒有時間籌款。想參選的人如果能自費參選，不給黨裡帶來財政壓力，能自資一早展開競選活動甚至付出現金資助同黨其他參選人，自然有更大機會脫穎而出獲得黨內支持，並贏得選舉。後果呢？有錢的候選人各懷鬼胎、借公營私，削弱民主代表的質素，不僅如此，公職更是被私有化了，成為公器私用做生意、建立犯罪聯繫和連本帶利收回個人投資的位置，而非公開應對和調解選民互有衝突的關切點及不同利益的過程。

特曼娜．辛哈德里既不是億萬富翁，也不是罪犯，既不是皇親國戚，也不是讓人一下記起品牌的有錢名人，她想與富可敵國的王儲洛克什一較高下，其實從來一絲勝算都沒有。這場賭局裡只有她沒出千，骰盅裡的點數在投票前早成定局。選舉結果最終揭曉，她發現只有幾百張票投了給她。但洛克什也沒贏，這次輪到另一個年輕世襲王爺賈根莫漢．雷迪（Y.S. Jaganmohan Reddy）了。他父親是位很受歡迎的首席部長，因直升機失事去世，人稱「賈根」的雷迪其後創立了一個

168／Neelanjan Sircar, 'Money in Elections: The Role of Personal Wealth in Election Outcomes', 出於 Devesh Kapur and Milan Vaishnav (eds.), Costs of Democracy: Political Finance in India (New Delhi 2018)。

169／Milan Vaishnav, When Crime Pays: Money and Muscle in India Politics (New Haven and London 2017).

以已故父親命名的政黨，橫掃邦內選舉，他在芒格阿拉吉里的候選人勝選連任。賈根申報的資產達到三十七億五千萬盧比（三千萬美元），被控三十一宗刑事罪，今次黃袍加身成為新任首席部長，結束洛克什父親的王朝統治。又一次選舉，又一次金錢和鐵拳的勝利。

第十章 選舉專制

度假村政治與叛徒

「人民的意志必須保護。」兩鬢斑白的高個子男人一邊說，一邊試圖擠進酒店門口。他申辯說，自己只是來拯救印度的民主。記者們爭相錄下他的原聲金句，政黨工作人員衝過警方警戒線。季候風時節的那個動盪七月天裡，孟買的五星級萬麗酒店意想不到地變成人民意志的戰場——而且是鄰邦卡納塔卡的人民。

風眼裡站著人稱 DKS 的多達拉哈利·坎皮高達·希瓦庫瑪（Doddalahalli Kempegowda Shivakumar），一個疑似得到民意授權的帶頭大哥，再度展開「拯救」國大黨的使命。二〇一九年七月十日，DKS 從卡納塔卡邦首府邦加羅爾飛抵孟買，直接上車駛往萬麗酒店，他所屬的國大黨及其地區盟友新人民黨（世俗派）（Janata Dal (Secular)）在他家鄉卡納塔卡的聯合政府命運懸而未決。十多名議員早前辭職叛逃至孟買，威脅到聯盟在邦議會的微弱優勢，其中十人正正在萬麗落腳。印度人民黨決心推翻卡塔納卡政府並組建自己的政府，站在萬麗酒店門前這個身穿白襯衫的魁梧男人是唯一攔路的力量。

DKS 被譽為「度假村政治」專家。要給外行人解釋的話，可以說這是印度的一種習俗，將立法議員窸窸窣窣地趕羊一樣送到安全地點，通常是酒店和度假勝地，以「保護」他們免受敵對政黨影響。立法機構之中如果沒有單一政黨或多黨聯盟佔明顯多數，多數就會發生這種狀況。這時候，議員會被數十億盧比和出任高職的承諾收買，價高者得，他們所屬的政黨則採取非常措施來保持隊形，例如沒收手提電話、全天候監視等等，以免黨員屈服於誘惑之下。要綁死人民代表的手腳絕非易事，需要有特別的技巧，在脅迫與游說、勒索與利誘之間取得微妙平衡。

DKS 是這種印式權力遊戲最熟練的玩家之一。過去他曾多次展示技藝，驅趕黨內的立法議員遠離敵人的覬覦目光。這個政治體系使許多民選代表淪為綿羊，政黨淪為狼群，選民淪為飼料，DKS 黨鞭在手，證明自己就是其中的大師級牧羊人。如果說選舉民主因為罪惡、有組織暴力和金錢統治而變了形，那麼「度假村政治」則標誌著其墮落的最後一程。政黨和立法機構對政界大佬和行政霸權卑躬屈膝，湯瑪斯・傑弗遜（Thomas Jefferson）最早提出「選舉專制主義」概念——民選政府將權力集中在少數狡猾而專橫的人手中——印度向之發展的傾向昭然若揭。[170] 度假村政治是代表制民主的屍骸（圖二十七）。

DKS精湛的演出這次沒有奏效，高潮迭起之間，執政聯盟失去存活所需的人數而垮台，人民黨最終在卡塔納卡組成政府。共十七名立法議員倒戈，由於法律不允許帶職跳槽轉黨，因此他們必須放棄議席，啟動補選，其中十二人獲勝，但這次用的是人民黨身分。意識形態如此流動，造就如此懦夫式的機會主義，情況實在驚人，其他所謂民主國家很難與之相比。跟這種狀況密切相關的因素包括選舉政治長久以來缺乏清晰的意識形態、政黨空洞化，以及黑金加緊控制政治，民主久而久之積勞成疾。

印度有眾多政黨（最新統計約為二千三百個），但多數都很難說得出分別，就連人民黨，

170／Thomas Jefferson, Notes on the State of Virginia (Philadelphia 1788), p. 126.

圖二十七：DKS（全白衣服，左起第五人）在邦加羅爾附近的度假村密切監視其黨團。

傳統上也是以民生議題為選戰主軸，手法和其他政黨大致相同，莫迪政府二〇一四年的發展為本活動就是一例。至於所謂意識形態光譜另一端的共產黨，在西孟加拉邦執政三十四年後，因急於犧牲農民利益、將耕地批給全國最大資本家而遭選民唾棄，失掉政權。除了後來積極推動「印度教優先」政策的人民黨以外，主要政黨（七個「認可」全國政黨及五十九個邦政黨）多數可以粗略地稱為中間派，各黨之間並無重大的明顯區別。

應該說是除了各黨領袖之外，各黨之間並無重大的明顯區別。印度政黨基本上都是寡頭政治，從上而下圍繞一個公眾人物運行。印度媒體常稱為「最高指揮部」的黨領導層通常是與主要領袖（稱為「最高領導人」）關係密切的一群人，負責一切重大決定。權力集中其實就是印度政黨不實行黨內民主的表現，雖然他們是世界最大型選舉的選票韭菜收割機，但自己內部卻不以選舉決定領袖之位誰屬，是民主世界中的一個反常現象。甘地夫人在一九七二年暫停黨內選舉，開創出其他政黨非常樂意效法的先例，於是，除了左派政黨之外，各黨都盛行王朝世襲制。國大黨的甘地家族，從尼赫魯本人到女兒甘地夫人，再到甘地夫人之子拉吉夫、拉吉夫妻子桑妮雅（Sonia Ghandi），現時是兩人的兒女拉胡爾（Rahul Ghandi）及普里揚卡（Priyanka Ghandi）——不過是世襲王朝政治中幾個最出名的，其他人還多著。幾乎所有地區政黨都有個人崇拜和王朝色彩，就在二〇一四年大家所見，人民院（即下議院）五分之一的直選議員來自政治世家，二〇一九年升至三分之一。最喜歡嘲笑國大黨王朝主義的人民黨自己也好不到哪裡，二〇一九年全國大選有三成一國大黨候選人為政治家族成員，人民黨則是兩成二。[171] 莫迪首屆任期的內閣約兩成四是世襲權貴後代，前任曼莫漢·辛格的國大黨執政聯盟內閣則是三成六。

近幾十年來，隨著政黨在機能上越來越依賴富人，與世襲王朝聯手的還有犯罪頭目，他們集齊資金補足水漲船高的選舉經費，從國家政黨的恩庇制度分一杯羹以自肥。DKS就是個好例子，他出身於一個卑微的農民家庭，崛起成為全國最富有的部長之一，申報資產達八萬四千億盧比（一億一千五百萬美元），從房地產生意獲利豐厚。他的崛起恰逢一九八〇年代初，邦加羅爾從悠閒印度小鎮轉型為繁華的全球大都市，他身居都市發展等要職，坐在政令決策的近水樓台，加持他扶搖直上成為政治寡頭。卡納塔卡很多頭號政客同樣賺個盆滿缽滿，靠的主要是土地、教育或礦業，錢途和政途盤根錯節、相輔相成，尤其是在政策和生意交叉扭結之處。當入仕拜相淪為榨取利潤的行為，對政黨的忠誠度就變得很次要，甚至無足輕重。

所以難怪跳槽入黨如此猖獗。這不完全是新現象。二十世紀六〇年代，國大黨開始衰弱，新的黨派出現，變陣跳槽開始司空見慣，掏空了好些民選邦政府和兩屆聯邦政府的穩定。一九六七年，哈里亞納邦傳奇變色龍加雅·拉爾（Gaya Lal）兩週內三次轉黨，甚至成為印地語諺語「Aya

---

171／Gilles Verniers and Christophe Jaffrelot, 'Explained: Why so many MPs are dynasts', Indian Express, 27 May 2019 引述 Trivedi Centre for Political Data (Ashoka University) 及 CERI (Sciences Po) 提供之數據。

Ram, Gaya Ram」（又來又去、「彈出彈入」之意）的典故。事情一發不可收拾到一個地步，時任總理拉吉夫．甘地在一九八五年推出反叛逃法，規定不聽令於黨或不跟黨鞭指揮投票的立法議員，會被取消資格。根據此法，黨員如果違抗黨鞭，就會失去議院議席，除非同黨三分之二的立法議員同樣叛逃或反抗黨鞭。法律沒錯是帶來了穩定，但也不利代議質素，並且對行政立法關係產生深遠的影響。邦立法機關每次投票，各黨都一一發出黨鞭通知，過程中無疑剝奪了民選代表自己的聲音和對黨路線提出異議的權利。結果就是，即使黨的決定與自己的選民利益相悖，議員也不能質疑黨中央。

民主聖殿

我們要看清現實：議會，亦即是人民意志的最高體現，公民與政府之間活生生的連結，現在不允許人民代表自由地行使自己的意志。莫迪形容為「民主聖殿」的神聖廳堂裡沒有代議民主，實在一葉知秋。社會的意願次於政黨的意願，控制政黨的是屈指可數的幾個人，這幾個人又受制於匿名的金主。誠如三屆國大黨議會議員沙希．塔魯爾（Shashi Tharoor）所言，反叛逃法「令每一位議員在每一次投票都淪為一個數字，一個由黨鞭加起來的數字，而非一個有能力、有信念、有良知的個體」。他認為，這是對議會程序的拙劣扭曲，將議會降格為「給政黨派系或內閣會議的現成決定蓋橡皮圖章」的場所。172

有關民主的古典文獻把政黨描述成由少數將軍掌控的寡頭政治，他們壟斷戰略、籌集資金，並在選戰戰場上向麾下士卒發號施令。[173]歷史在笑，城邦民主的寡頭政治之路，印度如今重蹈覆轍、人仰馬翻，連人民黨一類傳統上的「幹部黨」也無法倖免。人民黨現時基本是兩個人的天下：莫迪，以及他的心腹，一人之下、萬人之上的內政部長阿密特・沙阿（Amit Shah）。印度從英國議會制借來的集體決策式內閣結構中，總理技術上是同儕之首，權利與其他部長相等，但實際上，今時今日每一個部長在政府的地位都拜莫迪所賜，他們提出的每一個倡議若非莫迪自己的，就是莫迪批准的。內閣裡沒有人膽敢頂撞莫迪，或是發表莫迪不喜歡聽的意見，集體負責變成「集體共鳴」。[174]上至中央、下至邦級的所有黨領導職位，均由得到莫迪和沙阿祝福的人擔任。在中國叱吒風雲的習近平主席在黨內可能仍有對手，莫迪則不然。

莫迪是舊模式的一部分。在眾議院擁有絕對多數席位的尼赫魯、甘地夫人和拉吉夫等前總理，對政府和政黨——所以延伸至議會也是——同樣享有無法無天的霸權。人數佔多賦予其立法主導

172／Shashi Tharoor, 'India's Crisis of Representation', Open Magazine, 17 August 2017.

173／Robert Michels, Political Parties: A Sociological Study of the Oligarchical Tendencies of Modern Democracy (New York and London [1911] 1962).

174／Gopalkrishna Gandhi, 'Silence is not golden', The Telegraph, 4 April 2015.

地位，結果是破壞三權分立的原則。有云黨和立法機關的宗旨是制衡行政權力，但在印度卻沒有這回事。沒有甚麼能阻止選得贏又有群眾號召力的領袖——莫迪也好，地區政黨的強人邦領袖也罷——奪得行政、政黨和立法機構的絕對控制權。結果：選舉專制主義。

從立法機構有限的開會天數就能一睹各方從屬地位。立法議會本應要求政府向之負責，卻連開會日期都不能自己決定。減少政府提案的審議時間符合行政部門利益，所以幾十年來開會天數大幅下降。舉例而言，北方邦議會在五〇年代平均每年開會八十三天，現時降至二十四天；其他邦立法機構也好不到哪裡，平均日數是二十六，有些表現特別差的，例如哈里亞納邦，每年平均只開會十二天。就算有會開，大部分時間也浪費在搗亂和抗議上，這些行為比悶蛋立法工作更能吸引媒體報導，政客特別喜歡。這種裝模作樣的民主異見和抗議把戲背後，立法機構實際功能就是給行政決策蓋上橡皮圖章，自貶為殘缺議會。法案很少甚至全沒審議就通過了，多數都是會期最後一天才提出，省去議員研究和辯論的麻煩。二〇一四年，哈里亞納議會在同一天提出並通過一百二十九項法案。[175]

如今，國家議會一年到頭，燈也沒亮過多少次。一九七四年以前，議會每年開會日數從未低於一百天；自一九八九年以來則從未超過一百，平均為六十至七十天。即使在人民院開會的日子裡，參與和討論的程度也低得驚人。除非立法主題是有爭議的，可能有些譁眾取寵和能上鏡的干擾行為，否則多數做正經事的場景都是空蕩蕩的會議廳，裡面散落著幾個興趣缺缺的議員，立法議案和財政預算少有審查或辯論。民主是要防止精英奪得公共資源的分配權，由民選代表監察和決定誰人、在何時、怎麼樣獲得多少資源。印度的選舉專制主義是對這個原則的恥笑。大多數立法年度裡，少於一成的預算撥款有經過討論。一個研究預算透明度的全球指數給印度打出四十八分（滿分為一百分），緊隨四十九分的阿富汗和厄瓜多爾之後。[176]

歐洲學者感嘆民主國家在處理大大小小政治事務時往往進展緩慢，但印度卻恰恰相反。[177] 僅在二〇一八年三月十三日一天內，人民院就通過了九十九個局及政府部門的撥款要求，以及內有二百一十八項修正的兩項法案，全部在三十分鐘內不經辯論完成。一個十三億人口的國家，整份全年預算案半小時內就通過了，議長利用稱為「斷頭台」的特殊議會程序，仗著執政黨絕對多數撐腰，倉促通過價值二十六萬億盧比（三千七百五十億美元）的財政撥款和提案。每年，人們以為在人民院審議辯論過的預算條款，其實大多是以「斷頭台」形式通過的，有些年間甚至是全部撥款法

175／Abhijit Banare, 'Why Decline in Sittings of the Parliament & Assemblies Is Worrying', The Quint, 23 December 2018; Anil, 'Legislative Performance of State Assemblies', PRS Legislative Research, 27 May 2014.

176／非牟利組織 International Budget Partnership 製作之 PRS Legislative Research, 'Parliament and the Executive'; Open Budget Index 2017。

177／David Runciman, The Confidence Trap: A History of Democracy in Crisis from World War I to the Present (London 2015).

案，加上重要的非財政法規，都由此未經辯論而通過（圖二十八）。當日通過的兩項政府議案包括至關重要的「財政法案」，內有二百一十八項稅法修正案。全長九十二頁的法案裡，第九十頁藏著一項允許政黨逃避對其外國資金審查的修正案。

二〇〇八年最後一天，人民院在十七分鐘內未經任何討論就通過了八項法案。議會全年只開了四十六天的會，是有史以來最少的一次。在二〇一九年再出現類似的法案轟炸後，憤怒的西孟加拉邦反對派議員德里克．奧布萊恩（Derek O'Brien）在推特上寫道：「我們是在送披薩還是在通過立法？」這個問題問得對，但更多的時間是否必然等於更嚴格的審查，卻

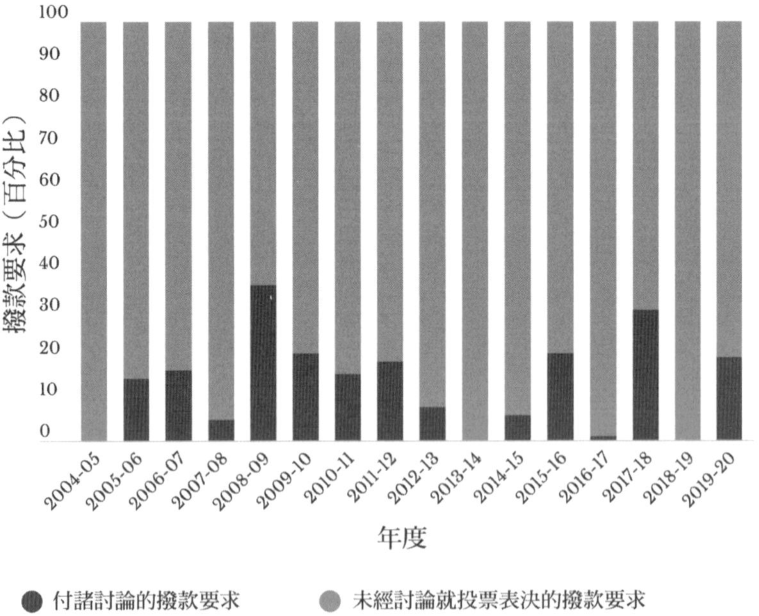

圖二十八：議會未經討論就通過的預算案百分比，二〇〇四至二〇年。

頗令人狐疑。議員參與議會事務的能力或意願越來越弱，奧布萊恩的草根國大黨同事、人稱戴夫（Dev）的迪帕克．阿迪卡里（Deepak Adhikari）是一位孟加拉電影明星，在二〇一四至一九年的第十六屆人民院五年任期裡總共發言整整一百九十秒。沒關係的，他二〇一九年又選上了。

莊家恆勝，議院必輸

備受國父們青睞的西敏議會制政府模式中，不分黨派的內閣小組委員會及議會委員會的重要角色是審議立法議案以促進良好管治，不過這些機制在邦議會並不常用，近年在印度全國議會也意義漸失。理論上，小組委員會讓來自各黨各派的成員有機會仔細研究法案，從而令立法更加細緻完善。但議員質素每況越下，意味著他們沒甚麼脾胃去消化這個重要的議會監督程序。為研究二〇二〇年聯邦預算案撥款而設的二十幾個議會常務委員會中，近四成議員一次會議都懶得參加。

議會的委員會也缺乏實權，其建議既不經大會討論，也對政府毫無約束力。政府不阻撓的話，他們的報告可能很有價值，但報告結果要是太過切中要害，通常都會受到政府打壓。二〇一六年，莫迪突然提出驚人決定，停止高面值紙幣流通，嚴重損害經濟。人民黨政府利用其在財政常務委員會的多數，擱置該會一份對此政策不利的報告。之前在國大黨領導的政府之下，一個由人民黨領袖主持的委員會草擬批評電訊牌照分配的報告，也曾經遭到政府阻撓。情報機構也不屬議會監督範圍之內。此類關鍵監督機制一旦受限，就會更容易造成民主失敗——反智決定、政策大誤、問責不足導致貪污腐化。[178]讓事態更為惡劣的是，通常是政府在決定容許委員會研究哪些法案。二〇一四至一九年，莫迪首屆任期內，只有兩成半的議案送交議會委員會，遠遠低於前任國大黨聯合政府的七成一。在二〇一九年大獲全勝連任後的首次議會會議上，莫迪政府在三十七日內推出兼通過二十八個議案，一個都沒向議會委員會提交過。政府和一部分媒體稱之為「有成效」的會議。立法機構損失，獲利的是行政機關。

議事規則和慣例還提供了很多其他手段，允許政府未經審議就偷偷通過立法，加強選舉專制統治，其中一個常用渠道是「財稅法案」。「財稅法案」可以由直選產生的下議院以多數票直接立法，毋須由邦立法機構選出成員的上議院核准。在直選下議院擁有多數的政府如果想不顧一切推動某項立法，即使法案跟稅務或借貸或其他財金事項無甚關係，還是可以將之表述成財稅法案，由此完全消弭上議院一切審查職能，設立第二個議院來制衡下議院立法權的初衷變得形同虛設。那麼，是誰決定議案是否財稅法案的呢？就是議長，來自執政黨的。

就算是普通的法案，行政部門也有很大的空間去顛覆議會監督，用的方式是「附屬法例」。「附屬法例」將制定法規詳細條款的複雜任務託付給政府，這些條款是法律的基本細節，很少在人民院討論。政府也可以選擇完全繞過法案正常路徑，直接以法令形式強推政策。其他議事規則同樣助長選舉專制主義，舉個例，除非需要頒布新法，否則政府可以不經議會認可而自行簽署或正式批准國際條約。從技術上講，任何議員都可以提出議案，但非官方議員（聯邦內閣部長以外的議員）

以個人名義提出的草案，基本上很少能通過立法。

既然一系列既定議事規則如此嚴重偏袒行政機關，那麼一個在上下兩院（或至少在下議院）有足夠票數的政府會自視為超然於民主監督，也就不足為奇了。例如，莫迪政府阻止議會小組審視冠狀病毒危機處理措施或新成立的「PM CARES」總理救濟基金，後者透過企業及公眾捐款籌得超過十億美元，用於應對疫情，但與捐款人和資金用途相關的資訊，政府卻隱而不宣，基金因而籠罩在詭秘莫測的迷霧之中。

二〇二〇年九月，議會在瘟疫的陰影下展開「季候風會期」，政府決定取消議員質詢政府的提問時間。當時最重要的兩個問題——封城引發經濟崩潰、與中國邊境衝突持續——都沒有辯論到。一項有關農產品銷售、定價、貯藏的法案備受爭議，但還是倉促通過了。在執政人民黨沒有多數優勢的上議院，政府拒絕將三大農業法案付諸表決，反而是以可疑的「口頭投票」通過，引發議院內反對派抗議，不滿的聲音引發出一場史無前例的農民運動。政府反擊，指責八名反對派議員行為不檢，勒令停職。反對派杯葛議院以示抗議，政府就充分利用空蕩蕩的上議院議事廳，在毫無異議之下，短短兩天內通過了十五項法案。

178／Jean Drèze and Amartya Sen, An Uncertain Glory: India and Its Contradictions (London 2013), p. 80

議院的下一次會期在冬季，但被政府以瘟疫為由莫名其妙地取消了，儘管那時日常生活已經恢復正常。莫迪成功令議會關門大吉後，隨即在沒有辯論、未經其他黨派同意的情況下，為新議會大樓舉行盛大的奠基儀式——其他黨派認為項目鋪張浪費又沒有必要，而且進行得偷偷摸摸。印度議院竟然連自己是否需要一棟新大樓都沒能商議。

鋼架

政府行政部門對立法機構越箍越緊，在許多所謂「民主國家」已是常事，但印度的版本特別歹毒。[179]本質上，印度的立法權現在由最高行政部門壟斷。行政部門享有不受審查的特權，揮著尚方寶劍先斬後奏，其對選民的責任不過是旁枝末節。政府不再對議會負責，肆意壓制對自己不利的資訊或查問，阻撓有威脅的調查，不同意獨立委員會就政府法案聽證，即使議會審查程序可能帶來更佳政策方案，政府也興趣缺缺。他們的字典裡已經沒有「和解」一詞；妥協的意願、向反對派讓步的意願，在他們眼中是大奸大惡。選舉專制之下，政府恩庇盛行，規模之大足以令昔日的帝王汗顏。議會對於政府的軍事和外交政策提案失去監督和合理控制權，條約可以未諮詢議會就簽署和批准。結果是立法機關不再公開監察行政機關及其制定的法律，一個一意孤行的政府可以乾綱獨斷、予取予求，絲毫不用理會議會個別議員想法、願望、言論如何。

行政權力對調查及監管機構的控制，把印度往選舉專制的火坑裡再踹一腳。以稅吏對付政敵古已有之，政府近年則喜用專門追查經濟犯罪的執法局（Enforcement Directorate）等鷹犬機構，DKS 自己就是最新受害人之一。他試圖拖延人民黨政府的行為幾個月後就遭到報復，被控逃稅及洗黑錢而身陷囹圄近兩個月。針到哪裡，線就到哪裡。任何政黨的聯邦政府都有一個中央調查局（Central Bureau of Investigation），它是國內頂級的調查機構，歷來對付惱人對手的首選武器。搞政治的成本只升不降，枱底交易和其他形式的腐敗現象越演越烈，黑錢透過國家和國際金融地下網絡在全球化世界遊走，執法局對此的專門知識使中央調查局的魔爪獠牙比以往更加兇猛，兩個部門雙劍合璧，克制政敵特別有效。

過去幾年，一些地區和全國反對派領袖被中央調查局帶走，有時在完全未經定罪的情況下被監禁數月甚至數年。上門突襲明顯是黨爭使然，於是，一些反對黨主政的邦分已經撤回局方自動獲准在其管轄範圍內調查的權限，規定調查局必須事先得到邦政府許可。聯邦部門上門突襲和監禁，目的是懲罰、恐嚇及脅迫。對身處德里的執政黨而言，這是抵禦敵人甚至化敵為友的重要籌碼。曾帶領暴力行動反對比哈爾及北方邦等窮邦移民湧入孟買的馬哈拉什特拉邦極右民粹領袖拉吉・薩克雷（Raj Thackeray）在二〇一九年議會選舉前夕開始把反對人民黨的 PowerPoint 簡報和影片加入競選演講，掀起一陣波瀾。幾個月後的邦選舉時節，執法局來訪，對他訊問了九個多小

179／Pierre Rosanvallon, Good Government: Democracy Beyond Elections (Cambridge, MA 2018).

時。此後薩克雷一反常態地安靜下來，只派出少數幾個候選人，也幾乎沒出動拉票。再幾個月後，他突然華麗轉身重返政壇，這次是要支持人民黨備受爭議的公民核查計劃。

中央調查局及執法局等聯邦機構這些突襲搜查已廣為人知，相反，各邦罪案調查科（Crime Investigation Department）及經濟罪案部（Economic Offences Wing）行動，卻在邦政府手上悄悄變成利器。罪案調查科等組織是殖民地政權遺俗，賦予政府無限權力來鎮壓異己，現今仍然是行政控制的重要工具。維持「公共秩序」和時時看好「顛覆分子」算是警察和罪案調查科的合法職能，邦政府如果對權力夠飢渴又不顧食相，對民主規範不屑一顧，就可輕易按情況把龍門左搬右搬，用來對付異己。罪案調查科甚至向邦政府提供非正式的選舉預測。

中央調查局及執法局，或是罪案調查科及經濟罪案部等組織的政治服從性只是表徵，背後的禍根是印度官僚體系更大的結構弱點，以及其令行政機構職權無限膨脹的可能性。由於「行政機構」實際意思可能只是一個小集團，甚至只是一個領導人，所以只要馴服了政黨和立法機構，選舉專制冒起的系統性風險便相當高。在走向選舉專制的路上，不論聯邦還是邦政府層級，其官僚體系都是共犯。值得注意的是，印度官僚機構和其他地方一樣，是由公務員組成、非選舉產生的政府部門，這種設計的目的是讓官僚免受民選行政人員的苛求逼迫。馬克斯．韋伯（Max Weber）等歐洲學者認為，非民選政府官員應該接受民選代表的監督，技術官僚應該是應召行事的，不該讓他們騎在頭上，「部長責任制」就是描述官僚與民選行政人員這種相互依存和從屬關係的常用詞語。印度的開國元勳想的不一樣，他們賦予官僚機構高得多的地位，幾乎將之提升成平行的權力來源。以印度行政服務系統（Indian Administrative Service）姿態出現的頂層官僚架構應該是一個獨立及非政治化的「鋼架」——這是印度首任副總理瓦拉巴伊・帕特爾的原話。

非民選的官僚機構本應是民選政府的保護者。理念是要有一個在政治任命官員不斷換人時仍能確保行政記憶和延續性的國家機器，一個為守護頂尖人才而設、有能力監督民選政府並確保其明智施政的高智慧官僚體系。印巴分治的新創傷和混亂跟年輕而極其多樣化的國家交織在一起，需要一個由開明年輕、沒有宗派包袱、專為國家建設而受過訓練的幹部組成的統一公務員隊伍。在這個構想中，行政方面大致負責制定政策框架，官僚機構的工作則是借助全國最精明幹練的一些頭腦，提供建議及實施政策。原則上的願景有實際上的後果：地區裁判官和警司變得大權在握；再往指揮鏈的上游看，部長級秘書長至少和部長本人權力一樣大——尤其是如果領導政府的是政治上有權有勢的官員，像是莫迪這樣的強勢領袖，或是班納吉一類邦級大人物。反正政策都是在最高層構想的，所以這些領導人覺得直接跟官僚談比跟部長打交道容易，因為後者往往專業知識不足甚至一無所知。印度的權力走廊裡，有權勢的官僚受領導人施恩庇佑的故事迴響不絕。

隨著民選代表的質素急跌，精英制的專業公務員團隊似乎是行政效率的最佳保證，特別是在一個公眾對政客信任度如此之低的國家。但自獨立以來，人們越來越擔心，在強大中央集權官僚系統的理論與實踐中，地方代表在官僚面前幾乎沒有話語權，精英主義和缺乏問責的危險正在潛伏著。隨著國大黨開始迷失方向、分崩離析，新的政治勢力登場，黨爭悄然滲透至公務員系統之中。印度的公共服務官僚系統就如很多其他「憲政民主國家」的一樣，發現自己承受巨大壓力，在時任政府無日無之的宣傳運動中被迫冠上莫名其妙的黨派帽子。[180]甘地夫人甚至提出「忠誠官僚」的概念，將對黨的忠誠制度化。德里和各邦政府每更迭一次，官僚就大規模集體調職一次，程序周而復始，已成家常便飯，就此破壞了以中立公務員組成常設行政機構的原意。以卡納塔卡首席部長庫馬拉斯瓦米（H.D. Kumaraswamy，其政府正是DKS竭力挽救的那個）之兄兼手下部長瑞凡納（H.D. Revanna）為例，他在胞弟成為首席部長的二十四小時內完成了調動七百名公務員的大工程，由是贏得「超級CM」（CM為首席部長Chief Minister之簡寫）稱號。[181]

民選行政官員越來越不受民主價值和制度義務的約束，非民選的政務官也隨之拉幫結派選邊站，官僚人員發現，與會犒賞忠誠的政客結盟是有利可圖的。鑑於部長在決定官僚仕途的機密報告裡會摻一腳，因此站在權力的正確一邊當然比較划算。如果被人認為心懷敵意，甚至只是表現倔強的專業精神，代價就是被投閒置散，或是懲罰性調職。以哈里亞納邦官員阿肖克・赫姆卡（Ashok Khemka）為例，二〇一九年十一月在職業生涯中第五十三次調職，他不久後在推特上發文：「又調職了，回到原點……回報誠實的，只有羞辱。」

二〇一二年，赫姆卡取消了一項牽涉國大黨主席桑妮雅・甘地女婿公司的土地交易，一舉成為輿論焦點。自然，擺在他面前的是一個在德里及邦內掌權、現在怒不可遏的國大黨。但到人民黨上台，他的待遇也沒好過，他從哈里亞納科學及技術部調到考古部，出任一個低調、低影響力的職位，投閒置散。儘管如此，赫姆卡還只是哈里亞納邦調職第二多的官僚。帕迪普・卡斯尼（Pardeep Kasni）三十五年工作生涯中被調任七十一次，保持著一個不怎麼討喜的紀錄。他二〇一八年退休時供職哈里亞納邦土地使用委員會，一個自二〇〇八年起已不再存在的部門。被派去做一份不存在的工作，基本上就是收錢不要礙手礙腳。民選專制統治者就是這樣對待高風亮節、堅守專業和規則的人的。

私人部隊

古代印度教文獻規定了四種解決政治、社會、人際關係和國際關係衝突的「方法」（upaya），分別是和解（saama）、用禮物和賄賂安撫（dana）、以武力鎮壓懲罰敵人（danda）、對反對陣營挑撥離間（bheda），四種可以單獨使用，也可以按特定情況需要，配好劑量組合混用。對國家政權來說，第三種用來對付強大敵人和頑固民眾特別有效，他們未必對前兩樣有反應，或者如果意

180／Patrick Diamond, The End of Whitehall? Government by Permanent Campaign (London 2019).
181／'Karnataka "super CM" transfers 700 officers in 24 hours', The Print, 5 October 2018.

識到有可能身受第四種手段伺候，就會比較積極應對。因此，對內揮舞著國家權力「棍棒」（印地語單字也恰好是 danda）的警察，正是特別有效的控制工具。無獨有偶，各個政府部門之中，警察最容易受行政控制。

犯罪和高層政治來回交織已成事實，僱傭打手的宦途也隨著政黨和政客的興衰而起伏。越來越多罪犯索性直接從政，政黨又越來越依賴其非法資金，結纏得越來越緊。警察不單是維持盟友和黨羽功能、確保金錢流入政治的關鍵，對於壓制反對派也至關重要，尤其是因為警察部門同時控制罪案調查科等調查機關。警察部隊對最高領袖是如此重要，重要得多數首席部長都寧願親自統領警察所屬的內政部，不願將之委託給其他人管理，這可真是僅次於擁有私人軍隊的天大美事。畢竟，印度的警政法規本就源於十九世紀英國憲兵的需要，旨在征服而非服務人民。如是者，警政高層職位自然人人垂涎——它們打通非凡權力與財富的大門，更不用說可以直接接觸民選專制統治者了。

在卡納塔卡，DKS 力挽狂瀾失敗，其聯合政府倒台，新的人民黨政府上場幾個月，就有錄音流出，其中可以聽到一個高級警官向政治掮客說項，希望拿到邦警察局的終極高職。人民黨一接手政務，便將原任警察局長、上任僅四十七天的阿洛克．庫馬爾（Alok Kumar）調走。上任政府委派他當此要職時也曾引起強烈不滿，他是當時職級最低的人選，被質疑經驗不足，任命的方式是午夜突然洗牌，誠信也似乎有問題（他在一宗彩票銷售詐騙案被點名後面臨停職處分）。

警察局長的物質回報與一般警察的低薪和惡劣工作條件差天共地。印度每十萬人有一百五十一個警務人員，是私人安保僱員數量的四分之一，聯合國所建議的二百二十人的三分之二，有些邦的情況更差，比哈爾是每十萬人七十五名警察，北方邦則是九十。然而，全國超過五分一的警務職位懸空，截至二〇一九年，單是北方邦便有約十三萬警務職缺，比核定數目少三成；比哈爾邦短缺數字為四成，西孟加拉則是三成半。工作條件通常很不堪，近期調查發現，近半數警務人員每天工作超過十二小時，眾多邦分之中只有馬哈拉什特拉邦給予所有人員週休最少一天；五分之一警局沒有廁所。根據另一項政府研究所述，逾七成警務人員沒有政府提供的住房，有幸受惠的人之中七成半不滿警察宿舍狹小、陰沉、破舊。[182]

人手不足、工資過低、裝備欠奉，令警察成為政治操縱的囊中物，不止是高層，而是貫穿整個指揮鏈，一直去到最底層。貪污腐敗是系統內置設定，用意是把警員拉在同一陣線。賄賂和保護費在所難免，底層收獲的贓款會一環一環直通上層，「拍賣」潛在油水豐厚的肥缺並不罕見。除了為本身報酬微薄的工作帶來實質補貼外，政治恩庇還提供人身安全（政客僱的打手裝備精良

182／Common Cause and the Centre for the Study of Developing Societies, Status of Policing in India Report 2019; Tata Trusts, India Justice Report 2019 (October 2019); Shreya Raman, 'Leaky, Dingy, Tiny: Police Homes In India's Financial Capital', IndiaSpend, 7 October 2019.

很多）、非正當任命、偏袒寵信和職場升遷。不同流合污的話，可能會被惡意調職，或受到其他形式的部門級處分，這就是警務人員調動數字在選舉年顯著躍升的原因。四分之一的調動發生在兩年之內；所謂兩年的固定任期，本來正正就是為了盡量減少政治干預而設的。二〇〇六年，最高法院頒令各邦實行七項改革措施，以消除對警察的政治干預，包括設定警察局長最低任期。迄今為止，沒有一個邦能完全執行好這些指令。[183]

獨攬合法暴力制度這種好事，民選專制領袖實在捨不得放棄。他們已經認定了：到底還是槍桿子裡出政權。

183／'Government Compliance with Supreme Court Directives on Police Reforms: An Assessment', Commonwealth Human Rights Initiative (September 2020).

第十一章

玷污的正義

「沒有證據，沒有證人。怎麼會有人相信這樣的事呢？他們要殺人，所以就殺了人。」

賈亞瑪（Jayamma）為死去的兒子辯護時，臉色堅定得鐵青。在距離海得拉巴（Hyderabad）約一百八十公里的古迪甘德拉村（Gudigandla），一個荒涼角落的一間小屋裡，這位母親正在孤軍奮戰，對付官方的說法與公眾的憤怒。她二十歲的兒子金塔昆塔．欽納克沙武魯（Chintakunta Chennakeshavulu）是二〇一九年底被警方拘捕並殺害的四名男子之一。四人涉嫌強姦及謀殺一名二十七歲獸醫，案件聳人聽聞，震驚全國。

整條村都拋棄了這個家庭，說欽納克沙武魯給社區帶來恥辱。但賈亞瑪堅持自己的立場，抗議針對她兒子的法外正義。「看，他是腎病患者，當時正在接受藥物治療。」她一邊說，一邊翻閱著兒子的病歷檔案，剛從櫃子拿出來的，厚厚一疊。「他根本就滴酒不沾，他們卻說幾個人犯罪前在貨車上喝了一整天酒。」

賈亞瑪身邊只有欽納克沙武魯懷孕的妻子雷努卡（Renuka）。雷努卡說，所有電視頻道的報導，都以警方的說法為絕對事實。「他們整天都在播，怎能有人不信呢？」她堅持說，丈夫是一個善良的人，不可能犯下被指控的罪行。「他唯一的罪行就是窮，沒有政界撐腰，陷害他很容易。」

兩個女人打的是一場敗仗。欽納克沙武魯和他三個朋友在拘留期間被殺，人們卻大肆慶祝。對賈亞瑪和雷努卡來說，殺害他們四人是罪；對其他人來說，四人的生存才是。人們派糖果，給警察戴上花環。他們說，人死了，事情就有了個了斷；不能再有強姦案了，強姦犯也應當恐懼。警察成了救世主，嫌疑人在沒有審判的情況下就成了罪犯。儘管有社論對即決司法的危險加以深思，但從社交媒體的反應和各處歡騰的場面看來，多數印度人都相信正義已經得到伸張（圖二十九）。

圖二十九：賈亞瑪（右）和雷努卡受私刑審判之害。

表面上的正義，不管有多麼可疑，都比完全沒有正義更受歡迎。刑事司法系統極其緩慢、組織不善，公認是權貴的遊樂場，在人們心目中，它支離破碎得連功能失調和貪污腐敗的警察部隊都比法庭更有能力捍衛正義。承認刑事司法制度「已經崩潰或者肯定接近崩潰」的最高法院前法官馬登・洛柯（Madan B. Lokur）相信，「公眾對司法機構運作和獨立性的信念與信任，有一個很大的問號」。[184]從海得拉巴的慶祝活動看來，印度的「問號」階段應該已經過了很久。公眾對司法機關的信任如同對民主制度一樣，哀莫大於心死。

死亡筆記

因印度法律禁止使用強姦受害者真名而被媒體稱為迪莎（Disha）的年輕獸醫，在二〇一九年十一月那個奪命夜晚，把自行車停在家附近一個高速公路收費站，準備坐計程車去診所。據說是貨車工人的四名男子趁她不在的時候給她一邊車胎放了氣。當晚她回來取車回家時，他們主動提出要幫忙。迪莎打電話給妹妹說自己進退不得，一群陌生人提出幫她修理自行車，但那幾個男人看起來很可怕。

184／Madan B. Lokur, 'India's Judiciary Is Facing An Increasing Lack Of Trust By Public', Outlook, 13 January 2020.

然後她的電話就沒聲音了。家人想找她但找不著，就趕到最近的警察局。警察拒絕立案，並跟迪莎母親說，她一定是和情人私奔了，一直問她迪莎是否有男朋友。最後，他們指示她去另一家警局，聲稱收費站不在他們的管轄範圍內。迪莎燒焦的屍體第二天被發現，它裹在毛毯裡，點火前淋過煤油。

警方根據閉路電視錄影拘留了四人。舉國震驚地消化又一宗強姦案的細節之際，抗議活動開始爆發。#HangRapists（「把強姦犯問吊」之意）成為社交媒體熱門主題，政客在黃金新聞時段喊打喊殺。示威者衝進關押四名疑犯的警局，當局於是不得不將四人轉移至安全的拘留所。這根本是重演二〇一二年德里巴士強姦案，當年數十萬人走上街頭要求伸張正義，德里癱瘓數天之久。印度後來收緊法律以保護婦女，但性侵犯卻繼續肆虐。印度每十六分鐘就發生一宗強姦案，實際數字更高。政府研究數據顯示，百分之九十九點一的性暴力事件沒有報案處理。[185]

公眾對警察缺乏信任、定罪率低下，以及害怕社會污名，是阻礙女性舉報性侵犯的其中幾個原因。去印度警察局立案提交初步案情報告（這份文件會決定下一步行動）可不是一樁易事。登記立案會加重辦案負擔並提高犯罪率，警方因而傾向把案件壓下，記錄得越少越好。「Burking」一詞在十九世紀的蘇格蘭解作巧妙地暗殺圖利，如今則指不登記報案資料——這個做法相當普遍。

對有關性侵犯的報案，以男性佔多數的警隊是又一重障礙。女性僅佔印度警察人員的百分之七，在管理層所佔比例不到百分之一。[186]對女性來說，警察的地方感覺就像是男性統治和性別歧視的銅牆鐵壁，迪莎母親和妹妹當天晚上的感受便是如此。她們在警察局情緒崩潰，懇求著警察幫助時，一名值班警官對她們咆哮，叫她們不要「搞事」，「要哭出去哭」。迪莎的屍體被發現後，媒體猛烈抨擊政府，前面發生過的這些事，沒有一樁是好新聞；一個高級部長還幫倒忙，告訴記者說迪莎應該致電警方熱線而不是打電話給妹妹。街上眾怒難平可想而知。實在得**做點事**來控制事態，海得拉巴《德干紀事報》點到即止，陰森森地說為了「平息民憤」，要有「不單單是拘捕」的事發生，並報導稱「各種選擇和事態正在討論之中」。[187]

碰巧的是，負責迪莎姦殺案的警官也是處理二〇〇八年瓦朗加爾市（Warangal，離海得拉巴約二百公里）潑酸襲擊案的負責人。案發時，三名男子向工程科女學生淋潑酸性液體，其後被警方拘捕及槍殺。襲擊案同樣震驚全國，疑犯被捕後未經審判就被殺害，年輕警官瞬間成為英雄。於是，嘿！被指殺害迪莎的疑犯被捕一週內，警方就宣佈四人在一次清晨「衝突」中死亡。警方

185／Pramit Bhattacharya and Tadit Kundu, '99% cases of sexual assaults go unreported, govt data shows', LiveMint, 24 April 2018.

186／Pramit Bhattacharya and Tadit Kundu, '99% cases of sexual assaults go unreported, govt data shows', LiveMint, 24 April 2018.

187／Vikram Sharma, 'Priyanka Reddy murder: Cops discuss "options other than arrest" ', Deccan Chronicle, 30 November 2019.

聲稱，為了重組案情，當局把四名嫌犯帶到案發現場，詎料四人突然用石頭和棍棒襲擊調查人員，甚至從警員身上「搶走」武器向其開火，「迫使」警察團隊開槍射殺。於是，印度日增月益的「衝突」受害者名單又添四員；所謂「衝突」，其實就是印式的法外處決，常常在正氣警察對抗「體制」的電影中得到美化。在任何正常運作的民主國家，這都是件羞恥的事情，但除了賈亞瑪和雷努卡，以及少數雜牌媒體評論人——他們仍然堅持依稀過氣的「法治」觀念——其他人似乎都非常高興。

案牘勞形

強姦案（或者說是所有案件）在一個淤塞而腐敗的法律制度裡匍匐蠕動，其步伐之遲緩，使得迅速伸張正義的機會並不存在。截至二〇一七年年底，全國有十二萬七千八百宗強姦案待決，且每日有增無減。全國司法數據網格（National Judicial Data Grid）數字顯示，全體印度法院有近三千八百萬宗案件懸而未決，其中三百七十萬已拖延超過十年。一位高等法院法官曾經估計，清理積壓案件需時三百二十年。[188]如果說「遲來的公義就是不公義」，那麼印度的不公義真是一大堆。超過二十萬宗案件案齡超過二十五年，其中一千宗過了五十年仍未處理。九百萬宗民事訴訟有兩百萬宗連傳票都未送出。

二〇一六年，時任印度首席大法官蒂拉特・辛格・塔庫爾（Tirath Singh Thakur）在公開場合情緒崩潰地呼籲莫迪改革司法系統：「為了發展與進步，我求求你挺身而出，明白到光是批評（司法系統」是不夠的。」他要在壓力下垮掉了。法官過勞引致較高級的法院一年要關門五個月左右，源源不絕的案件由是更加堆積如山。法官職位多有空缺。在印度最繁忙的一些法院，法官平均可以給每宗案件兩分半鐘的聆訊時間，大約五分鐘就要裁決。[189]僅在二〇一八年到二〇二〇年二月之間，各地高等法院待決案件數量已增加兩成九，但下級法院才是多數案件擱淺之地，三千八百萬宗待決案件中有八成八滯留在縣及次級法院。

一個為期三年的研究採集了邦加羅爾附近縣級法院的數據，揭示次級法院（多數訴訟人的第一上訴法院）的運作情況。各種案件一般平均要等三年半，[190]陳舊的程序使案件停滯在初始階段，例如發出拘捕令或傳票。近六成法庭人員職位空缺。基礎設施惡劣，沒有足夠的照明、通風、乾淨食水或洗手間設施。[191]

衰敗而遲緩的法庭系統，導致印度成為世上其中一個「未決犯」（在獄中等待審訊及判刑的人）

188／'Courts will take 320 years to clear backlog cases: Justice Rao', PTI, 6 March 2010.
189／Damayanti Datta, 'What made CJI TS Thakur cry in front of PM Modi', India Today, 27 April 2016.
190／'How do Bengaluru's rural courts function?', India Together, 12 August 2019.
191／'Building Better Courts: Surveying the Infrastructure of India's District Courts', Vidhi Centre for Legal Policy, Jaldi, Tata Trusts (August 2019).

比率最高的國家，近七成的囚犯等待發落，是已定罪囚犯人數的兩倍多。相較之下，監禁率全球最高的美國反而只有兩成未決犯。當局胡亂引用未審先囚的規定，搗毀無罪推定的原則。印度監獄囚犯只有四成半經過定罪，其餘的人未經定罪就要在羈留設施度過數年甚至數十年。被錯誤拘留的人無論時間長短，都無法得到賠償（圖三十）。

七十五歲的迪帕克·喬希（Deepak Joshi）牽涉一宗謀殺案，自一九八〇年被捕起就一直在等待審訊和定罪。二〇一九年四月，泰倫加納邦的尼熱馬拉卡（Nirmalakka）身陷囹圄十二年後獲釋；她被懷疑是毛派叛亂分子，在東部切蒂斯格爾邦被捕，警方落案就一百五十七項控罪向她提告，但全部無法舉證。同年七月，

圖三十：印度囚犯十有其七尚未定罪。

三名喀什米爾市民穆罕默德．阿里（Mohammad Ali）、拉蒂夫．艾哈邁德．瓦賈（Latif Ahmed Waja）和米爾扎．尼薩爾（Mirza Nisar）經二十三年冤獄後獲釋，當年被捕的原因是一宗與三人無關的炸彈爆炸案。還有許多受害者在羈押期間委頓憔悴，甚至鬱鬱而終；很多人因為沒有警員押送上庭而錯過聆訊，案件也一拖再拖。[192]在北方邦，一名懲教人員需要管理近十萬名囚犯。[193]

長痛不如短痛，海得拉巴警方行使即時正義，很可能實際上免了欽納克沙武魯和朋友的苦難。一旦因涉嫌犯罪而被拘留，根本就說不清會何時定罪（如果會的話）。在監獄裡，他們還可能遭遇系統內慣常肆虐的酷刑侍候。例如，在北部哈里亞納邦，據報有一半囚犯遭受過殘忍的酷刑。電擊、私處掛磚塊以及性侵犯都是常見的手段。[194]印度每六小時就發生一宗拘留期間死亡事件。二〇二〇年十月，三十一歲的已定罪囚犯阿斯加爾．阿里．曼蘇里（Asghar Ali Mansoori）在馬哈拉什特拉邦納西克（Nashik）中央監獄服刑十四年後上吊自殺。目不識丁的曼蘇里自殺前向獄友口述出一份兩頁的遺書，詳細描述五名監獄人員對他施加的酷刑，用膠袋包好再吞下，確保驗屍時會被發現。事情一如計劃，但儘管其他囚犯證實了曼蘇里關押期間受酷刑的說法，他點名控訴的監

192／Amnesty International, Justice Under Trial: A Study of Pre-Trial Detention in India (2017).
193／India Justice Report 2019, Tata Trusts.
194／Sabika Abbas and Madhurima Dhanuka, 'Inside Haryana Prisons', Commonwealth Human Rights Initiative (2019).

獄人員卻沒一個受到處分。

對於警察和法院執法機制之無能、腐敗、不公義，各邦與聯邦政府均難辭其咎。印度司法部門的整體支出僅佔GDP的〇點〇八個百分比，一些邦更要少得多。法律援助是一個明顯的缺陷，法援旨在透過幫助弱勢群體實現社會正義，印度十三億人口中近八成有資格獲得，但義務律師和律師助理很難找到，即使有法律援助，質素也往往很差。其他促進司法公正的創新也同樣成效有限。「人民法庭」（Lok Adalats）自二十世紀八〇年代起，提供替代性預防和補救服務，推動與訟雙方在上庭前達成和解，但效果並不理想。

法治

印度民主的社會基礎，因為淤塞和腐敗的法庭制度而加速崩潰。強姦受害者及家人的痛苦、知情不報、治安不力、羈押期間死亡、未決犯問題……司法機構造成的種種不公義，給千萬人民承受的社會不公雪上加霜。彷彿兩個獨立的巨輪暗中勾結，合謀激化社會緊急狀態，推倒民主制度，為絕殺一擊做好準備。印度司法機構如此百病纏身，違背了法治的精神和實體。法治的原則在於，法律機構和成文法規應該制衡有權勢者和謀求支配他人者的野心，有了這個實際效用，法治就是治療專制主義的良藥。法律制度對騙子、惡棍和權術家加以有意義的限制，無人可以凌駕法律，也無人可以逃出已公佈於眾、人人均可查閱的法律的掌心。法律的規定明確且一致，具有至高無上的權威，毫無例外地平等適用於所有人。理論上是這樣。對印度很多人而言，法治的原則及尋求法律補償的實際路徑，兩者到頭來都是死胡同。因資源匱乏、拖延和腐敗而受損的司法制度，最適合資源豐富的人擺佈。制度低效遲緩得令人沮喪，唯有他們才經受得住——和玩弄得起。

對任何對典型印度法庭大雜院有粗略了解的人而言，制度的衰敗腐化不言而喻。假證人、掮客、偏遠地區來的無助受害人，破破爛爛的檔案和打字機，幾乎都掩蓋不住司法系統基床的貪污腐敗和不合時宜。不過，圈內人不願多談——違反緘默法則的代價可以很高。最近，一位高等法院法官指控比哈爾邦法院存在大規模貪污，結果被褫奪權力再降職。東北部阿魯納查邦（Arunachal Pradesh）首席部長卡利科．普爾（Kalikho Pul）二〇一六年上吊自殺，留下一份長達六十頁的遺書，提出令人震驚的賄賂指控，涉及包括時任最高法院首席法官及其繼任人在內的多位高級法官。主流媒體對此既無調查亦無跟進，事件最後被毫不客氣地結案了斷。

印度法院是系統性剝削、官僚主義怠惰、陳舊程序和貪污腐敗的模範建築，是權力得以坐實、無權者認清自身地位之所。律師兼作家哈里什．納拉薩帕（Harish Narasappa）寫道：「無怪乎……人民不覺得自己有足夠能力堅持要國家尊重他們的權利。感覺彷彿是我們手中的權利不過是國家恩准的讓步，而非公民生而有之、自有永有之物。這種後果會破壞人民對法治的信心。」[195]民主國家民眾會為塔利班式的即決處死而歡呼，是因為司法系統已經損壞到足以讓他們放棄整套制度的地步。

納拉薩帕等法律觀察家認為，國家既然在印度人民日常生活中有核心角色，國家機構又享有巨大權力和自由裁量空間，它們就必須按照法治原則去運作。立法機構寡頭壟斷的本質很不幸地意味著，新法規和新政策是以毫不透明的方式強加給人民的，很少經過人民代議士的辯論，就算萬中無一地有實行，當場交流採取的也是戲劇表演形式，而非有根有據的理性辯論。理論上立法機構制定法律，行政當局執行法律，司法部門檢驗其是否合憲，審查並決定法律有否侵犯憲法規定的權利。當立法機關迅速變成裝飾品，行政機構實質上就是既立法又安排執法的一方，這就穩穩當當地把印度推上了一種新式專制主義的道路。人民作為選民和公民的權力被剝奪，降格成草民，尚可選出立法議員，但又被拒於立法程序之外。法律制度的不公義只會增加人民與法律之間的距離。

立法機關是貪腐政客的遊樂場，社會大多數人被排除在外，仔細檢查法律的負擔完完全全落在司法機構身上，為司法干預行政事務——以及行政機構對之強烈反彈——打好基礎。打從獨立的第一天起，司法和行政之間就一直處於高度緊張的狀態，當時尼赫魯領導的第一屆內閣不等首屆民選議會審查就強行通過第一修正案。跟美國的同名法案相反，印度的第一修正案限制言論和表達自由，限制財產權和平等權；憲法基本權利禁止基於宗教、種族、種姓的歧視，修正案也「網開一面」容許了豁免情況。倉促通過修正案的原因是政府擔心法院會破壞其造福低種姓的平權行動計劃和土地改革舉措，如沒收和重新分配大地主財產，而這種政策與憲法規定的一些基本保障有正面直接的衝突。[196]

制衡

在民主國家，行政和司法之間的緊張關係是預期之內而且值得讚賞的，正如十八世紀法國著名作家孟德斯鳩（Montesquieu）所說，行使權力的人可能會濫用權力，因此始終必須用權力來約束和節制權力。[197] 自共和國成立之初到最近，行政權與司法權之間一直是一種不安的協約關係，像在跳一場小心翼翼的探戈舞，相互保持一定距離，但又不給對方太多空間。這就是民主原則的規限：沒有人可以淩駕法律之上，權力機構必須不斷受到監督和考驗，以至在監督民主時代，民主涵義已遠遠超過單純的「自由公正選舉」時，公眾對獨立法院等機構專權妄斷予以監督和制約，對於公民的自由、平等和福祉至關重要。一九七三年，在著名的科薩瓦納達・巴拉提案（Kesavananda Bharati case，又稱基本權利案）中，最高法院即按此路線，明言法院有權否決違反憲法「基本架構」的憲法修正案。隨後幾年，最高法院就其認為對「基本架構」有關鍵意義的事項頒下重要裁決，

195／Harish Narasappa, 'The Dichtomy in India's Rule of Law', India Together, 24 July 2018; and Rule of Law in India—A Quest for Reason (Delhi 2018).

196／Tripurdaman Singh, Sixteen Stormy Days: The Story of the First Amendment of the Constitution of India. Penguin Random House (India, 2020).

197／Montesquieu, The Spirit of the Laws [1748], book XI.

例子包括凡俗主義，以及司法機構在任命法官方面的獨立性。行政部門不時反擊，哪個法官的裁決不察聖意，仕途就會被攔腰截斷。為維護印度式「監督民主」架構而成為意料中事的權力分立及相爭，如此這般得到了好好體現和尊重——除了司法部門選擇乖乖就範而非奮起反擊的時候。那是幽冥而不祥的時刻，預示印度民主將要駛入無盡的暗湧與急流。

其中最絕望的是一九七六年著名的賈巴爾普爾縣附加裁判官案（英文簡稱 ADM Jabalpur 案），當時最高法院的五名法官頒下判詞指，在甘地夫人實施的緊急狀態期間，可以暫停考慮個人自由。在四比一的多數裁決中，法官維護了行政機關拘留人民的特權，並裁定生命權和針對非法拘留而申請人身保護令要求放人的法律補救途徑，在緊急狀態管治期間不適用。申請人身保護令是抗議國家脅迫的重要工具，賦予法官權力勒令當局將被指犯罪的人帶到法庭「現身」，以核實拘留是否合法。二十一個月的緊急狀態期間，因著「人身自由不是絕對自由」、「連生命權也可在特殊情況下暫緩」的裁決，甘地夫人的政治對手遭到無差別盡情拘捕。五人最高法院法官團唯一對多數裁決有異議的法官不獲晉升為首席大法官，之前捍衛個人自由的九個高等法院共十六位法官亦遭到排擠。

一九七七年甘地夫人競選失敗後不久，上台的反對派聯盟就通過了第四十四份憲法修正案，推翻先前人身保護令裁決的專制主義，堅持生命權不容暫停，即使在緊急狀態下也是如此。但案件一直陰魂不散，直到二〇一七年底，由九名法官組成的憲法法官團最終推翻了這項「存在嚴重缺陷」的裁決，指出該案是一個「異常」情況，需要「埋到十丈深，永不超生」。

然而，才不過兩年，緊急狀態管治的舊幽靈又捲土重來。人身保護令從十丈深處蠢蠢欲動、死灰復燃，如歷史學家兼憲法律師努拉尼（A.G. Noorani）所言，從「現身」變成「現屍」。[198]二〇一九年八月，莫迪政府大筆一揮取消動盪的查謨和喀什米爾邦的自治地位，也就是聯邦政府剝奪其邦級身分，分拆為兩個聯邦直轄屬地，事前全未徵得該地民選代表同意。政府關閉電話通訊和網際網路，強行阻截資訊，又拘留包括所有當地政治領袖在內的數千名喀什米爾人。嚴苛的一九七八年《公共安全法》（Public Safety Act）仿效殖民時代、曾激發聖雄甘地領導抗議活動的《羅拉特法》（Rowlatt Act）准許預防式拘留，如今在獨立印度東山再起，不分青紅皂白連少年也強行監禁。政府堅決施壓之下，最高法院乾脆選擇別過臉去，眼不見為淨。印度政治體制本已半截入土，法院坐視不理，就是任由政府效法匈牙利、波蘭、土耳其、俄羅斯和其他地方的專制統治者，把司法機構馴服淨盡，容讓行政權力掏空憲法戒律和裁決，確保法庭成為執政政治權力的玩物。[199]

面對挑戰預防式拘留的多項人身保護令申請，最高法院向申請人發出前往喀什米爾會見相關

198／ A.G. Noorani, 'Habeas corpus is habeas carcass in Kashmir Valley', The Asian Age, 11 November 2019.

199／ Keane, The New Despotism.

被拘留者的「許可」，儘管印度從來沒有任何對國內旅行的法律限制。法庭甚至向申請人立下條件，指示他們身處喀什米爾時避免政治活動。最高法院本應要求行政部門為其在喀什米爾的行動提供正當理由，以保護公民基本權利，但它不僅放棄了這個職責，還想強制執行為鎮壓而施加的規則，變相成為行政機關的一個分支部門（圖三十一）。

通往專制之路

如果制度制衡的目的是讓行政和司法機關保持警惕，並防止濫權專斷，那麼兩者之間關係緊張，應該對民主大有裨益。莫迪二〇一四年上台執政後，雙方緊張局勢演變成公開戰爭。四年內，最高法院走進前所未知的領域，最資深的其中四位法官召開記者招

圖三十一：喀什米爾，司法與行政部門合作的試驗場。

待會，指稱政府干預司法裁決。他們認為首席大法官行事不獨立，反而利用自己「值勤管理人」的職權，將重要案件指派給特定「可靠」法官，由此預判出政府滿意的結果。資歷僅次於首席大法官的賈斯蒂・拉梅斯瓦爾法官（Justice Jasti Chelameswar）對記者申明：「我們四人深信，除非這個制度得到維護並持續平靜穩定，否則民主將無法在我國生存下去。」[200]兩個月後，他向首席大法官發信，要求召開合議庭處理行政干預司法的問題，撼動了法律界。他警告說：「任何國家司法機構和政府之間的友好關係都會敲響民主的喪鐘。」首席大法官是四人資深法官組成的全權合議庭成員之一，團隊負責有關印度高層法院的最重要決定，包括法官晉升、任命和調動。聯邦政府也應根據合議庭的建議採取行動。

全國最資深法官這次聯名抗議非同尋常，標誌著其與政府僵持已久的地盤爭奪戰達到高潮。政府一直試圖成立一個稱為「國家司法任命委員會」（National Judicial Appointments Commission，簡稱 NJAC）的小組，賦予行政部門在法官調動和任命方面的發言權，以結束合議庭對法官相關事務的壟斷。NJAC 法案是莫迪政府二〇一四年上台後在議會推動通過的第一次立法，不過最高法院堅持合議制，推翻了 NJAC 法，將升遷決定權保留在法官手中，並維持司法行政雙方權力分立。

200／Debasish Roy Chowdhury, 'Modi, a dead judge, and ghosts from the past', This Week in Asia, 20 January 2018.

莫迪的一位高級部長稱判決為「非民選之人的暴政」，政府也加以報復，不理法官職缺堆積如山，利用否決權擱置合議庭建議的法官任命，與前任政府跟司法界頂頭祭司的耐力戰可謂幾近如出一轍。首席大法官在眾目睽睽之下崩潰，是法官大人打不贏的跡象。到二〇一六年他任期結束時，因為合議庭的大多數建議遭到政府否決，高等法院職缺已經升至近五百個。繼任的人很可能已經有了決定：為了和平與安寧，遵從政府意願應該是更合理的做法。

法院既要依靠政府去執行命令，也要依靠政府提供維持法院運轉所需的資源，尤其是當法院在民眾眼中已經失去認受性時，政府更可以透過勒索、抽起各種方便、威脅削減資金等方式迫司法機構就範。所以說，「平衡法律原則與政府玻璃心」的司法自保方式已經嵌進制度之中。這個道理，大概沒有人比蘭詹·戈戈伊（Ranjan Gogoi）更能理解。他是二〇一八年行政司法相爭最烈時挺身抗議的四位法官之一，很快就接手成為下一任首席大法官，兩年後從印度司法金字塔頂端退下來時，合議庭已經變成合意庭，變成政府的形狀，配合政府在調遷和任命法官方面的喜好。行政司法原本的狀態出現根本性的轉變，從周而復始偶有磨擦的審慎友好變成積極合作關係，以致兩套制度有時看起來就如連體雙胞胎一般，奧班和普丁領導的政府所確立的專制政體內裡也是如此。

有名有姓，身分保證

事實證明，喀什米爾是新任首席大法官座下，司法行政融合的試驗場。戈戈伊自己主持聽審，處理最受矚目的人身保護令案件時，彷彿自己就是行政方。但他客串行政機關最精彩的一次演出，還是留給了東北部阿薩姆邦名為「全國公民登記冊」（National Register of Citizens，簡稱 NRC）的公民身分核查計劃。計劃宗旨在於分別印度公民及無證孟加拉語移民，後者較早前來自現今孟加拉國。該國以往為巴基斯坦國土，再之前是未分裂英屬印度一部分。所有現代國家都有公民身分規則，但 NRC 用的驗證程序近似納粹德國處理公民身分的《紐倫堡種族法》——該法為系統性迫害猶太人提供法律框架，並最終導致大屠殺；經認證擁有「雅利安血統」的人會獲發所謂「血統證明書」（Ahnenpass），上面記載的譜系圖酷似阿薩姆人民為通過印度公民身分測試而必須證明的血統家譜。

在莫迪政府而言，阿薩姆 NRC 是個重要實驗，隨後，全國性 NRC 宣告成立。為保護印度教徒免受公民身分測試失敗的風險，政府頒佈一項新法，禁止穆斯林難民申請公民身分。全印度 NRC 計劃和公民身分法引發公眾強烈抗議，二〇一九年大部分時間令印度陷入動盪。[201]

201／Debasish Roy Chowdhury, 'Modi's surgical strike on Muslims puts India at war with itself', This Week in Asia, 14 December 2019; Debasish Roy Chowdhury, 'Abandoned in Assam: India creates its own Rohingya, and calls them "Bangladeshi"', This Week in Asia, 23 August 2019.

戈戈伊是阿薩姆族人，阿薩姆 NRC 計劃就如他自己的小孩一般，得到他呵護備至。他直接與 NRC「邦協調員」（聯邦政府任命的官僚）共同管理驗證程序。結果，二〇一九年最終的 NRC 名單剝奪了一百九十萬人的公民權，其中大多數人除了阿薩姆邦以外就不知有家。法治被清掃一旁，束之高閣。核查行動執行不善，導致任意拘留、自殺與赤貧，害得家破人亡。窮人特別深受其害，因為他們沒有「文件」加身確立祖先家系，也沒有財力訴諸法律。但頂級法院對整個工程的行政控制意味著權利受侵犯的人再也無處可以申訴，連維護權利的權利也喪失了。憲法學者高塔姆．巴蒂亞（Gautam Bhatia）表示，最高法院接手 NRC 程序「等於拿刀劈透這張憲法織布」，從中可以見到他口中的「行政法院」崛起，「法庭已經遠遠偏離基本原則，無法識別為傳統模式下的『法院』」。202

NRC 的命令不僅來自法院本身，而且命令的依據也是保密的。最高法院經常要求邦協調員提供「密封封面」的報告。這種做法並非特例，NRC 只是近年來根據「密封證據」（只有法官才能看的證據）判決的眾多例子之一。過程中，公民及其代表透過對司法行為的民主審查來尋求正義的權利被剝奪。「保密行事」讓專權的機器運作無阻，「密摺」則給每個齒輪抹上更強力的潤滑油。這又是另一種方式把司法機構搞得像行政和立法方一樣，變成一個冷漠、難以接近、在沒有公民參與或獨立監督機構實行公眾問責下施加國家權力的機關。

「密摺」用以掩蓋一些給政府帶來麻煩的案件，成效不錯，例子有因購買法國戰鬥機交易爭議而起的公益訴訟，以及對政府推出為人詬病、放任黑金政治的選舉債券計劃的法律挑戰。戈戈伊離職時送給莫迪民粹政府一份最佳告別禮物，裡面也有「密摺」的蹤影：解決印度教徒和穆斯林之間長達數十年的一宗土地爭端。最高法院收到與訟雙方呈上的密封封面報告及法庭任命的調解小組的和解計劃。案中土地位於北方邦阿約提亞，印度教活躍分子聲稱是印度教神祇羅摩的出生地，數十年來一直是政治衝突一觸即發的焦點。人民黨支持本土印度教觀點，認為該處的十六世紀清真寺是莫臥兒人在拆毀一座羅摩古寺廟後才興建的，而發起運動支持在原址建廟取代清真寺、奪回「失落的」印度教自豪感，正是人民黨在全國聲名鵲起之始。一九九二年，一幫瘋狂的印度教暴民摧毀清真寺，引發全國騷亂。戈戈伊在任期最後一段日子不知疲倦地伏案工作，希望解決事件。到只剩一週的時候，以他為首的法官團將整個遺址移交一個印度教信託，以建造一座羅摩神廟。二〇一九年十一月的這個裁決無疑為印度其中一個分歧最大的政治問題拉下帷幕，但就掀起對法庭獨立性的嚴重質疑。正如一些前法官和法律界名人指出，裁決莫名其妙地以印度教徒認為該地曾存在寺廟的信念，壓倒實際存在四百六十年的清真寺物證。

　　司法機構全力支持寺廟，其實是整個大風向的一部分，在這個由選舉專制規則構建的國家裡，

202／Gautam Bhatia, '"A little brief authority": Chief Justice Ranjan Gogoi and the Rise of the Executive Court', Indian Constitutional Law and Philosophy (17 November 2019).

法院朝著被閹割的馴良之路進發。審理阿約提亞案的五人憲法法庭在二〇一九年八月六日開始程序，正是莫迪政府廢除喀什米爾特殊地位的翌日。最高法院法官團每日聆訊清真寺寺廟案，卻對處理喀什米爾封鎖及拘留所引起有關基本權利的緊急問題從容不迫。以戈戈伊為首的法庭甚至告訴喀什米爾申訴者，包括提出公益訴訟尋求恢復醫院互聯網設施及釋放被拘兒童的人，說法庭審理阿約提亞「太忙」，無暇顧及他們的申訴。一個喀什米爾被囚領袖的女兒要求法院允許其探視母親，戈戈伊對她說：「你為甚麼要四處走動呢？斯利那加（Srinagar）很冷。」戈戈伊如此待慢，比較像是民粹煽惑者而非憲政分權的監督民主國家首席大法官。一位學者在東部奧迪薩邦被警方拘捕後申請保釋，戈戈伊評論說：「如果你覺得受威脅，那麼沒有比監獄更安全的地方了。」有人促請他牽頭的法官團聽取與印度教暴民私刑處決穆斯林有關的案件時，他表示這個問題「不值得召開緊急聆訊」。正如巴蒂亞所言，這是一個「從那個叫『憲法』的麻煩小東西中解放出來」的法庭和首席大法官。[203]

首席大法官對正義的傲慢蔑視，在他處理針對自己的性騷擾投訴時表現得淋漓盡致。一名前初級法院助理報案指控他舉止不當，戈戈伊竟在星期六法院休假期間召開三名法官組成的緊急會議，「處理涉及司法獨立、具重大公共意義的問題」。聆訊由他主持，向包括自己在內的法官團隊宣佈自己無罪，並聲稱指控是破壞司法穩定的大陰謀其中一部分。申訴人沒有機會在這個特別法庭上發言。戈戈伊三名同事組成的內部小組為他洗脫所有指控，稱指控「缺乏事實根據」。調查報告以密封封面形式提交，連申訴人自己也無法查閱。

撇開個人行為不談，戈戈伊在頂層當政，是在助長以所謂「幽靈法治」取代法治。政府決策有左右大局的力量，但「幽靈法治」給它披上法律的花花飾邊，底下包藏的卻是「以法治國」：法律變成國家施行權力和控制的利器，國家自己則免於法治的嚴格約束。在一個與莫迪同台的公開論壇上，最高法院五位最資深法官之一把莫迪描述為「國際知名的遠見家」和「胸懷全球、立足本土、多才多藝的天才」，人們議論紛紛——獨立印度的歷史上，很難回想得出哪一幕有高級司法界成員比這次更諂媚的了。新任命的巴特那（Patna）高等法院首席法官說莫迪是「楷模和英雄」。

司法界許多成員認為既然莫迪在選舉大獲全勝，法治就要紆尊降貴，為奴為婢，這種態度不僅僅是個別法官庸懦無能的表現，也是司法機構結構性弱點的表徵。最高法院法官近年越來越不願意和行政方面格劍交鋒，如果判決有可能與政府既定立場相左，他們一是無限期休會拖延時間，一是叫申訴人回去找政府，一是乾脆接受政府解釋為福音真理然後結案。戈戈伊很早就把這些不斷變化的權力動態掌握得一清二楚，一清二楚到他在二─一九年十一月退休時，已經深深相信撐起司法的不二法門就是與行政權力合作。退休後四個月內，他接受聯邦政府提名，出任上議院議員。

戈戈伊並非異數。行政體制權力要法官與政府站在同一陣線，他是司法機關為虎作倀的跡象。

203／Bhatia, '"A little brief authority"'.

上達最高法院的大部分訴訟都是政府興起的，政府同時恰好是最高法院法官退休後的米飯班主，無怪乎資深法官退休前都不由得考慮要得到環境、電訊和人權等領域具有公眾影響力的監管機構委任，登上有利可圖的職位。要吃上這個大餅，最高法院法官就絕不能在現任政府的小器簿上留下污名。數據顯示，哪怕只做一項有利於政府的裁決，都會大大增加法官退休後在政府部門任職油水肥缺的機會。[204]其他法官也變得同樣過度服從行政權。行政部門以未經證實且往往荒謬的罪名拿異見人士填塞監獄時（就像莫迪政府近年做的一樣），即使在囚的包括八十歲高齡、健康狀況極壞的社運分子，法官也很樂意視而不見別過臉去。但如果事關政權的寵兒，各位法官大人又會一片關切。

二〇二〇年十一月，一個狂熱支持人民黨的電視頻道的負責人阿爾納布・戈斯瓦米（Arnab Goswami）在反對派統治的邦內因教唆自殺被捕，莫迪內閣幾乎每個大臣都在推特發文支持戈斯瓦米，最高司法部門迅即採取行動。大律師公會主席厭惡不已，向最高法院秘書長發信謂：「每次戈斯瓦米先生向最高法院求助，其案件定必即刻排上日程，其中手法和因由退一萬步而言亦可謂令人深感不安。」戈斯瓦米馬上獲得保釋。但當被指為毛派恐怖分子而被捕的部落維權人士、八十三歲的耶穌會斯坦・斯瓦米神父（Father Stan Swamy）想要吸管和水壺時——他因身患帕金森症而無法握穩水杯——下級法院卻讓他等了二十天才聽證。

身為最高憲法法院的首席，戈戈伊對喀什米爾基本權利問題的無動於衷並非特例。他的繼任人處理涉及緊急憲法問題的案件時，也同樣表現得好整以暇，例如選舉債券的合法性，或是違背印度凡俗憲法原則、將公民身分與宗教信仰掛鉤的新法。情況幾乎就像是最高憲法法庭千方百計極力迴避憲法問題。多年來透過酌情上訴管轄權受理民事訴訟的趨勢，實際上已經令最高法院「自噬」，失去有效的憲法法庭角色。[205]最高法院超過一成一案件是薪資和調職等問題的糾紛，而與憲法問題有關的只有百分之五。實際上，聆訊私立工程學院和醫學院收生和學費的案件（佔案件總額百分之〇點八）比人身保護令（百分之〇點二）等憲法案件還要多。到了真的審理預防式拘留的案件時，進展速度則是如此緩慢，留給政府玩弄的餘地是如此之大，以至法庭的干預基本上是胎死腹中。過去二十年來，最高法院費心審理並採取行動的人身保護令申請屈指可數，平均需要超過兩年半的時間才能結案，在此期間審判對象仍被拘留。[206]這種在莫迪時期頻頻加速的「司法對

204／一九九四年至二零一四年的詳細研究，見於 M.S. Aney, S. Dam, and G. Ko, 'Jobs for Justice(s): Corruption in the Supreme Court of India', Singapore Management University (SMU) Economics and Statistics Working Paper Series No. 06 (Singapore 2017).

205／Tarunabh Khaitan, 'The Indian Supreme Court's identity crisis: a constitutional court or a court of appeals?' Indian Law Review, 4, 1 (2020).

206／Shrutanjaya Bhardwaj, 'Preventive Detention, Habeas Corpus and Delay at the Apex Court: An Empirical Study', NUJS Law Review, 13, 1 (2020); Aparna Chandra, William H. J. Hubbard, and Sital Kalantry, 'The Supreme Court of India: An Empirical Overview of the Institution', University of Chicago, Public Law Working Paper No. 660 (April 2018); Shreyas Narla and Shruti Rajagopalan, 'The Judicial Abrogation of Rights & Liberties in Kashmir', article 14, 25 September 2020.

行政妥協」對印度最高法院的國際地位產生了顯著影響。律師米塔利·古普塔（Mitali Gupta）研究四十三個國家頂級法院頒下的判詞——研究對象法制與印度相似，皆受普通法體系影響，所以更可能援引印度最高法院案例——發現印度判決的國際引用率自二〇一四年以來急劇下降（圖三十二）。

正如一位印度公共知識分子所說，最高法院從來都不是完美的，但有跡象表明，它正在溜向「司法野蠻主義」，支撐著印度新的「民主野蠻主義」。「『威瑪司法』（Weimar judiciary）的色彩逐漸加深」，頂級法院成為專制行政機構殘酷監禁異己、扼殺基本權利的同謀。過程中，民選專制統治者的某些特徵也沾染到了最高司法機構身上，法庭一樣變成容不得批評和嘲諷，「過分注意司法機構自己版本的大不敬罪，像個擔驚受怕的君主」。[207]不論是頂級律師、喜劇演員還是漫畫家，哪怕是發一條對官老爺稍有微詞的推文，都會很快送官，用嚴厲的刑事藐視法庭罪究治。「世上最大民主國家」最高憲法法院利用恐嚇手段把批評

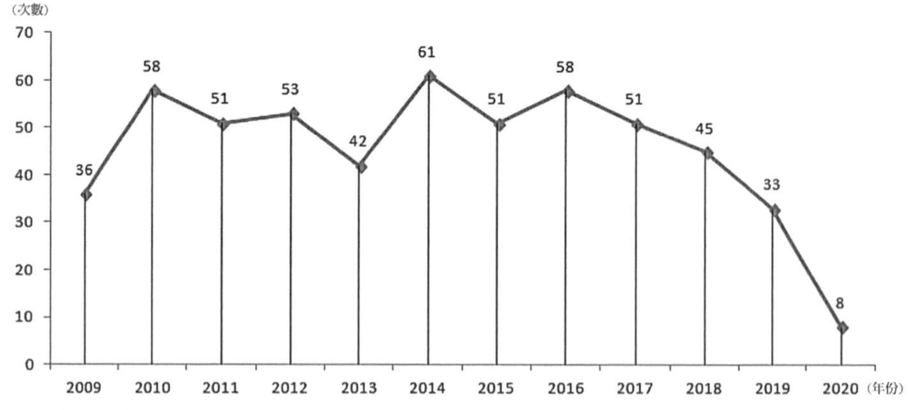

圖三十二：外國法院引用印度最高法院判決的次數（二〇〇九至二〇年）。

噤聲，印度專制之路的標記真是再明顯不過——更不用說這裡頭的尖銳諷刺了。

脫口秀演員庫納爾・卡姆拉（Kunal Kamra）在推特批評最高法院法官特快處理親人民黨電視主播戈斯瓦米的保釋聆訊，被控藐視法庭。訴訟程序開始才幾天，一個由人民黨議員主持的議會小組傳召推特的印度政策負責人，要求答覆為何不刪除該「駭人聽聞的推文」。法官和民選專制統治者互相撐腰，這種專制聯盟從前首席大法官退休後立即獲提名晉身議會一事即可見一斑。戈戈伊的任命理所當然敲響了他過去表現的警鐘，但他表示自己是受「強烈信念」驅使，認為立法司法兩方必須「共同努力建設國家」。[208] 法學家戈戈伊拒絕了司法獨立的民主原則，他沒有捍衛權力分立，而是為專制集權辯護。

獨立的司法機構並不是唯一屈服的監督民主制部件。那次不尋常的週末開庭，主持的是戈戈伊，審理的是指控戈戈伊性騷擾的案件，發出的是一項奇怪的「命令」，溫和地警告媒體：法官公開表示期望媒體好自為之，「表現克制，按照人們對其期望而負責任地行事，據此決定是否應

207／Pratap Bhanu Mehta, 'PB Mehta writes: SC was never perfect, but the signs are that it is slipping into judicial barbarism', The Indian Express, 18 November 2020.

208／'Legislature and Judiciary Must Work Together for Nation-Building: Ranjan Gogoi on RS Nomination', The Wire, 17 March 2020.

該發表某些內容，因為輕率的醜聞指控會侵蝕司法機構的聲譽，對之造成無法修補的損害，並否定司法獨立」。他們還敦促媒體「將這種不受歡迎的內容下架」。

蘭詹・戈戈伊最離奇的案件變得更離奇了，司法機構現在威脅新聞自由。很多編輯心領神會，很少媒體敢跟進這位因投訴首席大法官「把我摸遍了」而失掉工作、被控串謀破壞印度司法獨立、數月後悄悄復職的女人的案件。就像司法機關一樣，印度主流媒體現在也跟選舉專制主義言和，欣然接受招安。

第十二章

壞消息

媒體陰謀

二〇二〇年四月中旬，大封城預計結束的一天，就在政府宣佈封城延長數週前一刻，數以百計急於回家的移民工人突然蜂擁至孟買的班德拉（Bandra）車站附近。警察手持警棍衝向紛紛嚷嚷的人群，強制執行社交距離規定不果，影片在社交媒體上瘋傳。由於無法阻止移工湧入，警察借用附近清真寺的擴音器，呼籲群眾返回貧民窟住所。但越來越多民工加入，人群越脹越大，裡面的人希望政府看到這種萬頭攢動的情景會想辦法讓他們回家。這是大量困苦移民的絕望之舉，他們生計被剝奪，關在破爛的城市居所裡，當下想盡最後的努力回到鄉村家園，回到家人身邊。

但印度親政府媒體卻不是這樣報導當天下午的新聞的。如果將班德拉的人群描繪成心急如焚的工人突然聚集，就等於承認只在四小時前通知、計劃不周的全國封鎖，給千百萬人帶來了壓力，這會讓莫迪面上無光。它也不是有意思的新聞，來自內陸地區亂蓬蓬髒兮兮的男人從來都沒甚麼意思。而且它不符合劇本——危言聳聽仇恨伊斯蘭教的角度，是印度人民黨掌權以來大多數國家級新聞頻道手到拿來的慣用戲碼。

過去所有的瘟疫都有代罪羔羊。十四世紀中葉，市政府、主教和神聖羅馬帝國皇帝指控猶太人在歐洲傳播黑死病，以此為由殺害成千上萬猶太人。希特勒首次有紀錄的演說於一九一九年在慕尼黑宮廷啤酒屋發表，又是以猶太人為攻擊目標，指控其「貪圖金錢和支配」，「在國家之間」散佈「種族肺結核」。[209]二〇二〇年的印度，穆斯林就是新猶太人。那天晚上，許多電視頻道開始編造神奇的解釋，夾雜引導性的問題：是誰煽動群眾？是誰策劃示威？動機為何？群眾為何聚集在清真寺前？（因為清真寺就在火車站旁邊。）為何用清真寺廣播系統煽動抗議？（因為警方想用，並請伊瑪目和其他社區領袖加入，勸喻工人回到自己營裡。）「民族主義派」主播阿爾納布・戈斯瓦米被HBO節目主持人約翰・奧利弗（John Oliver）稱為「印度塔克・卡森（Tucker Carlson）」，每每跟法律有小磨擦都有最高法院跳出來光速擺平。這次疫情，他嚴辭抨擊「封城惡棍」，說這些聚集在一起的移民實際上是收錢示威的群演，小事背後有更大的「陰謀」。另一個頻道的新聞熒幕頭條寫著：「班德拉『病毒衝擊』陰謀？」

反穆斯林的咆哮是一場無間斷媒體宣傳活動的其中一支，整個行動有兩個要點很明確：第一，莫迪對冠狀病毒危機處理得很完美，封鎖及時而果斷，效果很好，直到穆斯林破壞一切，危及所有正當印度人的生命；第二，這不僅僅是一個不幸的錯誤，而是穆斯林在印度傳播疾病和混亂的聯合陰謀。這種路線的報導是在德里一個名為塔布里吉賈馬特（Tablighi Jamaat）的伊斯蘭傳教組織的集會上發現冠狀病毒肺炎病例後形成的。瘟疫爆發的早期，印度大多數冠狀病毒新聞都不成比例地集中在這個傳道會身上。更重要的是，政府本身對談論其他事情不怎麼感興趣，儘管醫療記者極其不滿缺乏有關疾病傳播、準備工作、檢測數據和移工危機更實質的資訊。

大量主流媒體開始將塔布里吉賈馬特這個沒有恐怖主義往績的非政治組織描繪成一個策劃襲擊印度的激進集團。傳道會當時顯然已成全國最大的單一聚集性疫情，就如南韓新天地耶穌教會一般，只不過這個隱密的南韓教會在疫症初期的錯誤，並沒有成為攻擊韓國基督徒的口實。在印度，歸咎單一穆斯林組織蓄意行惡的做法迅即蔓延，整個穆斯林社群都受牽連。塔布里吉、塔利班、穆斯林三者在媒體敘述中成為可以互換的字眼。奇怪的「新聞」貼文充斥社交媒體，有些甚至登上新聞頻道，內容基調通常是穆斯林小販向水果吐口水、餐廳穆斯林廚師向食物吐口水、穆斯林舔餐具或穆斯林同聲打噴嚏或向警察吐口水的影片拼湊混搭。儘管後來都證明是編造的，但到 Alt News 及 Boom 等一群勇敢的事實查驗媒體人馬開始揭穿這些故事時，謠言已經廣為流傳。

209／ Ian Kershaw, Hitler:1889–1936: Hubris (Harmondsworth 1998), p. 140.

病毒搖身一變成為「社群病毒」，一種盧安達電台式的武器，用來攻擊全國最大的少數群體——穆斯林。因為這些誤導宣傳，有人呼籲杯葛穆斯林商販及整個穆斯林群體，以致穆斯林被殺害、襲擊、追捕和排擠。一些社區和公寓大樓決定禁止穆斯林進入，醫院拒絕治療穆斯林病人，有些則開始將穆斯林患者從其他病人之中隔離開去。一家癌症醫院刊登廣告，宣佈穆斯林必須不是冠狀病毒帶病者，才會受理入院。

媒體「誆」架

自從印度人民黨上台以來，媒體視穆斯林為「敵人」已成家常便飯。相當一部分媒體，尤其是電視頻道，孜孜不倦地宣傳穆斯林危險的「異己」形象。就在二〇二〇年宣佈封城前不到兩週，一家熱門新聞頻道的頂級主播和主編主持了一整場節目，解釋印度現有的各種聖戰，還援引流程圖說明：「人口聖戰」、「愛情聖戰」、「土地聖戰」、「經濟聖戰」、「歷史聖戰」、「媒體聖戰」、「教育聖戰」、「電影與音樂聖戰」、「凡俗主義聖戰」，甚至「受害者聖戰」。

傳播學者長期以來都斷定，媒體能設定公眾輿論的議程，首先是吸引市民對特定問題的注意，然後用容易理解的媒體「框架」來定義問題。「框架」充當著了解問題的認知捷徑，是獨特的獨特的敘事，賦予事件特定的意義，幫助讀者掌握新聞，但往往會剝奪箇中細微玄妙和模糊之處。雖然媒體框架並不總是明明白白地告訴觀眾應該怎麼想，但會引導他們該思考甚麼和怎樣去思考事件。印度最成功的新聞環節（兼框架載體）是軟性新聞節目，裡面是個大雜燴，有自以為義的主播和喋喋不休的大頭特寫鬼哭狼嚎、呼天搶地。雙方合演的罵街比賽造就精彩的節目效果，與電視劇能爭一日之長短，又可以保持收視率。最重要的是，節目完全在電視廠內解決，大大壓縮外景報導成本。一般尚算含蓄的反穆斯林訊息自二〇一四年人民黨上台以來，就一直是這個廠景的預設媒體框架。瘟疫蔓延之際，電視台追逐經濟崩潰下僅餘的丁點兒廣告，收視率競爭變得更加殘酷，是時候把狗哨[210]放一邊，拿號角出來好好吹奏一番（圖三十三）。

210／這裡代指「狗哨政治」（Dog-whistle politics），一種使用隱語向特定人群傳遞訊息的政治手法，一般人接受接受訊息時是可以理解的，但特定群體會有另一種接受方法。詞語源自呼喚狗的高頻哨子，人類無法聽見。狗哨政治的目的在於爭取盡可能多的潛在選民，而不讓其他人感到違和。

圖三十三：印度許多電視頻道現在都大肆宣揚執政黨觀點。

跟其他所謂民主國家一樣，在印度主流媒體工作的記者全天候在建構敘事框架，於是，他們對任何政府來說都是不可或缺的，沉迷登上頭條的莫迪政府尤甚。他來到德里登基之際，正值新聞編輯室重組人馬，具有公認「自由」價值觀的頂級編輯被迫坐冷板凳。自由主義已經成為新秩序中一個令人尷尬的負資產，事實上甚至是個髒字。「包容」以前是美德，但所謂「凡膠」（sickulars，結合「有病（sick）」及「凡俗（secular）」造字）所表現出的包容傾向現在卻與莫迪人民黨「印度教優先」世界觀完全對立。他的網路戰士有系統地貶斥「凡俗主義」，譴責為機會主義和在民族問題上「其心必異」的表現。近年還有各方協調好的行動，專門抹黑主流媒體執牛耳的大人物。這些業內有權有勢的所謂「妓者」（presstitutes，結合「新聞界」〔press〕及「娼妓」〔prostitute〕造字）被指為先前腐敗政權的遺物，他們以往就在其中用監督的職責換取恩庇，莫迪想建設的「新印度」當然容不下這種吸血生物。

莫迪認為政府必須盡一切努力來誘騙和迷惑臣民。正如早期現代俄羅斯暴君沐浴在光榮的進場、加冕、婚禮、命名日、葬禮和奢華儀式的輝煌之中一樣，莫迪政府也利用電視、廣播、印刷品和數位平台作為政治豔舞秀的媒介。權力只能由上而下朝一個方向流動，高級編輯不再陪同總理出訪，總理也不舉行記者會，訪問都批給精挑細選過的記者，問題和答案都有嚴格的腳本。新一代編輯，尤其是電視界的，獲得權力的條件是先要服從權力。畢竟，莫迪並不需要記者來幫他接觸人民，他推特上就有六千七百萬追蹤者，就像武契奇（Aleksandar Vučić，塞爾維亞總統）、川普和其他嶄露頭角的專制統治者一樣，散播訊息只需一則推文，然後新聞媒體才接手跟進。莫迪甚至有自己的應用程式 NaMo，發佈他的實時狀態更新，二〇一九年二月剛過一千萬次下載；莫迪還有自己的電台節目「心連心」（Mann Ki Baat）以及電視頻道 Namo TV，在選舉期間播放。

氾濫沒頂

二〇一四年莫迪上台，恰逢通訊業蓬勃、新通訊網路和技術層出不窮、民眾的媒體消費習慣迅速改變之時。[211] 在超低上網數據價格和廉價中國產品湧入市場的推動下，印度智能手機用戶數目從二〇一四年僅僅一億五千六百萬躍升至二〇一九年超過五億。WhatsApp 印度用戶超過四億，Facebook 用戶接近兩億五千萬，印度已成為這兩個社交媒體平台的最大市場，是印度人民黨強大的 IT 部門——該黨最高效、最強效的外展媒介——手中的重型武器。人民黨社交媒體負責人將二〇一九年大選稱為首次「WhatsApp 選舉」。選前，黨已經制定好計劃，全國近一百萬個票站，每個都要有三個 WhatsApp 群組。人民黨表示光是在北方邦，就已在籌備由多達二十萬名社交媒體職工組成的網軍，目標是每個投票站最少要配備一名專門的「鍵盤戰士」。

IT 部門和執政黨支持的無數不知名側翼確保這些廣泛、非正式、網絡化的資訊管道不斷有新

211／ John Keane, Democracy and Media Decadence (Cambridge and New York 2013).

內容湧入。一眾秘密組織策劃錯綜複雜的假資訊宣傳，透過社交媒體傳播假新聞和虛假陳述。他們利用代理人 Facebook 專頁、精心安排的 WhatsApp 轉發訊息、熱門推文及其他線上平台，確保印度人民黨的活動可以病毒式廣傳。[212] 社交媒體讓人廉價地傳播針對特定群體的精準目標訊息，不論其內容多麼有害。與人民黨沒有正式聯繫但受其印度教至上主義影響的微型網紅幫助散佈這些消息，給人民黨留了保持距離和合理推諉的空間——儘管這些所謂「邊緣」分子利用煽動式的謊言和偏見，根本就是在不斷充實人民黨的核心基本盤。在這個「新聞」和「資訊」的平行宇宙中，有關達利特女孩恐怖姦殺案的抗議活動是國際伊斯蘭主義陰謀，影星自殺是寶萊塢內幕人士、販毒集團加反對派組團育成的邪惡陰謀，沒有穆斯林參與的隨機犯罪是有組織「聖戰」的合謀行為。按照普丁俄羅斯等強勢專制主義劇本，策略應該是向公共生活注入無窮無盡的廢話，噴射虛假訊息迷霧，以求製造煤氣燈效應，使受眾迷失方向。川普前幕僚史蒂夫・班農（Steve Bannon）稱這種新時代宣傳手法為「屎料沒頂」，錯誤信息氾濫，擾亂了媒體框架的既定模式，把關的傳統媒體難以甄別事實與虛構、議題與瑣事、資訊與干擾。事實與聲稱之間的界線模糊了，公民無法獲得做出明智政治選擇所需的準確資訊，民主慘被算計騎劫。

要駕馭公共敘事論調，需要的不止是巧妙的社交媒體策略。如果傳統媒體也保持同一路線，整個「新聞」環境變成親政府訊息的常設立體回音室，就等於有了左膀；如果傳統媒體從 WhatsApp 的轉發訊息中撿些虛構內容，重新包裝為「新聞」，從而把最不可信的社交媒體宣傳加強擴散開去，而且還增進了認受性，那就連右臂也添上了。在莫迪時代，新一批高級編輯（尤其是電視界的）自願提供朋黨支援，導致曾經令人引以為傲的媒體版圖，現在遍地只剩忙不迭取悅政府的殘花敗柳。很少有知名報紙或電視頻道敢批評莫迪或其政權，不走政府路線的記者也會被迫走。

印度這種媒體環境，有越南、伊朗、俄羅斯等獨立新聞奄奄一息的專制國家所共有的特徵，自我審查和阿諛奉承比比皆是。可能讓政府丟臉的新聞一是被淡化，一是直接撤銷，如果真的出現於人前，也會很快下架，不作解釋。如果有媒體突圍而出撞上要緊的新聞故事，其他平台會自顧自若無其事一般，壞消息最好敬而遠之。報紙格外小心標題和內容，以免觸怒統治者；急於取悅行政權力的電視主播寧可要求批評政府的人和反對派人物給出答案，也不會去問相關部長或執政黨，促成一種「預期服從」和「不知不覺靜默」的文化。[213]二〇二〇年，《時代》雜誌有見莫迪破壞印度多元文化民主、壓制異見及攻擊穆斯林，將其列入「百大最具影響力人物」榜，印度大多數主流媒體把它當成值得慶祝的事情一樣報導，順手將對他的尖銳批評像粉筆字般抹走，連他上榜的原因也省略了。在印度活躍的外國媒體公司也意識到，要在這個利潤豐厚的市場生意興隆，

212／Samarth Bansal, Gopal Sathe, Rachna Khaira, and Aman Sethi, 'How Modi, Shah Turned A Women's NGO Into A Secret Election Propaganda Machine', Huffpost, 4 April 2019.

213／Rasmus Kleis Nielsen, 'A creeping quiet in Indian journalism?' Huffpost, 15 November 2017.

就要以和為貴，就要自我審查和積極配合：Facebook被發現有系統地放大印度教右翼的聲音，其印度政策負責人甚至是印度人民黨的熱烈追隨者；[214]推特封鎖了一些知名反莫迪人士的帳號；HBO的約翰．奧利弗推出一集批評莫迪的節目時，Hotstar不等政府要求，自行直接將該集從平台上移除，算是未卜先知、未雨綢繆——政府隨後公佈新規則監管所有數碼內容，自賦權力打擊危害「國家安全」和「印度主權和完整」的內容。中央政府可以飭令社交媒體平台破解加密，披露「惡意」貼文的「最先發起人」；當局亦督促「網絡犯罪義工」舉報「反國家」數碼內容。二〇二一年初，Amazon Prime劇集製作人被迫同意修改劇本，並為「傷害印度教徒感情」道歉。印刷媒體方面，印度新聞業評議會（Press Council of India）一直重複一個令人不寒而慄的警誡，叫報紙「發表外媒摘錄要經適當核實」，「不論來源為何，都要對內容負責」。[215]

媒體監察人已經發現了這種趨勢。在無國界記者組織編製的世界新聞自由指數（World Press Freedom Index）中，印度成績一直穩步下滑，從二〇〇二年的第八十位，到二〇二〇年在一百八十個國家及地區中排名第一百四十二位，落後於南蘇丹、緬甸、阿富汗和軍政府統治的泰國。從莫迪災難性的貨幣禁令到對巴基斯坦邊境恐怖分子基地的秘密軍事打擊，「民族主義主播」、報紙頭條和社交媒體熱話接連不斷地宣揚政府的能力和成就，整個報導形式與國際媒體處理同樣議題的手法大相逕庭。這種不一致表現得最明顯的時候，是莫迪廢除喀什米爾自治地位並增派軍隊的一幕。國內報導稱之為莫迪出力改善喀什米爾人命運的又一傑作，幾乎所有印度主流媒體都跟隨政府的說法，指這個動盪地區雖然地位有變，但仍然「和平穩定」。當局封鎖區內資訊，關閉互聯網，但 #KashmirWithModi（表達支持莫迪喀什米爾政策之意）仍然在推特成為熱門話題。唯有英國廣播公司及路透社等外國媒體組織報導喀什米爾區內翻騰的怒火、快閃示威及警察開槍鎮壓示威者的情況。政府駁斥報導為「捏造」，態度跟任何專制國家阻擋外媒打聽消息時沒有兩樣。

當執政的行政部門暫停喀什米爾的基本權利時，決定睜一隻眼閉一隻眼的並不止立法和司法機構，國內有法定職責確保新聞自由的媒體監察機構也熱烈支持政府。一位喀什米爾編輯向最高法院尋求放寬對自由報導的限制，印度新聞業評議會發表意見指，記者自由及公平報導的權利應與印度「完整和主權方面的國家利益」考慮相平衡。當一個國家的法定媒體機構支持打壓媒體時，「民主」和「諷刺」真是被踩在腳下蹂躪千遍，死得不能再死。這還不止，評議會更提醒法庭有必要限制記者的權利，會方甚至敦促記者自律，儼如把一本教人「如何建立專制主義」的手冊，搬字過紙抄襲下來。

214／Jeff Horwitz and Newley Purnell, 'Facebook Executive Supported India's Modi, Disparaged Opposition in Internal Messages', The Wall Street Journal, 30 August 2020; Billy Perrigo, 'Facebook's Ties to India's Ruling Party Complicate Its Fight Against Hate Speech', Time, 27 August 2020.

215／Rohini Mohan, 'Indian media perturbed by advisory on foreign content', The Straits Times, 3 December 2020 現標題已改為 Indian government tells press it will be held responsible for content from overseas

一九九一年之前，印度只有一個國有電視頻道。此後，印度日常生活就被大量的新聞頻道、脫口秀、網路平台、新聞聚合器和公民新聞所佔據，把現場影片片段、觀點和新聞報導引入市場。印度現在是世界上最大的媒體市場之一，擁有近十二萬種出版物、五百五十個調頻廣播電台和八百八十個衛星電視頻道，但把如此巨大的市場資本化並收入囊中的，只是屈指可數的少數人。

大集團擁有媒體企業，在印度多多少少已是一種傳統。近年來，商業媒體力量加速集中，同時也出現了明顯的趨勢，傾向利用各種新產品和新手法——加油添醋的「突發」新聞、付費內容業配、私人條約（向公司提供廣告版面以換取股權）、以（中產）印度人熱衷的「3C」（罪案〔crime〕、板球〔cricket〕、電影〔cinema〕）為主題的編採報導。一項研究以印度受眾份額最大的五十八家主要媒體為對象，發現國內印刷媒體市場高度集中，例如，單單四家媒體就控制了全國印地語市場的四分之三，[216]所有方言市場也是如此。這些媒體巨獸又往往由一些涉足一大堆其他業務（因而需要依賴政府）的大型企業集團所擁有。所以說，媒體領域是政治寡頭的肥田。印度民主派強調媒體對制衡中央集權及保護公民利益至關重要，但問題是，關乎擁有權集中情況的媒體法規空廢無力，防止壟斷和跨行業持股的監管框架不存在，就算真的有，法律准許的交叉持股及複雜的擁有權結構築成的迷宮，也會令法規難以實施。

有研究查證二〇一六年向公司註冊處提交的文件，顯示印度首富兼最大企業集團信實工業（Reliance Industries）老闆穆克什・安巴尼（Mukesh Ambani）和另外兩位關係密切的大亨，透過持有股權或貸款或其他可換股權的投資方式，合計控制五家大型媒體公司兩成至七成的股份。18電視網（Network18）是信實在莫迪上台時收購的媒體公司之一，這次收購加上信實本身的電訊業務，使其成為印度最大的媒體公司。[217]它不斷發展壯大，二〇二〇年四月疫情期間，Facebook 以五十七億億美元的價格收購了信實集團九點九九個百分比的數位和網路業務。三個月後，沙烏地阿拉伯主權基金和谷歌又多投資了好幾十億。

二〇一九年莫迪連任以來，信實集團的出色表現推著安巴尼在全球億萬富翁排行榜上不斷攀升。反對派歸因於他是「莫迪親信」，但印度媒體、大企業和政府之間的密切關係其實樹大根深得多。許多媒體老闆和編輯長期以來公開與某一黨派結盟，獲得與政治寡頭身分相應的議會席位、政治閒職或優惠交易等獎勵。這種結盟在邦層面可以更加堂而皇之，有權有勢的政治家族公開擁

216／Reporters Without Borders, Media Ownership Monitor: Who owns the media in India? (29 May 2019).

217／Krishn Kaushik, 'The Big Five: The Media Companies That the Modi Government Must Scrutinise To Fulfill its Promise of Ending Crony Capitalism', Caravan Magazine, 9 January 2016; Megha Bahree, 'Reliance Takes Over Network18: Is This The Death Of Media Independence?', Forbes, 30 May 2014.

有具影響力的媒體公司。在有莫迪之前，媒體大亨和編輯的命運早已隨政黨和領袖跌宕起伏過無數次。就像更籠統的選舉專制大風向一樣，莫迪來到德里，不過是使媒體長期以來顯而易見的病情更加惡化罷了。

錢包抽繩

其中一些病症是印度媒體公司基礎商業模式造成的結果。印度媒體基本是靠廣告而非訂閱來營運，本來可以讓人以超低價享用到報紙和頻道，令資訊廣為傳播，並達到新聞民主化，但是，過度依賴廣告也扭曲了民主的精神和實質，使媒體資金過度依賴企業和政府的廣告預算，進而聽命於其框架和偏好。

一個很好的例子是，全國七成人口住在農村，但企業廣告模式偏向資源更豐富的城市消費者，相對之下農村新聞則報導不足。趨勢幾十年來一直很明顯，但自九〇年代市場自由化以來越演越烈。印度全國性的日報平均用頭版的〇點六七個百分比來講印度農村，非選舉年就更少了。[218]自一九九五年以來，印度已有超過三十五萬名農民自殺。按國家犯罪紀錄局二〇一九年的數據，全年有一萬〇二百八十一名農民及三萬二千五百五十九名農工自殺，單是在國內首先引進工業化農業的旁遮普邦（Punjab），農民自殺數字五年內就上升超過十二倍，但除非農民遊行至大城市抗議，否則主流媒體絕少報導這種社會緊急狀態。二〇二〇年頭六個月，馬哈拉什特拉邦有一千多名農民自殺，但幾乎沒有任何媒體關注。

反之，搶佔印度新聞頻道的是寶萊塢明星蘇尚特・辛格・拉傑普特（Sushant Singh Rajput）自殺案（圖三十四）。案件引發有關任人唯親、貪污腐敗、精神健康的討論，隨後演變成德里人民黨政府與反對派執政的馬哈拉什特拉邦（首府為孟買）之間的影子黨爭。一場在黃金時段上演的醜陋獵巫秀隨之展開，對象是拉傑普特的女朋友，然後還有更離奇的傳媒大審判，研討寶萊塢所謂的毒品關係網（拉傑普特據說為癮君子），再到聯邦部門逮捕一些頂級明星並扣留問話。馬哈拉什特拉邦政府反擊，檢控親印度人民黨的「民族主義派」主播戈斯瓦米，最後牽扯出一場巨型的收視率騙案。事件以與名人自殺相關的無休止報導及其引發的連鎖效應收場，掩蓋了其他重要新

218 Ruchika Goswamy, 'Media is a business, journalism a calling: P Sainath', The Indian Express, 24 November 2019.

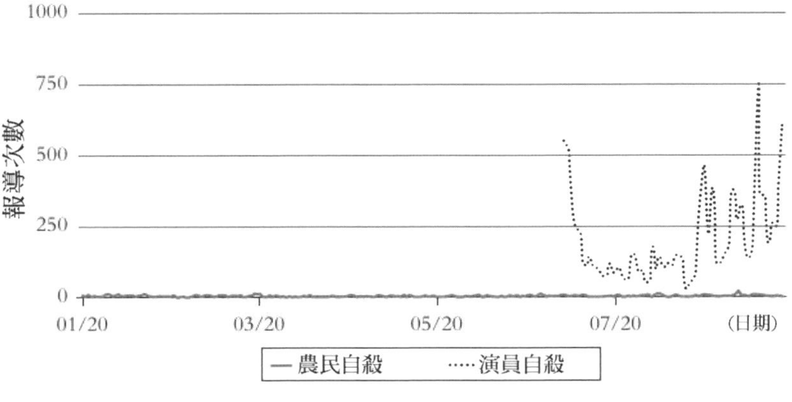

圖三十四：媒體對農民自殺與演員蘇尚特・辛格・拉傑普特自殺報導的比較。

聞，例如瘟疫造成的死亡及社會傷害、對空前經濟崩潰與日俱增的擔憂，以及持續升溫的印中邊境衝突。[219]

媒體對名人、政治新聞和「捨農村而逐城市」的痴迷執著，其實是普遍現象。一項針對六個新聞頻道的研究顯示，不論是全年哪一天，農村新聞得到的黃金時段都不會超過七分鐘。[220]結果，媒體幾乎都不報導印度社會基礎的崩壞——其影響正正在農村和半市區最明顯。市場審查很能解釋為甚麼面對饑荒和飢餓、環境破壞（除非德里空氣污染達到臨界水平）、醫療和衛生條件差劣、教育水平低下、交通危險、勞動市場出現新奴隸制，公眾可以如此不感憤怒，也可以如此顧盼自雄，這些話題似乎都毫不重要，跟政治鬧劇、國防問題、體育或名人新聞差天共地。廣告商爭相榨取上流和中產階層的購買力，寧願把錢花在這些群體喜歡的內容上。班尼特科爾曼有限公司（Bennett, Coleman & Co）出版《印度時報》並擁有 Times Now 等多個頻道，集團控制人、印度最著名媒體大亨維納特．賈因（Vineet Jain）總結了整個邏輯：「我們不是做報紙生意的；我們是做廣告生意的。」[221]

企業媒體對廣告的偏愛也以其他方式影響著編採內容：對企業集團的偵查報導是新聞編輯室的大禁忌。由於政府廣告重要性不亞於商業廣告，因此在報導國內最有權勢的政治領袖時，類似的自我審查並不少見。國大黨被趕下台前，媒體界會忌甘地家族三分，[222]向莫迪叩頭不過是既有狀況的升級。人民黨高級領袖兼莫迪的師父拉爾．克里希納．阿德瓦尼（Lal Krishna Advani）當年挺身而出反對甘地夫人嚴苛的禁言法，斥責記者在緊急狀態期間馬屁拍得啪啪響，罵出了名句：「他們只是要你們卑躬，你們卻連膝也屈了，自己在爬。」這句話是莫迪上台前很多年說的，過了這麼些日子，阿德瓦尼現在見到徒弟從媒體身上要到的俯首帖耳，肯定特別驚異。向莫迪叩頭的，不只是隨他上位而雞犬升天的新聞室新領班，現實是，整整新一茬媒體企業已經破土而出，以效忠莫迪和執政黨為己任。特別是出現了好幾個傳揚「印度教優先」民粹主義福音的頻道，其中一個叫「蘇達山電視」（Sudarshan TV）的，公開拒絕穆斯林應徵，經常拿移花接木的影片宣揚充滿族群偏見的假新聞，還製作挑釁性的節目針對穆斯林。由於這些頻道同樣得到政府慷慨解囊買廣告，所以其狂熱的宗派議程很諷刺地得到理論上自稱凡俗共和國的納稅人供養，同屬印度公民的穆斯林納稅，基本上是在資助大眾媒體呼籲消滅自己。

無論是在德里還是在各邦，政府廣告都是控制媒體的最佳武器之一。各邦和聯邦政府廣告支出的綜合數據不易取得，但其規模足以左右許多報紙和電視頻道的盈虧。在德里執政的平民黨是

219／麻省理工學院研究員 Anushka Shah 從一百三十個印度新聞來源提取之數據。
220／Anushka Shah and Zeenab Aneez, 'Cropped Out', The Caravan, 1 March 2018.
221／Ken Auletta, 'Citizens Jain', The New Yorker, 1 October 2012.
222／Swati Maheshwari and Colin Sparks, 'Political elites and journalistic practices in India: A case of institutionalized heteronomy', Journalism and International Journal of Communication (6 April 2018).

一個自命為全國政黨的城市小黨，熱衷於將納稅人的錢揮霍在全國媒體廣告上，頌揚其創始人兼領導人。二〇二〇年十一月，安得拉邦政府與班尼特科爾曼有限公司（又稱「時報集團」）簽訂價值八千萬盧比的協議，改善「邦及邦領導人在國家舞台上的形象」。在執政的頭四年裡，光是莫迪政府自己就在廣告和宣傳上花費超過四百三十億盧比（五億九千萬美元）；二〇一九至二〇財政年度，即該年四月一日至翌年三月三十一日，平均**每日**廣告開支近二千萬盧比（二十七萬美元），數字還未計算買外媒廣告的費用。傳媒機構規模越小，就越依賴政府施捨，也因而更容易受政治控制。[223]政府理應以發行量或收視率來確定各媒體機構應獲得政府廣告預算的多少百分比，較大的機構因為接觸到更多人，應該得到較多廣告，但到實行的時候，決策就隨意得多。沒有甚麼能阻止各級政府任意懲罰傳播敵意報導的大型媒體機構，並以廣告為賞金，獎勵俯首聽命但接觸面有限的小刊物。莫迪二〇一九年重返總理辦公室後不久，就有消息指政府暫停在三大報業集團下廣告，受影響的包括班尼特科爾曼有限公司、ABP 集團（旗下擁有印度《電訊報》、《歡喜市場報》〔Anandabazar Patrika〕及數個電視頻道）及印度教徒集團，後者旗下的同名報紙《印度教徒報》曾在二〇一九年大選前夕就一項惹人非議的國防交易推出一系列尖銳的偵查報導。

邦層面的動態也是如此。全國性報紙在非人民黨執政邦分的地方版常有編輯抱怨，說大部分精力都花在擦走德里編輯發來的親人民黨傾向以及「保持平衡」兩件事上，免得冒犯與人民黨敵對的本地執政黨。不過，這些強制平衡手法因為一個矛盾而廢了武功：「不偏不倚」雖然保持了媒體平台及其記者僱員的多元民主精神，但「事二主」的義務卻使得記者和老闆變得墨守成規，為保住工作和名聲而對行政機器圈定的電籬笆敬而遠之。

掌握媒體底線的不僅是政府，政黨本身（尤其是當權時）也是傳媒廣告收入的一大來源，情況主要發生在選舉期間。在選舉季節，微笑的莫迪或地區領導人的全版頭版廣告很常出現在本地媒體或電視廣告。印度有嚴重的「有償新聞」問題，即媒體公司用有利的報道換取政治廣告的做法。哈里亞納邦國大黨首席部長布平德・辛格・胡達（Bhupinder Singh Hooda）連任後誠實地告訴《展望》（Outlook）雜誌：「當我注意到我邦主要報紙日復一日在頭版刊登毫無根據的報導時，就打電話給他們，表示願意出錢刊印正確的圖片。報紙道歉了。」[224]印度新聞業評議會詳細介紹過全國及地區新聞界（又以後者為甚）的新聞換現金現象，國會一個常設委員會記錄「有償新聞」盛行，證實了評議會的發現。僅在古吉拉特一個邦，委員會就錄得一百二十六宗有償新聞案例，六十一名候選人表示他們在邦選舉期間買過正面報導。

此類媒體廣告大部分還會透過候選人背後的商賈來完成交易。政府掌權時會利用企業盟友以廣告向媒體施壓或派糖。由於政府和大企業相互依存，執政黨除了政府廣告外，還有其企業朋友

223／Media Ownership Monitor India, A Delicate Handshake, Reporters Without Borders.
224／Anuradha Raman, 'News You Can Abuse', Outlook, 21 December 2009.

的廣告預算作為額外武器，迫使傳媒平台保持路線一致。有了政治寡頭之間的國家、企業、媒體三方協議，選舉專制主義的五指山便壓得更穩了。

比筆更強

二〇二〇年疫情封鎖初期，悉達思．瓦拉達拉詹（Siddharth Varadarajan）的德里家中迎來幾位不速之客。來自鄰邦北方邦的一群約八名警察來向這位線上雜誌《線報》（The Wire）創始編輯送上傳票，要求他前往神廟鎮阿約提亞應訊。原來有人報警，指雜誌就首席部長阿迪亞納斯發表「令人反感的評論」。雖然有封城令，但警察居然可以從約六百公里外的阿約提亞一路開車來。直接的導火線是《線報》上一篇文章錯誤引述阿迪亞納斯，指他說過羅摩神會保護信徒免受冠狀病毒感染。這是個站不住腳的藉口，因為雜誌第二天已經馬上更正並澄清。這次整頓其實是在報復另一件事——《線報》的存在。

瓦拉達拉詹這樣擾人清靜的記者，以及一眾同樣強悍、為不符既定論調的觀點提供空間的新媒體平台，是專制權力的眼中釘。這些平台的記者很清楚，在印度，像其他地方一樣，專制統治者可以利用當代未完成的數位通訊革命來傳播旨在煽動公眾混亂、仇恨和壓迫的材料，例如以深偽技術拼湊而成的作品、謊言和偏執的主張。但他們不理這些說「墮落無可避免」的閒話，努力抵制反民主的腐朽，交出在主流傳媒不常見的批判性報導和觀點。他們提出各種不一樣的看法，因此威脅到專制權力為自我鞏固而築起的回音室，要承受的代價是脅迫恫嚇，有時甚至更糟糕。北方邦警務處在阿迪亞納斯治下，當年在三年半內創出遇上六千五百次「衝突」、一百二十四人死亡的恐怖紀錄，如果他們親臨敲門，真是會教人不寒而慄，不敢應門。

懷恨在心的政府早就盯上了許多傳媒人，想在瘟疫期間找他們算賬，瓦拉達拉詹就是其中一個箭靶。封城才不過兩個月，印度已有多達五十五名記者因敢於報導疫情處理不當而成為警方的目標。[225]在其他國家忙著疏導監獄擁擠情況以降低傳染風險的時候，批評過政府行動的印度記者、公共知識分子和社運人士卻發現自己身陷囹圄。很多人是依據嚴苛的《非法活動（預防）法》（Unlawful Activities (Prevention) Act，簡稱 UAPA）而被捕的。該法例源自一九六〇年代，訂明如果個人被認為對印度主權及完整構成威脅，即可限制其若干基本權利。法規經過修訂，現時容許聯邦政府將個人而非組織定性為恐怖分子，而且單靠「相信」此為事實即可行動，毋須任何證據，舉證責任完全由被告承擔。印度現有眾多非常法律，以國家安全為由限制包括記者在內的不同聲音，UAPA 是其中之一，另有《國家安全法》和《公共安全法》，兩者都允許援引模糊不清的理由，不經落案控告或法庭審訊就予以羈押。然後還有殖民地時代的煽動叛亂法，邦級和聯邦政府仍在肆無忌憚地沿用至今。各邦的記者常常因為在 Facebook 發帖批評當地專制統治者和轉發類似推文

225／印度智庫 Rights and Risks Analysis Group 之報告。

而下獄，理由是文章具有「煽動性」，威脅到「法律和秩序」。反政府的社群媒體貼文現在在比哈爾邦列為網絡犯罪，在北阿坎德邦則可導致吊銷護照。簡而言之，儘管印度媒體自由備受讚譽，但國家還是有足夠的法律工具來懲戒敵對媒體。各地記者都會因為最基本、最常規的傳媒工作——從報導示威抗議到記錄火車出軌，不一而足——而遭到監禁和法律滋擾。一個不受立法機構和法庭約束的專制政府，如果覺得有記者或報導會壞它大事，那對方反擊的法律空間很小。就算不控告煽動叛亂，政府和政黨總是可以利用誹謗訴訟來恐嚇新聞作業，折服直挺挺的腰板。

還有暴力——虛擬有之，實體有之；真實有之，潛在有之。印度有大批虎視眈眈的網絡大軍，近年踴躍發出死亡威脅和繪形繪聲的強姦訊息，跟人民黨崛起掌權和社交媒體爆炸的時期剛好脗合。以全球網軍的正常標準來看，印度的是特別醜惡的一群，說他們「卑鄙無恥下流賤格」也是污辱了這幾個字。網軍天天開戰，在推特翻手為雲，覆手為雨，嚇唬人、傷害人，成群結隊撲向任何膽敢與自己觀點相左的人。這些五毛行動通常都很迅速見效。寶萊塢影星阿米爾．汗（Aamir Khan）公開批評印度的不寬容現象越演越烈，社交媒體上抵制呼聲立時不絕於耳，網購公司Snapdeal不得不停用他為品牌代言人；頂級連鎖珠寶店Tanishq亦不敵網上民憤，抽起一則以跨宗教情侶為主角的廣告。一些最卑鄙的五毛是莫迪自己和其他政府高層的追蹤對象。拉維什．庫馬爾（Ravish Kumar）是印度其中一位最受尊敬的主播，他在擠滿親政府尖銳聲音的傳媒空間裡鶴立雞群，冷靜客觀地做節目，因而榮獲二〇一九年拉蒙．麥格塞塞獎（Ramon Magsaysay Award），在一封給莫迪的公開信中詢問自己是否有生命危險——他在WhatsApp上一再收到威脅和辱罵，發訊者是莫迪本人在推特追蹤的人。這種恐懼是真實存在的，其中不少威嚇並未止步於網絡範圍。

印度被列為對記者來說最危險的國家之一。二〇一五年，按當年在工作時遇害的媒體工作者人數計算，印度被評為第三危險地區，僅次於伊拉克和敘利亞。無國界記者組織編製的二〇一八年名單顯示，當年沒有記者在伊拉克殉職，但印度有六人被殺，排在阿富汗、敘利亞、墨西哥和葉門之後。報告指出：「針對記者的暴力行為，包括警察暴力、毛派戰士攻擊以及犯罪集團或腐敗政客的報復，是印度當前新聞自由狀況最顯著的特徵之一。」二〇一七年，邦加羅爾一家卡納達語週刊小報的編輯高里・蘭克什（Gauri Lankesh）被右翼極端分子槍殺，引發全球關注印度記者面臨的危險。

但事實上，大多數殺戮和滅聲都發生在村莊和小鎮，遠離大城市的媒體關注，相對不受注意，地方腐敗是最常見的原因。媒體公司在非市區報導上往往投入不足，湊合著僱用外面沒有制度保護的自由記者。自由記者的薪水往往跟寫成的稿件量掛鉤，其面對的挑戰，也因為印度新聞業一個較少人提及的層面而加倍艱難：記者兼任廣告中介人。小型城鎮市中心的自由記者常常被僱主要求充當廣告掮客，分成計酬。廣告來自記者職責上本應監察的人；他們理應揭露本地權力網絡的貪腐行為，但卻肉隨砧板上，被活生生嵌入網絡之中。對民主精神其中一種最大的褻瀆，就是記者一為生計、二為安全，被迫加入本地恩庇網絡。至於仍然堅守新聞操守，無視本地商界、政治、政府之間相互交織的權力利益的那些，則要付出職涯甚至生命的代價。二〇二〇年十一月，坦米爾那都邦甘吉布勒姆縣（Kancheepuram）電視記者伊斯拉維爾・摩西（Isravel Moses）被斬死，記者同僚稱他在報導當地毒販活動後收過死亡恐嚇。同月，北方邦一名記者在距離邦首府不遠的村莊家中被活活燒死，襲擊者先將酒精消毒液潑在他和朋友身上，然後點火。拉克什・辛格・「尼爾比克」（Rakesh Singh 'Nirbhik'，後面自取的姓氏意謂「無所畏懼」）在當地醫院去世前錄製了兩分半鐘的影片，說明自己正在為揭露村長的貪污交易而付出代價。

按保護記者委員會（Committee to Protect Journalists）統計名單，摩西和「尼爾比克」是印度自一九九二年以來被殺害的八十多名記者的其中兩員，清單上許多人像他們一樣，當時正在調查和揭露腐敗。僅二〇一四年至一九年的五年間就有四十人被殺。[226]印度新聞業評議會表示，九成六的謀殺案仍未偵破，要麼是因為法庭拖延，要麼就是調查陷入死胡同。[227]保護記者委員會在編製「全球有罪不罰指數」（Global Impunity Index）時，始終將印度列為在追究殺害記者的兇手方面紀錄最差的國家之一。媒體與強硬的黨派領袖、商界饕餮巨獸、犯罪政客和被綁手綁腳的法官織成的天羅地網收攏得越來越緊，絞殺和牽制記者，標誌著民選專制統治者前進道路上的一個重要里程碑。訊息自由流動是民主問責的基礎，只要扼殺了它，那些扼殺民主的政治寡頭就可以逍遙法外。

226／Geeta Seshu and Urvashi Sarkar, 'Getting Away with Murder', Thakur Foundation (December 2019).

227／Chetan Chauhan, 'India "3rd most dangerous" nation for journalists after Iraq and Syria', Hindustan Times (4 November 2019).

走向專制

第十三章

炮製人民

一個稱為「民主」的政治制度，其社會基礎為千千萬萬公民帶來無尊嚴的生活，基本治理機構開始迷失方向、分崩離析；制度本身則成為貪權政府的囊中物，政府中人借助大企業朋友、唯唯諾諾的法庭、警察暴力，還有由黑金、操縱媒體和野蠻武力所主宰的選舉勝利，誓要將治理機構一一改造。那麼，等待著這種民主制度的，會是怎樣的命運呢？

歷史學家提醒我們，民主制度可能因狡詐和衝突而被扭曲和拉扯到土崩瓦解的邊緣，亂局最終只能以軍事政變落幕。還有其他可能性的：當事情崩潰敗露時，心懷不滿的公民會發起社會抵抗，可能會呼籲用革命推翻腐朽的政治體系，社會騷亂和街頭暴力甚至內戰都有機會發生，隨後或許會實施戒嚴或出現外國軍事干預。這些是過去離心而失效的民主國家普遍遭遇的命運。但現在情況不同了，今時今日有另一種可能出現的結果，而且出現的機率更高，我們姑且稱之為「民主被專制統治者及專制政治以民主之名扼殺」。

粗略地講，專制主義是這樣從腐敗的民主制度中誕生的：一個狡猾且紀律嚴明的政黨表現得猶如自己有條接通「人民」的天地線，開始贏得選舉；數以百萬計不滿現況的人覺得它的訊息很吸引；勝利使黨及其領袖掌握並控制腐朽的政府機構；選舉的成功使他們相信，治理所需的不僅僅是加強忠誠自願追隨者這個「基本盤」；贏得公職誘使他們開始綁架立法機關、法院和其他重要的國家機構，利用它們的弱點並自其剩餘的優勢中獲利，包抄精疲力竭的對手並在政治上擊潰。執政黨機器掌握在一個頭目大佬手中，他橫看豎看、左聽右聽都比較像是一個受過媒體訓練的煽惑者，高談闊論著「民主」和「人民」。執政黨機器實行分贓制度，獎勵「朋友」、懲罰「敵人」。總是有嚴厲的警告說會出現顛覆行為，法律和秩序會崩潰。制服部隊及調查機構文武兩道火力夾攻，添上幾絲催淚氣體提味，「人民」政府開始對對手狂轟濫炸，祭出集會禁令和網絡鎮壓，如法炮製。逮捕、不經審訊而拘留、謀殺懸案時有發生。聳人聽聞的傳媒報導內容包括反對黨醜事和公共秩序面臨的威脅。執政黨在奸狡的傳媒策略幫助下，終於技術性擊倒立法機關，贏得其控制權；它又閹割法院和其他權力監督機構，掏空之後，過去的軀殼還在，肉身卻奪舍成殭屍。國家權力習得一身鋼筋鐵骨，振臂高唱「民主」，疾呼國家需要有「人民」支持的強勢統治，妖言惑眾得越發響亮，也越發激進，聲勢俱厲。

隨著權力共享式民主蒙著眼跪了地，選舉對民主殺手來說就很好用了。選舉專制盛行，選舉變成了鬧哄哄的街市愚民鬧劇。政治演變成由煽惑式救世主麾下大黨上演的華麗場面、無休止拉票和收割選票行動；救贖者承諾明天會更好，又分派酬庸。專制主義勢力利用各種最先進的工具，包括媒體訊息轟炸、玩弄法律花招、精心策劃的沉默及野蠻暴力等等，實現了一種蛻變。它將政府重新塑造成強權統治，由在舞台中央扮演「人民」明燈和後盾的專制獨裁者領導，從而肅清民主。選舉此時已不僅僅是選舉了，是沒有民主的選舉，是鐘鼓齊鳴的祭禮，是政治誘惑的狂歡節，是政府強大權力的慶典，而且得到千百萬人的選票認可。但從民主過渡到專制的過程中，還有更重要的事發生：在執政黨及其專制領袖手中，政治活動的五光十色、對公義的承諾、買票和收割票倉，有更劇烈的影響——它們旨在重新定義「人民」是誰。執政黨拼命加緊控制國家權力，向追隨者送麵包、送玫瑰，但也會玩弄骯髒手段，無所不用其極，作弊、撒謊，卻無人興師問罪。政府會玩「煤氣燈」心理操縱，各種謠言、誇大、廢話有忠誠的媒體機構幫忙傳播，其中的招牌技倆是挑起「誰才算是『人民』」的問題。[228]執政的專制統治者到處宣揚懷疑與恐懼，進而排斥眼中不歸屬己方的人，並一再重複說自己是真正歸屬於國家政體的人的政府。於是，選舉變成一個選出另一種人民的活動，要的是「真正」「純潔」的人民，裡面沒有一個不合群和不檢點的。所以，勝選的意義就在於創造出新的「主權」人民，一種經過消毒的人民，他們是一個更真切、更強大的國家民主的真正基石，而統領他們的，正是一個力量與合法性都植根於真正「人民」的傑出領袖。選舉倒反天罡，現在是政府投票選舉人民。

煽惑者

前車有鑑，除非有公民抵抗、健全的監督機構、意外情況以至衰運擋道，否則組織良好的專制機器，可以迅速將民主制度改造成我們稱為「專制主義」的另一種政治秩序。專制主義不是老式的暴政或軍事獨裁，也不能描述成單人統治的恐怖表演，即古代所謂的「專政」，亦不能將它與二十世紀的法西斯主義或極權主義混淆。[229]專制主義是一種新型的強勢國家權力，由煽惑者領導，由國家和企業政治寡頭在順從的記者和溫馴的法官幫助下營運，是一種自上而下的管治模式。它不僅得到執法機構支援，而且還有數以百萬計忠誠臣民撐腰，他們很願意支持那些給出切實好處、大膽地以「民主」和「主權人民」名義統治的領袖。舉幾個最近期的例子，匈牙利、哈薩克和土耳其親身證實，從民主到專制的過渡，從作繭自縛到破殼而出，可以在短短十年多一點的時間內完全蛻變，印度可能就是下一個。每個地方的轉變通常細節不一，但最終結果基本上大同小

228／諷刺詩 Bertolt Brecht, 'Die Lösung [The Solution 1953]', in Poems: 1913–1956 (London 1981) 描繪政府透過選舉新人民來增強支持度的策略。

229／有關專制主義一詞之歷史變遷及與當今關聯度的詳情及其在實踐中之意義，請參閱 John Keane, The New Despotism (London 2020) 及 Nayanika Mathur's ethnography of Indian state structures, Paper Tiger: Law, Bureaucracy and the Developmental State in Himalayan India (Cambridge and Delhi 2015).

異：民主挾著「民主」之名，蛻變成另一種政治制度，民主的蝴蝶成為專制的蠕蟲，一種怪異的新型幽靈民主就此誕生。

籠罩印度政壇上層的致命動態點明了其中堪虞之處。印度正在示範民主的遺民如果容許專制主義出現，專制主義（可能）會怎樣出現。專制主義是病態民主的自體免疫疾病，在民主殘餘的精神和機構中吸吮生命。專制主義依賴定期選舉和選民支持為生，專制者盡情行使集會結社的權利，又利用媒體自由來傳播他們的訊息。專制主義也開發「權力關係並非一成不變，事情可以有所不同」的民主意識，孕育著救贖的希冀，提高人民的期望，讓他們覺得「主權人民」有權要求日常生活有所改善。專制主義承諾解決饑荒、失業、腐臭空氣和食水、垃圾山、失職的運輸系統及惡劣的醫療保健等令人頭痛和心碎的問題。專制統治者竭盡所能想贏得忠誠的追隨者，於是蛇齋餅糭，施恩佈德，像是現金買票、新屋和廁所，但從民主價值和制度的角度來看，專制政治實際上只會令情況更加一塌糊塗。專制主義燃燒並損害民主身體殘存的細胞、組織和器官，令它病入膏肓。民主的消弭和死亡，就是由專制主義步步加速的。

當民主國家任由其社會基礎撕裂，其實就是在鼓勵領袖扮演救世主的角色，並試驗專制政治的蠱術。本質上很易受操弄，又偏向領導人一方的孱弱治理結構，只有助長這種專制趨勢。莫迪時代出現公然侵犯印度憲法保障的自由，以及國家機構明顯屈服，都加劇了現時人們對印度民主衰退的擔憂，但冰凍三尺非一日之寒，讓專制主義生根發芽的社會腐化現象已經存在很久，比莫迪還要早幾十年。若然如本書前文所及，社會生活的破壞是民主衰落的一種形式，那麼印度專制之路的故事就複雜得多了。有些限制條件是要特別注意的。印度聯邦體制下，主要是邦政府負責衛生、教育、營養、流動性和環境等，這些領域全都是民主失敗的見證。莫迪支持者往往把他吹捧為救星，及時降世挽救國大黨五十五年種下的國難，這種論點其實似是而非。雖然在印度作為一個獨立國家存在的大部分時間裡，國大黨這個政黨界大佬成功保住了對德里的管治權，但在全國其他邦已經很久沒執過政了，譬如在經濟穩步成長但兒童營養不良日甚一日的古吉拉特，自一九九五年起就是人民黨掌權；印度其中兩個最窮、治理最不善的邦——北方邦和比哈爾邦，已經三十年沒有國大黨政府；坦米爾那都自一九六七年起已不見國大黨蹤影，西孟加拉則是一九七七年。很多政黨，有全國的也有地區的，也不論左中右，都曾在各邦單獨或聯合執政過，逃避不了社會腐化和促成專制主義態勢的責任。

另一方面，有云印度民主在莫迪出現之前表現良好，同樣是有謬誤的說法。本書中概述的許多制度病態在莫迪執政期間都有所加劇，但無論是對基本權利的諸多限制及權力制衡機制的瓦解，還是對政權異見人士的大量非法逮捕，都不是僅限於某一政黨或領袖陰謀的全新現象。寶萊塢最著名詞人之一馬傑魯·蘇丹普里（Majrooh Sultanpuri）曾在一九四九年因批評尼赫魯而鋃鐺入獄；也正是在尼赫魯治下，印度發生最明目張膽的大規模拘禁：一九六二年對華戰爭期間，從阿薩姆到西孟加拉，約三千名印度華人被圍捕，送進拉賈斯坦邦沙漠的拘留營。尼赫魯僅僅以他們「非我族類」，就認為有安全風險。他們的財產被沒收拍賣，很多人被驅逐到中國——儘管他們是長久以來世世代代在印度生活的印度公民。印度殖民地時期的煽動法，加上隨後幾十年出台、嚴苛的安全及反恐法，一直讓統治者無後顧之憂地攻伐實際和假想的敵人。統治者把法律運用到甚麼程度，完全取決於其意願和在立法院的勢力，只是來到今時今日，它似乎成了自然規律的一部分、管治上的功能要求。與美國《權利法案》（Bill of Rights）不同，印度的基本權利並非不容侵犯，[230]諸如言論及表達自由、集會和行動自由等，可以（而且經常）受到「合理限制」約束，理由是要保護「法律與秩序」及印度的「主權、統一與完整」這些更神聖不可侵犯但含糊得很合宜的概念。莫迪並不是第一個或唯一一個將這些條件定義到對自己特別有利的政客，但目前權力如此集中在一個煽惑者手中，他統領的政黨在立法上不受挑戰，鬼話連篇地推行與國家凡俗民主憲制規範公開衝突的多數主義意識形態，這才更激化走向專制的真正危險。

終極大佬

扼殺民主、建立專制總是需要口若懸河的煽惑者和扮演塵世「人民」化身的政治頭領。同樣，人們可能認為煽惑是最近才出現的現象，都是莫迪的錯，但殘酷的事實是，印度政壇的百子櫃裡，從來都滿是像他一樣意志堅定、貪戀權力的人物。在地方層面，專制者多如牛毛。被支持者親切地喚作「迪迪」（即「姐姐」）的瑪瑪塔·班納吉是一位中產階級女性，扮演窮人衛士的角色，是一位穿著簡單紗麗的詩人和畫家，在二〇一二年被《時代》雜誌選為「百大最具影響力人物」

之一。她特別喜愛字字珠璣的金句，例如「我們政策非常明確：適合人民的就是了」，會發表振奮人心的演說；向房屋髹上她政黨顏色的住戶發送市政稅收減免，毫不猶豫在政治對手處安插私警幹部，不容忍黨內外任何異議。印度民主也不乏扮演政治救世主的大佬角色，譬如人稱 KCR 的卡爾瓦昆特拉・錢德拉謝卡爾・拉奧（Kalvakuntla Chandrashekhar Rao），是二〇一四年從安得拉邦切割出來的南部新邦泰倫加納的首任首席部長。他身穿代表泰倫加納民族黨的白色和粉紅色，是領班級的獅子兼老狐狸，義無反顧地運用國家機器來堵住反對派的嘴，並向邦內「真正本地人」施恩佈德。KCR 在海得拉巴核心地帶給自己建了一座佔地九英畝、配備防彈玻璃牆的華麗宮殿。他宣傳占星學和術數理論，召開為時多天的印度教「雅吉納」（yajna，即火祭）祭祀活動，由數千名祭司主持，數百萬人參加。二〇二〇年疫症封城時，他本人誓言下令一見有人違反宵禁令「即刻射殺」。有人抱怨他的專制習性，他自豪地回應「對付小偷和貪污分子，KCR 絕對是希特勒」，並吹噓說如果有必要，他還可以當「希特勒阿公」，不惜一切代價制止「不公義」。[231]

230／Sugata Bose, 'There will be no safe anchor until "We, the People" are able to decisively overturn current parliamentary majority', The Indian Express, 6 February 2020.

231／'KCR can even be Hitler's grandfather to stop injustice: Telangana CM,' FirstPost, 18 August 2014.

這種煽動者既非專制政治的副產品，亦非無心插柳的意外。由於「人民」是政治想像的虛構物，是個無法統一協調地說話和行動的抽象概念，所以在現實就需要一個能把事情簡化的領袖，他的方法就是扮演等同「人民」的角色，為人民打氣，確立他們的身分——人民；目的是要領袖和人民互為鏡像。專制政治是腹語術，是人民崇拜。委內瑞拉專制統治者烏戈．查維茲（Hugo Chávez）在選戰期間喜歡這麼說：「當我看到你，你看到我，我能感覺到有東西對我說，『查維茲，你不再是查維

圖三十五：莫迪與士兵共度排燈節時乘坐坦克。

茲，你是一眾老百姓』。」[232]

莫迪可以說是獨立以來印度政壇最大的大佬，他的做法更進一步——這位「大領袖」有時聲稱他享有上天授權，「被神明選中」為國家承擔「艱難的任務」。[233]王者的聲音就是人民的聲音，人民的聲音就是上帝的聲音。他的煽惑行動是一種奇怪的反民主返祖現象，是早期歐洲君主制「統治者有兩個身體」原則——加冕統治者的肉身是上天權力的可見標誌，也是忠實臣民一體的自然呈現——的二十一世紀版本。[234]他扮演「人民」的賣茶人和僕人（印地語稱 dass）角色，用他的曲調和盛大公開表演來吸引人。競選活動完結，他不是晾起腿休息，而是繼續拉票，拖著一串攝影師去聖洞冥想。他大勝連任、鞏固好對權力的控制後，仿照一位印度教苦行僧國王，留起了更長的鬍鬚。他的演講集中討論民族建設、政治哲學和高層治理原則等崇高問題，指導學生如何克服考試壓力，與戍守邊疆的士兵一起慶祝排燈節（Diwali），雄辯滔滔地宣揚自力更生，為大型項目奠基和開幕，然後政策細節和政治活動都丟給下屬。由於反對黨一片狼籍，眼前又沒有地位可與自

232／建於 Pierre Rosanvallon, Good Government: Democracy beyond Elections (Cambridge, Mass. 2018), p. 218.

233／'I have been chosen by God: Modi,' PTI/The Hindu, 24 April 2014.

234／Ernst H. Kantorowicz, The King's Two Bodies: a study in mediaeval political theology (Princeton, NJ 1957); 關於塵世統治者的神化參見 David Graeber and Marshall Sahlins, On Kings (Chicago 2017).

己匹敵的國家級領袖，莫迪儼然成了印度政界的歌利亞巨人（圖三十五）。人民黨自己的草根幹部及社交媒介、言聽計從為政府擴音的主流媒體（政權批評者揶揄為「莫體」〔Modia〕）、順服的司法機構、被收編的官僚部門，處處袒護這個新的大師，使他絕緣於民主問責的嚴謹要求。無論是腦洞大開又勞民傷財的貨幣禁令、考慮不周的封城令，還是層層崩潰的經濟、窮苦工人令人心痛的史詩式大遷徙，甚至是在印中邊境損失領土和兵員，政府最嚴重的失敗似乎都撼動不了他受歡迎的程度，就好像他已經遠遠超然於常規政治法則，昇華到了天外的權力境界。

莫迪的政治神性之旅可謂好事多磨。他出生於古吉拉特邦瓦德納加爾（Vadnagar）小鎮一個低層「甘奇」（Ganchi）種姓家庭，父親是個不起眼的火車站賣茶人。莫迪後來成為大規模印度教至上主義志願者組織「國民志願服務團」的傳道人，服務團的政治分支正是印度人民黨。這位「真正的人民之子」從政之路始自服務團外借職員予人民黨，當時他只是個寂寂無名的黨內官僚。官至古吉拉特邦首席部長時，他主持了二〇〇二年造成數百穆斯林公民死亡、其餘數千人流離失所的集體迫害行動。好幾位觀察員譴責莫迪為省級波布（Pol Pot），是對印度凡俗主義的危險威脅。他也引起了海外評論人的憤怒，其中美國政府禁止他過境，但他對動亂毫無歉意的立場同時為自己贏來印度教強硬派基本盤的忠誠。莫迪重整旗鼓，反敗為勝。二〇〇四至一四年間，國大黨牽頭的聯合政府執政，貪污猖獗、腐敗叢生，公眾反對情緒一路升溫，莫迪的時運也越來越高。商界精英欣賞他在古吉拉特邦推行充滿活力的親商界政策，團結在他身後撐腰。莫迪自詡「胸圍五十六吋」，在其領袖形象中糅合了「印度教特性」（即印度教民族主義）的雄壯肌感魅力及國家與個人經濟力量的雄心壯志。一度被全國媒體精英視為棄子的他，經歷了翻天覆地的形象大改造——靠的還是同一批企業傳媒。他從教會鄉巴佬搖身一變成為社會邊緣人的救世主，會矯枉申冤，為群龍無首的印度指明方向。數以百萬計（全國選舉研究〔National Election Study〕調查顯示達六成）富有的城市上層階級選民也受莫迪對致富、政治穩定、秩序及廉潔政府的承諾所吸引。他越看越有可能贏得二〇一四年全國大選，於是，西方政府摒棄前嫌，開始向他示好。莫迪抓住時機攀登權力階梯，成為媒體名人，推特粉絲倍增，現時約有六千七百萬追蹤者。在古吉拉特邦實行的鷹派、矯揉造作和鐵腕策略，進化成他在全國範圍內競選和管治的慣用技倆。[235]

制度破壞

歷史上出現過幾次，煽惑者儘管有各種最壞的企圖，但作奸犯科的最終結果，卻是釋放出積極壓力，促成民主改革，讓後人大吃一驚，美國是其中一例。[236]煽惑者會在印度帶來類似的效果

235／N. Kaul, 'Rise of the Political Right in India: Hindutva- Development Mix, Modi Myth, And Dualities', Journal of Labor and Society, 20, 4 (2017), pp. 523–48.

236／J.D. Dickey, American Demagogue: The Great Awakening and the Rise and Fall of Populism (New York 2019).

嗎？顧名思義，自我美化的領袖帶來的「未來」影響是未知之數，唯一確定的是，煽惑人心的行為通常會助長中央集權的國家權力。尼赫魯成為印度首任總理前十年，曾以化名攻擊自己的公眾聲譽，指擔憂民選領袖傲慢自大（也就是他所說的「凱撒主義」）對民主所構成的危險。尼赫魯在月刊上這樣寫尼赫魯：「他的自負已經令人生畏，他必須受到制約。我們不要凱撒！」安貝德卡一九四九年在起草憲法的制憲會議上發表最後一次演講，更加明確地警告了煽惑行為的危險之處。他引用十九世紀自由主義哲學家約翰．彌爾（John Stuart Mill）所言，敦促印度人永遠不要「將自己的自由交託在別人腳下，哪怕他是一個偉人；也不要把足以讓他顛覆制度的權力託付給他」。他警告，英雄崇拜「是通向墮落和最終走向獨裁的不二法門」。[237]

安貝德卡最擔心的事情可能要實現了。在遍佈整個政治體系的大小凱撒支持下，煽惑行動正在傳播非黑即白的思維，以此主張社會該如何組織、政府該如何運作。人民希望明天會更好，對社會不公義強烈憤怒，上層階級恐懼混亂，種種原因給煽惑行為火上加油，煽動非友即敵的政治，販賣對制度多元的不耐煩和不尊重。國家掠奪、自上而下的統治——慢動作政變，就是煽惑的套路。

對制度多元主義的敵意蔓延，譬如終結立法機構、傳媒及法庭的監察角色，並不是一件偶然的事，因為要重新定義「人民」、保持「人民」忠誠，帶頭大哥及其政黨機器都必須破壞制度。專制者不喜歡制度政治互諒互讓的妥協，因而想盡一切辦法去削弱或直接摧毀任何阻攔前路或鬆開他們對高級職位控制的制度。中央集權是他們的春藥，不受控制的野心是他們的指導明師。

在阿爾貝托・藤森（Alberto Fujimori）治下的秘魯，這個專制者口中的「全面民主」（democracia plena）意思是對政治階層及其老牌媒體的空談（palabrería）心懷敵意。有了結束寡頭統治、祛除國家機密文化和噤聲等選舉承諾的激勵，藤森政府以「人民」的名義恫嚇和賄賂立法人員、法官、記者、官僚和企業高層，迫他們就範。藤森不僅違背了自己的諾言，而且還落草為寇，成為第一位被引渡回國受審並因侵犯人權而被定罪的民選國家元首。到目前為止，其他專制統治者都成功了。匈牙利的維克多・奧班政府給主流媒體、司法部門和警察套上項圈，又金睛火眼地管控大學和其他公民社會組織。川普二〇一六至二〇的總統任期同樣見證了專制政治嘗試攻擊和馴化國會、最高法院、主流媒體平台、聯邦官僚部門和聯儲局等側翼機構。在貧富差距日漸擴大的情況下，川普的專制手段加劇了政治分裂，散播恐懼，煽動暴力，給社會衝突火上加油。印度的選舉專制主義也朝著同樣的方向發展。

237／Chanakya (Jawaharlal Nehru), 'We Want No Caesars', Modern Review 62 (November 1937), pp. 546–7; B.R. Ambedkar, Last Speech in the Constituent Assembly on the Adoption of the Constitution (25 November 1949), available at: https://shodhganga.inflibnet.ac.in/bitstream/10603/38799/15/15_ appendix.pdf

個人無力控制的心理感受通常由社會墮落滋長，令人更盼望有救世主式領袖，拿出「犧牲非我族類利益去服務我等族類利益」的本領，以此恢復「秩序」。專制人物偏袒「我等族類」、貶損「非我族類」的態度變得越來越可取，政治因而變得更加兩極化。[238] 生死存亡的焦慮感催生出狂熱盲信，威脅式言辭成為很吸引的政治溝通語言。人們越來越懷疑內幕人士和權威，對社會、民主制度和民主實踐的信任日減。民意調查結果是出了名的搖風擺柳，作不得準，但發展中社會研究中心（Centre for the Study of Developing Societies）二〇一七年一項研究頗有啟示。研究發現，二〇〇五至一七年間，支持民主的印度人比例從七成下降到六成三，「對民主感到滿意」的人比例從七成九驟降至五成半，其中「大學畢業及以上」程度的人之中，只有不到一半（四成七）的人表示滿意；全體受訪者有超過一半表明會支持「強勢領袖可以不受議會或法庭干預而做決定的管治制度」，三分之二的人認為應該由技術官僚而非民選官員做政策決定。世界價值觀調查（World Values Survey）也顯示了類似的趨勢。一九九九至二〇〇四年間，約四成三印度人支持強勢領袖統治，到了二〇一〇至一四年間，數字已經攀升至五成六。皮尤研究中心（Pew Research）最近的另一調查還發現，印度人是「獨裁統治」最熱心的支持者（五成三），越南、南非和印尼也有多數公民表示願意支持軍事統治，是世界上僅有的四例。[239]

人民希望權力集中在強勢而果斷的領袖身上，信賴他會在軟弱飄搖的國家做出好的決策，這種想法正中專制者下懷。[240] 政黨本是群眾組織，但它衰落了，退化成寡頭俱樂部，加強了對政治人物的依賴。專制政治與救贖的承諾息息相關，它以社會生活中的「無尊嚴」為食，能量來自人們渴望有「偉大光榮正義」的強人領袖橫空出世的補償心態。莫迪崛起的推動力，在於人們對低劣福利的普遍憤怒及對腐敗政治寡頭的不滿，視莫迪為一個得到資金充足且運作良好的政黨機器支持、充滿魅力的救贖者，他已經證明了自己的政府可以修橋補路、建造房屋和廁所，供應電力和燃氣，從而擴大他的社會基礎；他是個盡力有所作為的人。他作為一個外省人，不受德里舊有的寡頭裙帶俱樂部玷污，這樣的風評也推高了他的聲望。他是一個不會貪腐的反常分子，既不來自王朝，也不是在建立王朝；他的印度教主義是強硬進取、毫不妥協的那種，標誌著作為領袖的政治誠信。

238／Hemant Kakkara and Niro Sivanathana, 'When the appeal of a dominant leader is greater than a prestige leader', Proceedings of the National Academy of Sciences of the United States of America (2 June 2017); M.A. Hogg and J. Adelman, 'Uncertainty–identity theory: Extreme groups, radical behavior, and authoritarian leadership', Journal of Social Issues, 69 (2013), pp. 436–54.

239／Bruce Stokes, Dorothy Manevich, Hanyu Chwe, 'The state of Indian democracy', Pew Research Center, 15 November 2017, 連結為：https://www.pewresearch.org/global/2017/11/15/the-state-of-indiandemocracy/; John Gramlich, 'How countries around the world view democracy, military rule and other political systems', FactTank, 20 October 2017, 連結為：https://www.pewresearch.org/fact- tank/ 2017/10/30/global-views-political-systems/; and Christophe Jaffrelot and Gilles Verniers, 'A New Party System Or A New Political System?', Contemporary South Asia (June 2020), pp. 9–10.

240／Neelanjan Sircar, 'Not vikas, Modi's 2019 election was built on politics of vishwas', The Print, 30 May 2020.

莫迪最親密的盟友認為他是個永不言敗的領導人；他們的詞庫裡沒有「失敗」這個詞。由於莫迪自詡為印度的救世主和救贖者，他本人也要求他的親信、顧問和黨內職員無條件效忠於他。奧地利政治經濟學家約瑟夫．熊彼得（Joseph Schumpeter）二十世紀中葉對民主的重新評估很具影響力，他確信，操縱政黨機器的統治模式正正標誌著民主的未來。他寫道：「政黨管理和政黨廣告、口號和巡遊進行曲牽涉的心理技術並非附屬品。它們是政治的本質，政治老大也是。」[241]莫迪政府實行的心理技術及隨之而來對每一個治理機構的壓制，肯定會讓熊彼得大吃一驚。莫迪政府削減了內閣部長的數量和戲份，並加快收攏決策權。以往在莫迪上台前的聯盟政府時期，各邦長久以來習慣了自己在印度聯邦結構中「獨立權力節點」的角色，如今又重新感受到專橫的德里不斷收緊控制。獨立專家、官僚人員、反對派政客都深受質疑；膽敢懷疑政府的編輯、拒絕配合的法官、公開捍衛大學自治和學生抗議權利的大學校長都被列入迫害名單。單向溝通、政府獨白，都是常態；莫迪從不開記者會。就像世界各地的專制者一樣，印度總理辦公室會算準時機刻意沉默，例如印度教主義偏執分子犯下仇恨罪行時。但莫迪政府也不乏多姿多彩的多媒體文宣來引人注目，它一心只想盡量增加可以算作「真正人民」的忠誠臣民，所以其印度教民族主義也染了色，變成一鍋雜錦米豆粥，裡面是各種政治符號、意有所指的關鍵字和含糊詭辯的詞句，例如「就業」、「神明」、「增長」、「好日子啊喂」、「朋友」、「自給自足」、「五萬億美元經濟」、「人民」，當然還有「民主」。

新式「許可證治國」

國家權力的中央集結滋生出其他致命病症。由於政治變成了靠自認為是應許之民的追隨者吹捧、在攫取國家權力的滑坡路上殲滅敵人和收獲盟友的戰鬥，所以秘密交易和與身處高位的老友結盟是指定動作。古希臘民主主義者用過一個（現已過時的）動詞 demokrateo 來描述這麼一回事：一心想統治人民的煽惑者通常與有錢有權勢的貴族聯手，扼殺民主的精神與實質。這與印度一段時間以來發生的事情大有相似之處，雖然一直大放「民主」和「人民」的闊詞，但專制者實際上跟財雄勢大的老友記玩小圈子，而要保持這些伙伴的忠誠，就要好好對待他們，大派合同、禮物和其他好處。

商業大亨與政府勾結是印度政壇的老慣例，可以追溯到尼赫魯的許可證治國時期，但自從三十年前經濟改革開始以來，政界大亨和闊佬商家等政治寡頭一直在以前所未有的方式積極削弱民主的精神和實質。專制者治下的新型「許可證治國」制度得到半生不熟、仍允許國家對商界有頗大政策裁量權的新自由主義支持。另一方面，自由化後的高速經濟增長，令到在商務政策上有

241／Joseph Schumpeter, Capitalism, Socialism, and Democracy (New York and London 1942), p. 283.

求於政府的人，有了更多資源供養政黨和政府要員，以換取國家的「酌情裁量」。

邦和國家層面的專制者「籌集資金」的能力成倍增長，於是有更大的權力控制其他政黨領袖並集中權威。自從莫迪二〇〇三年在任家鄉首席部長時啟動兩年一度的「活力古吉拉特」活動以來，類似的商界「峰會」已成邦級指定動作，企業和政界老大在政治寡頭的盛會上耳鬢廝磨，親熱得很。地方上的專制統治者用這些星光熠熠的活動，炫耀其「商界友好」信譽；這些本地及國外投資者招搖過市後，就會承諾新增數以百萬計盧比的投資作交換。新就業機會和經濟繁榮的承諾令專制者聲威大振。

聯邦層級的專制者手握調查和稅收機構，以及總體經濟政策和法規的控制工具，對商家的影響力又高了一籌，可以迫使他們就範，締結新的國家與企業聯盟。和德里的專制統治者親熱，可以鋪出一條錦繡大道，報稅有通融、政策更友好，還會享受到由債務驅動的經濟增長。光是二〇一八至一九年度，銀行就註銷了超過兩萬億盧比壞賬，將莫迪自二〇一四至一五年度上台以來的壞賬總額疊加至五萬七千億，這些貸款九成以上是從公家銀行借來的，長期以來被印度的流氓實業家用來中飽私囊。[242]不難理解，「莫迪馬屁團」大耍花式吹奏，[243]對他的諂媚和崇拜遠遠不止印度境內，仰慕他的外國人包括見面後不久即發推文表示印度總理莫迪是「獨立以來有最佳政策的最佳領導人」的魯柏．梅鐸（Rupert Murdoch）、歷屆美國總統、擠滿大球場大喊「莫迪！莫迪！莫迪！」表達支持的海外僑民。企業馬屁團的辛勞是有回報的，在國家一言定輸贏的領域，例如電訊或交通基建，獎品就是優惠政策，[244]大贏家包括穆克什・安巴尼，他的信實工業集團在上屆國大黨領導的政府執政期間幾乎完全壟斷私人油氣資產，如今又在電訊和零售等各行各業佔據主導地位。另一個贏家是《金融時報》稱為「莫迪的洛克菲勒」的億萬富翁工業家高塔姆・阿達尼（Gautam Adani），莫迪政府二〇一八年決定將一些小型機場私有化，最終全部六個都落入阿達尼手中，反對派領袖稱之為「厚顏無恥，任人唯親」。[245]本已舉步維艱的經濟因疫症重擔及全球最嚴格封城而崩潰，職位流失及貧困問題的陰影越拉越長，阿達尼的個人財富卻在二〇二〇年添了足足兩百億美元，安巴尼的則上升一百七十億，使他在《富比士》全球富豪榜從二〇一四年莫迪上台時的第四十名躍居第四位。[246]同年三月因應疫情而封城後，印度從四到八月吸引了創紀錄的三百六十億美元外國投資，其中一半以上歸安巴尼一人所有。

242／Sai Manish, 'India's banks wrote off Rs 2 trillion worth of bad loans in 2018–19', Business Standard, 29 November 2019.
243／Mihir S. Sharma, 'Modi, myths and man', Business Standard, 21 January 2013.
244／Andy Mukherjee, 'India's New Economy Can't Be a Monopoly Board', Bloomberg, 25 August 2020.
245／Stephanie Findlay and Hudson Lockett, ' "Modi's Rockefeller": Gautam Adani and the concentration of power in India', The Financial Times, 14 November 2020.
246／Rajesh Mascarenhas, 'Adani's wealth grows most on India rich list', The Economic Times, 20 November 2020.

在「高朋」滿座支持下，新的專制主義利用人民對民主問責的矛盾心理，支撐「強政勵治，絕不妥協」的理念。二〇一九年莫迪連任後不久，他其中一位部長拉奧・英德吉特・辛格（Rao Inderjit Singh）在一次公開會議上表示，印度是個「民主國家，有時是福音，有時是詛咒。中國發展比我們快得多，因為它並非民主國家……我們綁手綁腳」。[247] 翌年，莫迪最信賴的顧問之一阿米塔布・坎特（Amitabh Kant）宣稱印度「太多」民主使其無法做到有意義的改革。辛格和坎特兩人大概是在向反對民主的「人民」發動狗哨戰術，試圖說服更多的印度人，如果民主就是民心所向，而多數人心中想要的就是能把事情辦好的強勢領袖，亦不在乎言論自由或司法獨立或獨立媒體，那麼專制主義其實民主得很。「人民」喜歡就好。

人民公敵

薩雅吉・雷（Satyajit Ray）的著名電影《人民公敵》（Ganashatru，一九九〇）講述一位誠實的醫生努力警告社區注意一座著名寺廟的聖水受到傷寒污染，卻遭到當地奸狡政客、諂媚記者和滿腔怒火、易受欺騙的公民所排斥，淪為人民公敵。電影像是會通靈般，揭示了腐敗的專制者如何針對不符「人民」定義的人，向離經叛道者或異見人士挑起政治鬥爭，從而鞏固對權力的控制。專制主義所做的不僅僅是小圈子內圍爐取暖，還會界定圈外誰屬。它口中的「我們人民」，其實意味著「其他人不是人民」。有了敵我矛盾，專制主義便可盛放。它有極深刻的排他效應，但目標卻是靈活彈性、收放自如的。就如菲律賓的羅德里哥・杜特蒂（Rodrigo Duterte）和巴西的雅伊爾・波索納洛（Jair Bolsonaro）以各種方式唾罵「自由派」和「外國人」、不知從何而來的不愛國人士、社會主義者、「恐怖分子」、環保人士、同性戀者、跨性別者和宗教少數群體，印度「人民」以外「連人都不是」（艾瑞克・川普〔Eric Trump〕語）[248]的被遺棄邊緣群體也不斷受到重新定義。地方上的專制者及其門徒昂首闊步，高舉棍棒，大肆捕獵特赦組織及綠色和平等西方公民社會組織，或是資金來自外國、不肯屈從他們意願的本地非政府組織。他們追捕「城市納薩爾」（左傾人士）、公民活動分子、科學家、凡俗派電影人和作家、知識分子、「西化」婦女、自由派「妓者」、「不道德」影星，辱罵「挑釁印度教的人」，從反對政府的聲音中看出「仇印度教」規律，將反對政府與對國家不忠劃上等號。任何人膽敢阻撓印度教右翼專制世界觀，他們都會用一句話反擊：「滾去巴基斯坦吧。」

247／Debasish Roy Chowdhury, 'Modi thinks he is Xi Jinping, but protests show India is not China', This Week in Asia, 4 January 2020.

248／Sophie Tatum, 'Eric Trump: Democrats in Washington are "not even people" ', CNN, 7 June 2017, available at: https://edition.cnn.com/ 2017/06/07/politics/eric-trump-hannity-democrats-obstruction/index. html

要選出已「消毒」、完全祛除被認定為「非人」之人的人民是件難事，這個認知可以幫忙解釋為甚麼各地專制者都病態地痴戀暴力，或者主張或實行暴力。建立專制主義需要武力，例如競選期間的槍枝和棍棒；需要軍事式的街頭治安，需要偽裝成社運人士的私人民兵粗野暴力地對待目標群體。在印度教專制主義的新體制下，喊打喊殺和捕獵行為主要針對全國兩億穆斯林公民，他們是言語侮辱、制度歧視、警方不作為、政治宣傳，還有私刑和騷擾等街頭暴行的頭號目標。明目張膽旨在重塑「人民」的新公民法，其預設的受害者也是穆斯林。

在二〇一九年連任的鼓舞下，莫迪政府將公民身份與宗教掛鈎，是憲法訂明為凡俗國家的印度史上首次。政策優待來自鄰近伊斯蘭國家的非穆斯林移民，快速給予公民身分。結合國家公民身分核查計劃（即前述之全國公民登記冊〔NRC〕），民選專制者定義「真正人民」的力度又倍增了（圖三十六）。新的公民法幫助印度教徒及其他非穆斯林即使無法出示必要的公民身分證明文件，仍可保留公民身分：他們可以聲稱自己故鄉在鄰近伊斯蘭教國家，因受迫害而流落印度，由此獲得難民身分並自動成為公民；沒有證明文件的穆斯林並不享有同樣權利。在全印度公民身分核查行動之中，全部十三億五千萬印度人都將自動界定為外來人口，舉證推翻此說的責任在個人身上。但有了新公民法，人人都有留下來的免費通行證，除了穆斯林——他們不再被視為「主權人民」的一部分。

全國核查來勢洶洶，加上人們對公民身分的未來普遍焦慮，引發了印度各地的大型抗議。學生、公民社運家、知識分子、藝術家、電影名人、中產聲音帶領著集會、遊行和抵制運動。新的專制者首次面對大規模民憤爆發，不出所料地堅守立場。建立專制主義的人展示出自己鐵一般的堅強意志和粗暴手段，而且會不惜一切去贏取目標觀眾的支持：那些喜歡把「尊重國家」、「敬畏國家」往陽剛、鐵拳方向想像的人。印度人民黨領袖將和平示威描繪成一心要從內部摧毀印度國的聖戰分子和毛派（穆斯林和左翼自由派的代名詞）「反民族分子」領導的「深層陰謀」。

北方邦的專制統治者、首席部長阿迪亞納斯本身以粗暴煽動烏合之眾和宗派暴力起家，這次就監督了一場中人欲嘔的國家報復浪潮，到處是恐怖和酷刑，成百上千的社運人士和示威者甚至學童因為莫須有的指控而下獄。這位不時公開向持不同政見者及穆斯林發死亡威脅

圖三十六：阿薩姆邦的公民核查計劃要求出示「家譜」。

的祭司兼政客提醒市民說，「民主社會容不得暴力」，直接禁止公眾示威。政府沒收並拍賣敢言社運人士的財產，國家高壓手段達到新的低劣格調；公共場所張貼起示威者的大頭海報，對之點名羞辱。阿迪亞納斯的行動跟他在德里的黨大佬密切協調過，整個建制系統天天加班，務求把剛正的異見打入天牢。

政府精心策劃社群媒體假訊息運動，加上親政權的傳統媒體將之常態化並擴音放大，開始將抗議活動描繪成另一個破壞印度的陰謀。反對派自二〇一四年莫迪勝選以來就陷入內爆，群龍無首，無法反駁政府說辭或是團結起來保護示威者。頃刻之間，合法的民主糾察和路障示威成為隱喻，代表著穆斯林阻礙「印度教印度」在大領隊領導下邁向光明未來。「槍斃叛國賊」成為人民黨黨工的常用口號，有黨背景的流氓暴徒被派到反抗得最激烈的校園裡，兇相畢露；人民黨高層發表煽動言論攻擊示威者，為德里印度教和穆斯林暴民之間的騷亂鋪平舞台，最終演變成針對穆斯林的大屠殺。警察大致保持被動觀察的做法，有時卻積極地摻一腳。成群結隊的武裝印度教徒民兵以穆斯林家庭和商號為目標，享受連續多天的暴力狂歡派對。宣佈抗疫封城後，鎮壓變得更加猛烈。在隨後幾個月精心策劃的獵巫行動中，著名的維權組織、學者、社運人士、政客和學生領袖遭到警方拘捕和控告。警方提交了一份長達一萬七千頁的控罪文件，指責反公民法示威者策劃騷亂「陰謀」。一場忠於包容憲法的泛印度民權運動，就這樣被巧妙地包裝成叛國罪。民主抗爭一個充滿希望的時刻無奈屈服於專制國家政府的威力。

希望

以「人民」名義使用鐵腕鎮壓民主異見，加深了人們對印度未來走向的憂慮。今天，知識分子、記者、政治家和公民都在熱烈討論當前趨勢意味著甚麼，以及如何定義國家權力的鋼化。公眾開始爭論用辭，有人說是法西斯主義崛起、「種族民主」的誕生、「上層種姓反抗民主」，其他說法還有民主「退潮」及「開倒車」成「裙帶資本主義」、「威權主義」及「多數主義國家」。

從匈牙利和波蘭到土耳其和俄羅斯，二十一世紀的專制主義對於民主來說是一個獨特的**全球**問題。正如十八世紀法國政治作家孟德斯鳩（Montesquieu）首先指出「民主通常會退化為人民的專制主義」，一個世紀後托克維爾（Tocqueville）遊歷美國時再證實「民主時代應該特別害怕專制主義」，專制主義是民主失格的副產品，誘人得危險，因此需要有思想的人緊緊監察目前發展，防範其日後勝利的機會。[249]印度已經蛻變為專制國家，一個妄以幽靈「人民」名義對忠誠臣民揮舞權杖的中央集權國家。這樣的發展是一個警示，求請世界各地的民主派視為當務之急，對將來的未知之數抱持警惕謹慎的態度。

249／ Montesquieu, My Thoughts (Indianapolis 2012), p. 566; Alexis de Tocqueville, Democracy in America (New York 1945), volume 2, book 4, chapter 6, pp. 334–9.

印度的專制傾向還有另一重天，那就是近百年歷史的多數派種族民族主義印度教運動，它也是人民黨崛起成為霸權勢力的靠山。在政治上消滅穆斯林的行動，從穆斯林政界代表人數大跌可見一斑，訣竅在於協調好泛印度教選民動員。這還只是印度走向新專制主義的其中一步，其他策略包括重修官方歷史、重新命名公共空間，甚至是公共生活的所有領域，全都系統性地隱去穆斯林不談。國家還主使詆譭主張包容式凡俗民主的印度開國領袖，又頒佈新法禁止穆斯林男性與印度教女子通婚，並更新法例保護牛隻，成立國家牛隻委員會，致力宣傳從牛糞到牛尿等各種與牛隻相關物質的益處。即使是印度最強大的文化力量——寶萊塢，也逃不過以「印度教優先」模式重塑印度文化生活的精密計劃魔掌。一些印度政治思想家宣佈「第二共和國」近了，這話並非毫無道理可言，因為先前第一個「社會主義、凡俗派的民主共和國」已過渡向「偽民主、堅定多數主義、裙帶資本主義的共和國」——如果不說它是個徹頭徹尾的印度教神權國度的話。[250]

那麼，印度民主是否已接近生命的終點？鑑於當今印度嚴重的社會衰退和政府腐敗，人們很容易得出這樣的結論：「平等」的民主精神，還有旨在防止對市民及其日常生活指指點點或恃強凌弱的制度，已經沒有指望了。但印度並不適合簡單粗糙的結論。抵抗專制權力的逆流也很巨大。儘管人們議論紛紛說莫迪完全主宰印度政治，但事實是，選舉專制主義的傾向仍然容易受選民抵抗所抑制。雖然人民黨在過去兩次議會選舉都贏得過半直選議席，但人民黨在二〇一四年實際只贏得略低於三分之一（三成一）的選民支持，二〇一九年則是略高於三分之一（三成七）。選舉勝利之所以如此誇大，是因為簡單多數制投票機制。它是一個奇怪的帝制遺物，由於選票分散，所以即使得票率不高，看來也可以很像是大比數拋離。另一個發人深省的事實是，印度人民黨尚未完全控制各邦。許多地區政黨仍然有相當實力，而且印度選民在全國和邦選舉的投票取向通常不同。地方政黨跟全國層面的霸權勢力時而共舞時而角力，看的是自己的盤算，而不是甚麼大佬領袖或其他巨頭的指令。

印度的語言、種族、種姓和階級劃分以及其他身分認同如此多元，也不適合政治一神論。求同存異的多元主義是印度固有的本質，印度有了多重化身才更舒坦自在。從結束查謨和喀什米爾邦自治權到集中福利計劃和市場，再到主張邦和全國選舉同步舉行，莫迪總是喜歡論證自己的所作所為是對黏合「一個印度」的追求。但事實是，他的政府雖然穿上雜色斑駁的外衣、說著各種方言，想要藉此定義「印度人民」，但實行的主旋律卻背道而馳，是單一色調的印度教民族主義。抵抗也由此滋生。#StopHindiImposition（「停止強推印地語」之意）等社群媒體活動和其他形式的社會抗議行動反覆出現，顯示印度人民黨「印度語、印度教、印度斯坦」（Hindi, Hindu, Hindustan）的一語言、一文化、一國家哲學與印度本質固有的多樣性相悖。世上沒有單一印度或單一印度特質的概念，就如沒有單一的印度語言或同種的「印度文化」一樣。

250／Yogendra Yadav, Making Sense of Indian Democracy: Theory as Practice (Hyderabad 2020), passim.

還有其他跡象顯示，民主的精神和實質在印度仍然非常活躍。如果說婦女尊嚴是任何民主體系精壯程度的關鍵指標，那麼公眾對家庭暴力的容忍度下降，以及女孩和婦女入學率的上升等趨勢，就交織出一個充滿希望的故事。婦女集體企業、自助組織、小型融資計劃、擴大教育，加上女性在商業和經濟生活的參與，都在靜靜地改變性別平衡。為女性保留的地方層級民選議席，明顯提高了人們的期望：由女性領導的村莊裡，少女傾向十八歲以後才結婚，不太願意成為家務纏身的主婦或讓婆家決定自己的職業，而且更希望有一份需要受過教育才能做的工作。[251]通訊發達的時代來臨，也提高了公眾對婦女處境的認識，挑戰舊有的父權觀念。例如二千年代初，印度農村地區引入有線電視後，婦女開始公開反對家庭暴力和重男輕女的舊生育觀念。[252]手提電話越來越普及，趨勢隨之加速。二〇〇八年，一群印度教流氓在南部城市門格洛爾（Mangalore）一家酒吧襲擊婦女，之後，一個名為「蒲吧放蕩前衞女聯盟」（Consortium of Pub-Going, Loose and Forward Women）的組織在 Facebook 發起「粉紅內褲」運動，眾籌粉紅色內褲寄給團伙頭目，引發公眾廣泛關注。四年後，德里發生令人髮指的巴士強暴案，社群媒體上的動員號召到數十萬示威者走上街頭，使首都陷入癱瘓。再近期一點的是二〇一八年，一場協調得當的網路社運迫使莫迪政府取消衛生棉稅。

婦女拒絕專斷權力的精神同樣體現在德里的沙欣巴格（Shaheen Bagh）地區。穆斯林婦女在主要道路上靜坐一百〇一天示威，反對新公民法，不為德里史上最嚴寒天氣和致命騷亂所動搖，不屈不撓直到封城令和疫情恐懼蔓延才迫得她們無奈回家。八十二歲的穆斯林婦女比爾基斯（Bilkis）「達迪」（Dadi，「奶奶」之意）帶領靜坐示威，啟發出全國各地類似的抗議活動，因其積極抵抗的精神而獲《時代》雜誌評選為二〇二〇年百大最具影響力人物之一（圖三十七）。

這種非暴力政治動員的「堅持真理」（satyagraha）運動傳統仍然充滿活力。幾十年來，公益訴訟等新猷使民主本能更加敏銳，鼓勵熱心公益的個人和組織針對掠奪式強權提出申訴。公民社會運動立下一個又一個法庭案例的里程碑，例如禁止地氈行業使用童工，

251／Lori Beaman, Esther Duflo, Rohini Pande, Petia Topalova, 'Female Leadership Raises Aspirations and Educational Attainment for Girls: A Policy Experiment in India', Science, 335 (February 2012), pp. 582–6.

252／Robert Jensen and Emily Oster, 'The Power of TV: Cable Television and Women's Status in India', NBER Working Paper No. 13305 (August 2007).

圖三十七：沙欣巴格的示威者高舉希望旗幟。

堅持市民有權在公開論壇上取得資訊和審核政府計劃。長達數十年的倡議運動成功爭取訊息權，印度公民可以要求政府提供未在公眾領域公開的資訊，由此探查其結構和運作。爭取訊息權的社運人士經常遭遇暴力對待和恐嚇，政府亦不願放開自己的秘密，但全國每年仍有四至六百萬份訊息權申請，幫助廣大公民從政府處梳理清楚重要資訊。在數位網路媒體平台的幫助下，地方公民倡議層出不窮，計有拯救生計、保護湖泊、修復道路、反對建天橋和核電站，又或者抗議民眾眼中不公平的政府政策，例如二〇二〇年底開始在德里附近反對推動農業改革新法的大規模農民示威。

改革旨在鼓勵企業參與農業活動，北部各邦的農民最有可能因而失去農產品價格保證，參與抗議活動的也主要是這一批農民。他們齊集首都邊境，像前一年冬天比爾基斯靜坐的娘子軍一樣，忍受著德里刺骨的冷。政府最初以法令強制推行該政策，然後不顧反對派抗辯，強行在議會草率通過，現在眼見示威人多，也不得不與農民團體談判。談判失敗，它又想訴諸往常策略，派聯邦調查機構去追捕活動的重要支持者，指責和平示威是巴基斯坦和中國的陰謀，將之定為犯罪行為。惡毒的社交媒體行動崛起，試圖將錫克教示威者污衊為恐怖分子、「反民族分子」和「卡利斯坦派」（Khalistani）——典故是引致甘地夫人被暗殺的八〇年代旁遮普地區分離主義運動，旨在於該地建立主權國家。新標籤的「非人民」與「人民」政府交戰，一直堅守陣地。農民跨越種族和省界，站在一起維護憲法賦予的異議權，拒絕政府的妥協讓步，自己辦報，認真地長期抗爭。「人民」政府遭逢如此大之反撲，迫得要加固對「非人民」的防禦。長達數月的農民抗議引起國際社會關注，並再次引起世人懷疑印度的民主標準。政府最終被迫提出擱置新法，任命特別委員會加以審查。農民堅持要求全面廢除該法並繼續抗議。

兩位經驗豐富的印度政治觀察家寫道，這些拒絕接受事物既定面目、質疑專制權力的行為，「都是鼓舞和希望的巨大源泉」。諸如此類的公眾動員活動「是自由、平等和博愛等憲法價值觀的生動體現，跨越舊有分歧，凝聚成新的團結，圍繞民主理想掀起前所未有的創造思維與行動浪潮」。[253]一些參與社運的公共知識分子指出，「拯救印度民主」的抗爭現在是需要爭取「拯救印度多元化國家模式」並兌現「包容式福利國家的承諾」。[254]還有一些人強調民主「有源源不絕的能力去震驚、超越和跳脫我們的期望」。[255]憲法本身就是民主期望的實際例子。開國元勳的初衷並非僅僅要一套冗長乏味的程序規則來處理衝突和限制政府權力，而是要將民主帶入一個對民主知之甚少、感受甚微的社會，理念是人民可以再造，殖民地臣民可以感化成有思想、會行動的公民，彼

253／Jean Drèze and Amartya Sen, 'India adrift, optimism hard to sustain', Telegraph India, 15 March 2020, available at: https://www.telegraphindia. com/opinion/india-adrift-optimism-hard-to-sustain/cid/1754027

254／詳見此書結論：Yogendra Yadav, Making Sense of Indian Democracy (Ranikhet 2021), pp. 325 ff.

255／Sudipta Kaviraj, The Enchantment of Democracy in India (Ranikhet 2011), p. 23; 這種思考民主的方式有其他例子，包括 Pratap Bhanu Mehta, The Burden of Democracy (New Delhi 2003) 及 Sunil Khilnani, The Idea of India (London and NewYork 2003), pp. 15–60.

此視為平等個體，有尊嚴地生活在一起。

上世紀在印度建立的民主制度，其最有威力的底蘊之一，是它激發了人們對「平等公民組成有尊嚴社會」的希望。建國之初的民主願景是建立在希望之上的，它仍然是「有希望」的先決條件。想想民主是如何激起「萬事皆可為」的感覺的。有些挫折和棘手的情況會誘使人立下結論說，「嗯，事情從來如此」，但明智的公民會三思，會得到鼓勵去說：「其實萬事都可以不一樣。」這種「有可為」的感覺可以如此定義：人們有能力看得出來，現狀並不享有特權，沒理由一成不變；現狀是可以挑戰的，而挑戰它的正正是它的將來、它將來可能變成的狀態。如此一來，民主具有改變權力關係的本質，讓人們看到沒有甚麼是穩如磐石的，事情可以改變，可以變得更好。

即使人們被社會的「侮辱尊嚴」所折磨，民主也會鼓勵他們放眼超越目前的悲慘境遇，期盼並要求積極的改進。民主甚至擴大了希望的定義，「希望」不僅僅是期待著人們認為有可能出現的未來，也可以是積極追憶一個可供拯救和復興、能浴火重生並著眼未來的過去。「希望」可以是記住前人智慧的一種方式，支持為今日蒙冤之人奮鬥抗爭，鞏固尊嚴，幫助他們邁向更美好的未來。艾西瓦里．庫馬爾（Aishwary Kumar）和其他學者都著有論平等的優秀作品，裡面的關鍵原則就是如此。他們提醒印度和世界其他地方的讀者，安貝德卡和拉馬薩米對民主的理解自有其普世的重要性——民主是一種生活方式，不僅容許公民反抗社會的不公義及無法無天的權力，也讓他們看到，如果有一天專制主義取代民主，那並非因為專制權力終歸避無可避，而是因為人民默許它發生。[256]

這就意味著，當形勢到了最危險的時候，民主會激勵人抱存萬一的希望。它會激發起義，為「世事可變」的意識加添力量，靠著寶貴的指導戒律——不要饑荒和奴役，因著乾淨自來水、更好的學校教育和像樣的醫療保健而獲得更大自由，社會更加平等，少些政治專制和欺凌——創建更美好的將來。在民主病倒的時候，這可能更是它最重要的優點：民主激勵公民好好利用自己現在擁有和即將面臨的一切，為所有人，而不僅僅是少數有錢有權的人，去建設更美好的將來。

256／Aishwary Kumar, Radical Equality: Ambedkar, Gandhi, and the Risk of Democracy (Stanford 2015), p. 252 and ff.; John Keane, Power and Humility: The Future of Monitory Democracy (Cambridge and New York 2018), pp. 94–100 則詳細探討了記憶過去及修復式正義的話題。

1841
一八四一

民主進墓：
永續執政與印度專制之路

作　　者　德巴西什· 羅伊· 喬杜里、約翰· 基恩
譯　　者　李爾雅
責任編輯　關煜星
執行編輯　緣二聿
文字校對　Carly Mak
封面設計　虎稿 · 薛偉成
內文排版　王氏研創藝術有限公司
出　　版　一八四一出版有限公司
印　　刷　博客斯彩藝有限公司

2024 年 5 月　初版一刷
定價　530 元
ISBN　978-626-98202-6-9

一·八·四·一

社　　長　沈旭暉
總 編 輯　孔德維
出版策劃　一八四一出版有限公司
地　　址　臺北市大同區民生西路 404 號 3 樓
發　　行　遠足文化事業股份有限公司
（讀書共和國出版集團）
郵撥帳號　19504465 遠足文化事業股份有限公司
電子信箱　enquiry@1841.co
法律顧問　華洋法律事務所 蘇文生律師

民主進墓：永續執政與印度專制之路 / Debasish Roy Chowdhury, John Keane 作；李爾雅譯. — 初版. — 臺北市：一八四一出版有限公司出版：遠足文化事業股份有限公司發行, 2024.05

面；　公分

ISBN ISBN 978-626-98202-6-9(平裝)

1.CST: 政治發展 2.CST: 印度史

737.01　　113005771

建構學